乡村振兴·农村干部赋能丛书

休闲农业和乡村旅游项目策划与经营

XIUXIANNONGYEHEXIANGCUNLÜYOU
XIANGMUCEHUAYUJINGYING

于承鹤 ◉ 主编

济南出版社

图书在版编目（CIP）数据

休闲农业和乡村旅游项目策划与经营／于承鹤主编．

济南：济南出版社，2024. 10. ——（乡村振兴）.

ISBN 978-7-5488-6571-1

Ⅰ. F590

中国国家版本馆 CIP 数据核字第 20249QM934 号

休闲农业和乡村旅游项目策划与经营

主　　编　于承鹤

副 主 编　姚凤娟　唐巍巍　刘　峰　陈　啸

参编人员　任逸飞　刘　理　徐琳琳　周素如

　　　　　刘文宝　秦昭阳　宋建华　赵　馥

出 版 人　谢金岭

图书策划　朱　磊

出版统筹　穆舰云

特约审读　丁爱芳

特约编辑　张韶明

责任编辑　穆舰云

封面设计　王　焱

出版发行　济南出版社

地　　址　山东省济南市二环南路 1 号（250002）

编 辑 部　0531-82774073

发行电话　0531-67817923　86018273　86131701　86922073

印　　刷　济南鲁艺彩印有限公司

版　　次　2024 年 10 月第 1 版

印　　次　2024 年 10 月第 1 次印刷

成品尺寸　185mm×260mm　16 开

印　　张　13.25

字　　数　275 千

书　　号　978-7-5488-6571-1

定　　价　36.00 元

如有印装质量问题　请与出版社出版部联系调换

电话：0531-86131736

前言

党的二十大报告提出，加快建设农业强国，扎实推动乡村产业、人才、文化、生态、组织振兴。自2015年以来，连续10年的中央一号文件强调发展休闲农业和乡村旅游。2024年中央一号文件提出，构建包含"农文旅融合"在内的现代乡村产业体系，农业农村部《全国乡村产业发展规划（2020—2025）》提出"优化乡村休闲旅游业"。休闲农业和乡村旅游正是农业文化旅游"三位一体"、生产生活生态同步改善、一二三产深度融合的新业态新模式，是发展农业新质生产力、繁荣农村、富裕农民的重要途径。

新时代的乡村，不仅需要新技术，更需要围绕知识、诚信、思维、商业、治理等方面，着力培养一批懂农业、爱乡村、会策划、善运营、能创业、乐服务的专业性休闲农业和乡村旅游人才队伍，全面推进农业农村的现代化。

休闲农业和乡村旅游集一二三产业融合、汇生态文化特色，正在成为促进农村发展的新型业态。各地如何发挥自身优势，在乡村振兴的大背景下走出一条彰显特色、可持续发展的休闲农业和乡村旅游道路？本书旨在帮助从事乡村旅游建设的人员加深对休闲农业和乡村旅游的理解，掌握休闲农业和乡村旅游开发的步骤，具备一定的休闲农业和乡村旅游项目策划与经营的能力。

本书包括8个模块，共24个项目，突出以学生为中心的编写理念，体现理论与实践的有机结合。模块一介绍休闲农业和乡村旅游的相关概念与政策；模块二至模块七介绍打造休闲农业和乡村旅游的六个步骤；模块八介绍休闲农业和乡村旅游项目策划书的编制。教材内容以服务为宗旨、以就业为导向、以任务为驱动，突出职业能力培养，适用于涉农专业开设休闲农业和乡村旅游方向课程的职业院校学生使用，也可供其他学历教育及行业相关从业者参考。

本书由于承鹤任主编，姚凤娟、唐巍巍、刘峰、陈啸任副主编。具体编写分工如下：于承鹤编写模块一、模块八；刘峰和宋建华编写模块二；姚凤娟和赵馥编写模块三；唐巍巍和周素如编写模块四；刘文宝和任逸飞编写模块五；刘理和徐琳琳编写模块六；陈啸和秦昭阳编写模块七。

本书在编写过程中得到中共济宁市委组织部的指导和帮助，在此表示衷心感谢！由于编者水平有限，书中不足之处在所难免，敬请读者和广大同仁批评指正。

编　者
2024 年 9 月

目 录

模块一　初识休闲农业和乡村旅游

模块描述

　　近年来，休闲农业和乡村旅游的蓬勃发展，不仅促进了乡村经济，还拓宽了农村的就业途径，带动了农民致富，成为推进乡村振兴战略的有力抓手和重要支撑。从中央到地方都对休闲农业发展高度重视，中央一号文件多次提到了休闲农业的发展，各地也颁布了一些大力扶持休闲农业的政策。

　　2022 年中央一号文件明确提出，"鼓励各地拓展农业多种功能、挖掘乡村多元价值，重点发展农产品加工、乡村休闲旅游、农村电商等产业"。

　　党的二十大报告首次提出，"统筹乡村基础设施和公共服务布局，建设宜居宜业和美乡村"，这是党中央对乡村建设做出的新部署、提出的新要求。

　　2023 年中央一号文件提出了要"培育乡村新产业新业态"，"实施文化产业赋能乡村振兴计划"，"实施乡村休闲旅游精品工程，推动乡村民宿提质升级"。

　　2024 年中央一号文件明确提出"要学习运用'千万工程'蕴含的发展理念、工作方法和推进机制"，"促进农村一二三产业融合发展"。"实施乡村文旅深度融合工程，推进乡村旅游集聚区（村）建设，培育生态旅游、森林康养、休闲露营等新业态，推进乡村民宿规范发展、提升品质"。

学习目标

知识目标：

1. 了解休闲农业和乡村旅游的相关概念；
2. 了解休闲农业和乡村旅游的发展历程；
3. 了解休闲农业和乡村旅游的相关政策。

技能目标：

1. 能够利用网络、书籍、报纸、杂志查阅资料，归纳并分析资料；
2. 能够走进乡村实地调研。

素养目标：

构建学生与乡村的直接联系，学生能够亲身接触乡村，客观了解乡村，充分理解乡村振兴战略，认识到乡村未来发展的光明前景。同时，实地考察能够激发学生们的爱国情怀，使学生们成为乡村振兴战略坚定的认同者、拥护者、倡导者和实践者。

项目书

作为返乡发展的有志青年，想要在乡村发展休闲旅游，应该先了解哪些相关知识呢？申请乡村休闲旅游项目补贴的流程是什么呢？这些都是需要我们考虑的事情。

项目一 休闲农业和乡村旅游相关概念

图 1.1-1　尼山鹿鸣田园综合体

案例导入

尼山鹿鸣项目坐落于文化底蕴深厚的山东省济宁市泗水县圣水峪镇鹿鸣村，这里是儒家文化的发源地之一，也承载着春秋战国时期养鹿的历史传说，因而得名鹿鸣村，寓意着鹿群欢腾的自然和谐景象。鹿鸣村以其得天独厚的自然风光著称，山川壮丽，林木葱郁，四季景致各异，春花烂漫，秋果飘香，吸引了无数游客前来探访。

紧邻孔子诞生地尼山圣境景区，鹿鸣村不仅地理位置优越，还依托丰富的儒家文化底蕴、甘薯特色农业以及独特的乡土景观，在村集体的创新引领下，探索出了一条乡村振兴的新路径——"村集体＋农户＋合伙人"模式，有效盘活了农村闲置宅基地资源。这一模式不仅促进了乡村旅游的蓬勃发展，涵盖了商务考察、亲子体验、会议举办、旅居休闲及情感交流等多种旅游形式，还成功打造了尼山鹿鸣这一集智慧农业、农旅深度融合、多元化产业于一体的示范项目。

作为龙湾湖乡村振兴齐鲁样板省级示范区的核心区域，尼山鹿鸣项目不仅是圣水峪田园综合体和现代农业（甘薯）产业园的亮点，更是国家现代化农业产业园创建的重要组成部分。经过不懈努力，该项目已跻身山东省重大项目行列，并荣获乡村振兴劳务基地的殊荣。其经济效益显著，年创收超亿元，直接创造就业岗位五百余个，并通过产业链的延伸，间接惠及上下游两万余户家庭，实现人均增收万元以上，为乡村振兴事业树立了典范。

项目描述

通过了解尼山鹿鸣项目，初识休闲农业、乡村旅游以及乡村休闲旅游的概念，并了解乡村休闲旅游的发展历程及相关政策。

知识链接

随着国民经济的快速发展和休闲旅游市场的逐渐兴起，休闲农业和乡村旅游得到了长足发展。通过打造农业体验区、观光游览区、休闲度假区等功能区，休闲农业和乡村旅游项目吸引了大量游客体验农业生产和农村生活，不仅增加了当地农民的收入，促进了当地农村经济的发展，而且加强了当地的生态环境保护，实现了农业与旅游业的可持续发展。

通过了解休闲农业和乡村旅游的相关概念，我们可以认识到它是一种具有多维度价值的农业发展模式，休闲农业和乡村旅游不仅能够促进农业的转型升级，还能够提供给城市居民一种不同于城市生活的休闲体验，有利于农业资源的合理利用和生态环境保护。

任务一　休闲农业和乡村旅游的概念

一、休闲农业的概念

农业是指利用植物和动物的生活机能，通过人工培育以取得农产品的社会生产部门，属于第一产业，为人类提供生存最基本的需求，有着明显的季节性和地区性，通常分为种植业和畜牧业两大部分。

休闲农业作为一种产业，于 20 世纪 60 年代初，首先在西方国家兴起，而后在全球蓬勃发展。由于各学者、专家、组织对它的理解和认识不同，至今没有形成一个统一的定义。在发达国家，休闲农业被称为农业旅游或乡村旅游，来源于英文的 agritourism／agro-tourism，是由农业（agriculture）和旅游（tourism）两个词组合起来的。在东亚地区，休闲农业被称为"农业观光"。

休闲农业是利用田园景观、自然生态及环境资源，结合农林渔牧生产、农业经营活动、农村文化及农家生活，以丰富市民休闲生活，增进市民对农业及农村的体验为目的的农业经营。休闲农业具有农业生产、生活、生态"三生一体"特点和一二三产业功能特性，是一种高附加值的创新型农业经营方式。

由上可知，休闲农业是以促进农民就业增收和社会主义新农村建设为重要目标，横跨农村一二三产业，融合生产、生活和生态功能，紧密联结农业、农产品加工业和服务业的新型农业产业形态。

可以从以下三方面理解休闲农业：

首先，休闲农业是农业延伸发展而形成的一种新的产业形态，通过融合一二三产业，将农业从单一的食品保障功能向原料供给、就业增收、生态涵养、观光休闲、文化传承等多功能拓展，带动农产品加工业、服务业、交通运输、人文创意等相关产业的发展，满足城乡居民休闲消费的需要。

其次，休闲农业以农业为依托，以农村为空间，以农民为主体，以城市居民为客源，通过推动"大农业"与"大旅游"的有机结合，实现城乡互为资源、互为市场、互为环境，开辟出现代农业建设的新途径。

再次，休闲农业是我国旅游产品体系的重要内容，集农业生产、农业观光、休闲度假、参与体验于一体，有助于培育新型消费形态，促进旅游业适应我国旅游消费转型升级，进而提高城乡居民幸福指数。

二、乡村旅游的概念

乡村旅游于 19 世纪 30 年代起源于欧洲，1865 年意大利"农业与全国旅游协会"的成立标志着乡村旅游的诞生，而真正意义上的大众化乡村旅游则起源于 20 世纪 60 年代的西班牙。20 世纪 80 年代后乡村旅游步入发展的成熟期，进入规范化发展轨道，显示出极强的生命力和发展潜力。据世界旅游组织统计，近年来，欧洲每年的农业旅游收入占旅游总收入的 5%—10%。在美国每年约有 1800 万人次赴农场观光度假，仅东部地区的观光农场就多达 1500 家，乡村旅游产品也已形成配套体系。日本每年组织旅游者参加春天插秧、秋天收割、鱼虾捕捞、牧场放牧、牛棚挤奶等农事活动。国外乡村旅游已呈现出多元化的格局，并形成了集观光、休闲、娱乐、文化等多种功能于一体的旅游活动。

我国的乡村旅游经历了萌芽、起步，当前处在快速发展阶段。在我国，研究者对乡村旅游普遍的认同是：以农民为经营主体，以农民所拥有的土地、庭院、经济作物和地方资源为特色，以向有闲人士提供服务为经营手段的农村家庭经营方式。

也有人认为，乡村旅游是将乡村独有的生产生活、风土人情、民居房屋和农民文化作为主要内容，把乡村空间环境当作依托，按照城乡差别来打造的商品，是综合游览观光、休闲娱乐、度假购物为一体的方式。

综合以上观点，乡村旅游是以农村社区为活动场所，以乡村田园风光、森林景观、农林生产经营活动、乡村自然生态环境和社会文化风俗为吸引物，以都市居民为目标市场，以领略农村乡野风光、体验农事生产劳作、了解风土民俗和回归自然为特征的一种旅游活动。

可以从以下两方面来理解乡村旅游：

首先，乡村旅游是依托特色村容村貌、乡村民俗风情、乡野田园风光等资源，为游客提供观光游览、休闲度假、娱乐体验、康养健身、会务团建等项目的新兴旅游方式。

其次，乡村旅游发生在乡村地区，且以"乡村性"为核心吸引要素，因而是与都市旅游相对存在的区域综合性旅游形式。

三、休闲农业和乡村旅游的关系

休闲农业和乡村旅游是相互联系又有明显区别的。

休闲农业指利用农业景观资源和农业生产条件，发展观光、休闲、旅游的一种新型农业生产经营形态，也是深度开发农业资源潜力，调整农业结构，改善农业环境，增加农民收入的新途径。也可以说，休闲农业强调的是农业，着力点在农业上。

乡村旅游指到乡村去体验一些乡村民情、礼仪风俗等，也可以观赏当地种植的一些乡村土产，当地的风景古迹等，如小溪、小桥并了解它们的故事。旅游者可在乡村及其附近逗留、学习、体验乡村生活模式。可以说，乡村旅游强调的是旅游，着力点在旅游上。

休闲农业和乡村旅游的区别如下：

（一）资源结构不同

休闲农业的资源结构主要是由"农业生产＋农业休闲体验"构成，并没有明显的空间界限，既可以在城市内部、城乡结合地带开展，也可以在农村地区开展。乡村旅游则是以乡村村落和自然生态环境以及乡村人文资源、乡村休闲体验为主要资源，具有明显的地域性，必须立足于乡村地区。

（二）目标功能不同

休闲农业的目标功能在于去满足游客对于农业休闲观光、生活体验、科普教育等需求。乡村旅游则是侧重于提供具有地域特色的乡村休闲体验活动，满足的是游客"回归农村"的心理需求。

由此可见，休闲农业和乡村旅游是两个相近又相异的概念。休闲农业和乡村旅游在范围上有着一定的重合，但是二者又有明显的差异性。休闲农业强调的是农业与旅游业产业活动的同步性，乡村旅游强调的是旅游产业活动与乡村人文属性与自然环境之间的关联性。

任务二　休闲农业和乡村旅游的融合发展
——乡村休闲旅游

一、乡村休闲旅游概念的提出

2022年中央一号文件提出了"乡村休闲旅游"这一新概念，把休闲农业和乡村旅游合并提升为乡村休闲旅游，制订了实施乡村休闲旅游提升计划。

实施乡村休闲旅游提升计划，将乡村旅游的范畴扩展到更广阔的乡村休闲领域，明确了乡村地区是承载人们休闲需求的重要场域，有利于通过乡村多元价值的转化，进一步丰富乡村旅游产品供给，满足人们观光、休闲、度假、研学、康养、娱乐等多元化需求。

乡村休闲旅游业是"农业＋"文化、旅游、教育、康养等融合发展形成的新兴产业，拓展了农业生态涵养、休闲体验、文化传承等功能，凸显了乡村的经济、生态、社会和文化价值，在带动农民增收和促进乡村全面振兴方面发挥了越来越重要的作用。

乡村休闲旅游包括生态环境、田园生活、乡村文化等旅游要素，是一种生活体验式的旅游。乡村休闲旅游不同于以"网红打卡"为目的的观光式旅游，而是深度体验乡村"日出而作，日落而息"的生活方式的休闲度假旅游。

二、乡村休闲旅游的作用

乡村休闲旅游的发展，不仅可以丰富城乡居民的精神生活，优化投资环境等，而且达到了农业生态、经济和社会效益的有机统一。具体来讲，发展乡村休闲旅游有以下作用：

（一）有利于拓展旅游空间

随着收入的增加，人们不再仅仅满足于衣食住行，而转向追求精神享受，观光、旅游、度假活动增加，外出旅游者和出行次数越来越多。一些传统的风景名胜、人文景观在旅游旺季，往往人声嘈杂、人满为患。乡村休闲旅游的出现，迎合了久居大城市的人们对宁静、清新环境的渴求，满足人们回归大自然的愿望。

（二）有利于实现农业的高产高效

利用农业和农村空间发展乡村休闲旅游，有助于扩大农业经营范围，促进农村土地、劳动力、资金等生产要素的合理调整，提高土地生产率和劳动生产率；同时又可以乡村休闲旅游为龙头产业，带动餐饮、交通运输、农产品加工等行业的发展，增加农业生产的附加值。

（三）有利于改善农业生态环境

乡村休闲旅游为吸引游客，除了在景点范围内营造优美的农业生态环境和农业景观场所外，必须绿化、美化周围地区的田园和道路，维护农业与农村自然景观，提高城乡环境质量。

三、乡村休闲旅游的特性

一般认为乡村休闲旅游具有以下基本特性：

表 1.1-1　乡村休闲旅游的特性

特性	描述	注意事项	作用
农业	乡村休闲旅游是在农业生产的基础上开发其旅游功能的，引人入胜的主要是优美的田园风光。	防止过度开发，避免破坏基本农田保护区等。	有利于实现农业的高产高效等目标。
生态	乡村休闲旅游发展的目标之一是协调人和自然、经济发展与生态环境保护之间的矛盾。	尽可能不破坏原有的自然生态环境，减少人工作用，促进农业生态系统良性循环。	有利于改善农业生态环境。
娱乐	乡村休闲旅游除了具有优美的生态环境外，还应具有一定程度的娱乐性，否则也不能吸引大量的游客。	人工游乐设施的建设要适量，避免过多。	有利于拓展旅游空间，满足人们回归大自然的愿望。

四、乡村休闲旅游的发展措施

2022年中央一号文件指出，鼓励各地拓展农业多种功能、挖掘乡村多元价值，重点发展农产品加工、乡村休闲旅游、农村电商等产业。

发挥乡村休闲旅游业在横向融合农文旅中的连接点作用，以农民和农村集体经济组织为主体，联合大型农业企业、文旅企业等经营主体，大力推进"休闲农业+"，突出绿水青山特色、做亮生态田园底色、守住乡土文化本色，彰显农村的"土气"、巧用乡村的"老气"、焕发农民的"生气"、融入时代的"朝气"，推动乡村休闲旅游业高质量发展。

围绕做精做优乡村休闲旅游业，2021年农业农村部出台了《关于拓展农业多种功能促进乡村产业高质量发展的指导意见》，提出了6个方面的具体措施。

（一）保护生态资源和乡土文化

坚持生态优先、绿色发展，实现保护与开发并举、生产与生态并重。保护好森林、山丘、湖泊、溪流、草原、湿地等自然资源，利用好稻田、茶园、花海、牧场、养殖池塘、湖泊水库等田园风光，发挥好农业的涵养水源、保持水土、防风固沙、调节气候、净化空气、消除污染等重要作用；保护好传统村落、民族村寨、传统建筑、文物古迹、农业遗迹、灌溉工程等农业物质遗产，传承好民族民俗文化、传统手工艺、戏曲曲艺、渔歌、渔港文化等非物质遗产，形成以资源可持续利用、文化可持续传承为基础的乡村休闲旅游发展模式。

（二）发掘生态涵养产品

注重人与自然和谐共生，依托山水林田湖草沙等自然资源，结合农业资源保护利用、农村生态文明建设、农耕文化传承和节能减排固碳，发展生态观光、农事体验、户外拓展、自驾旅居等业态，开发森林人家、林间步道、健康氧吧、温泉水疗、水上漂流、滑草滑沙、星空露营等产品，打造一批循环农业、生态农牧、稻渔共生等生态样板，建设一批学农劳动、研学实践、科普教育等实训基地，创设一批农事生产、节气物候、自然课堂、健康养生等科普教程。

（三）培育乡村文化产品

将乡村民俗文化、人文精神与现代要素、时尚元素和美学艺术相结合，深入发掘民间艺术、戏曲曲艺、手工技艺、民族服饰、民俗活动等活态文化，打造具有农耕特质、民族特色、地域特点的乡村文化项目，发展历史赋能、独具特色、还原传统的乡村民宿经济，制作乡村戏剧曲艺、杂技杂耍等文创产品，创响"珍稀牌""工艺牌""文化牌"的乡土品牌。大力弘扬以爱国主义为核心的民族精神和以改革创新为核心的时代精神，打造文化乡村，培育文明乡风，弘扬革命文化，赓续红色血脉。

（四）打造乡村休闲体验产品

依托乡村资源，围绕多功能拓展、多业态聚集、多场景应用，开发乡宿、乡游、乡食、乡购、乡娱等综合体验项目。开发"看乡景"产品，建设采摘园、垂钓园、风情街、民俗村、农业主题公园等景点，发展景观农业、观光采摘、休闲垂钓、特色动植物观赏等业态，打造一批田园康养基地和田园式花园式乡景基地。开发"品乡味"产品，鼓励优质特色农产品实现地产地销、就地加工，发展乡味食堂、风味小吃、特色食品，培育精品农家菜和厨艺达人，举办乡土菜、农家宴推介和比赛。开发"享乡俗"产品，发展民族风情游、民俗体验游、村落风光游等业态，创设村歌、村晚、旅游演艺、节庆展会等节目，开发传统工艺、民族服饰等民族民俗特色产品。开发"忆乡愁"产品，发展文化体验、教育农园、亲子体验、研学示范等业态，开展"体验乡村休闲、感悟乡土文化""乡味从未散去、回首已是千年"等活动，讲好乡村故事，吸引居民望山见水忆乡愁。

（五）提升乡村休闲旅游水平

以"绣花"功夫抓好乡村环境治理，以"标兵"姿态抓实乡村生活垃圾分类，以"园丁"精神抓好美丽庭院、美丽田园、美丽山水建设，改善餐饮、住宿、停车、厕所等设施条件，因地制宜加快推进农村生活污水治理。将先进的管理模式和理念引入乡村，制定乡村休闲旅游服务规程和标准，用标准创响品牌，用品牌汇聚资源，让消费者体验乡村品质。

（六）实施乡村休闲旅游精品工程

推动资源适度集聚，强化典型引领带动，构建"点线面"结合的乡村休闲旅游发展格局。培育美丽宜人、业兴人和的美丽休闲乡村，推动产村融合发展，带动乡村生产生活生态价值提升。推介运营成熟、体验美好的乡村休闲旅游精品景点线路，促进产业提质增效，打造一批乡村休闲旅游优势品牌和城乡居民休闲旅游"打卡地"。建设资源独特、设施完备、业态丰富、创新活跃的休闲农业重点县，推动县域统筹规划、整体推进、集成创新，打造一批乡村休闲旅游先行区。

项目实施

分析休闲农业、乡村旅游以及乡村休闲旅游之间的关系。

名称	概念	作用	特性	类型
休闲农业				
乡村旅游				
乡村休闲旅游				

项目拓展

拍摄短视频，根据所学知识描述"我心目中的乡村休闲旅游"。

项目二　休闲农业和乡村旅游发展历程

图 1.2 - 1　钓鱼台村民宿

案例导入

钓鱼台村，镶嵌于孔孟文化的发源地——山东省济宁市邹城市大束镇，其地理位置得天独厚，南依苍翠欲滴的鸿山，北接历史底蕴丰厚的葛炉山，大沙河如一条玉带般自东向西绕村南潺潺流过。村庄之名，源自商朝名相仲虺在此垂钓、亲民之典故，赋予了这片土地深厚的历史与文化韵味。

自 2019 年起，钓鱼台村凭借其丰富的生态资源，勇于创新，开辟出一条"交通 + 旅游"的乡村振兴新路径。依托大沙河的秀丽风光，村中建设了钓鱼台，并改造闲置的农家院落为特色农家乐，吸引了四方游客纷至沓来，体验垂钓之乐、采摘之趣、农家之味，年均为村集体带来 16 万元的经济增收，实现了交通建设与旅游发展的良性互动。

与此同时，在"蘑菇小镇"大束镇的引领下，钓鱼台村积极引入食用菌大棚产业，采用"党支部 + 合作社 + 农户"的高效运营模式，携手友硕生物和华大农业两大项目，共同建设了 67 座现代化的蘑菇温室大棚，全部交由村民承包种植，不仅为当地创造了 300 多个就业岗位，还促使村集体收入大幅提升，年增收达 60 万元。这一举措，不仅丰富了村民的钱袋子，更铺就了一条以蘑菇种植为特色的致富之路，让"人便于行、货畅其流"的优质交通服务成为乡村振兴的强大助力。

大束镇以生态农业为基石，融合"食用菌工业化生产和休闲旅游"两大功能，致力于打造一个集三产融合于一体的特色小镇。在此基础上，镇里还精心规划了集休闲观光、科普教育、服务接待等多功能于一体的现代化蘑菇主题公园，旨在进一步提升旅游体验，促进产业升级，为乡村振兴注入新的活力与希望。

项目描述

通过查阅资料分析钓鱼台村农家乐项目的发展历程，了解休闲农业和乡村旅游发展的各个阶段及其特征，并了解各阶段的典型代表景点。

知识链接

从消费者体验的角度分析休闲农业和乡村旅游发展经历了三个阶段：

第一阶段：观光农业（乡村观光）。在第一产业基础上经过对特色农业、景观农业、设施农业资源的简单开发形成的以观光旅游为主要特征的初级发展阶段，代表性产品是农业观光园、农博园、菜博园、花卉基地等，获得的是以门票为主、附加部分农产品销售的初级效益。

第二阶段：休闲农业（乡村休闲）。一三产业融合发展阶段，是在农业资源基础上通过与旅游业嫁接，实现以观光、休闲、采摘体验为特征的综合发展阶段，代表性产品有采摘旅游、农耕体验旅游、租赁农场（私家采地）等，实现了"$1+3=4$"的中等效益。

第三阶段：文创农业（乡村度假）。一二三产业的融合发展阶段，是以资源区的农产品为原料，通过第二产业的深加工，将农产品转化为食品、饮料等工业产品，再通过进一步的创意策划和文化包装，将休闲农业基地打造成一个具有综合功能的农业休闲度假区，最终出售的是经过两次升级的综合性服务产品——文化度假旅游产品，实现 $1+2+3=6$。休闲农业融合农村一二三产业的这种经营方式，也被称为"第六产业"。"第六产业"，是当前出现的新名词，也是新时代农业的发展方向。

任务一　国外休闲农业和乡村旅游的发展历程、特征和主要类型

一、国外休闲农业和乡村旅游的发展历程

国外乡村旅游萌芽于 19 世纪中叶的欧洲，但真正意义上的大众化的乡村旅游则起源于 20 世纪 60 年代的西班牙。由于工业化与城市进程的加快，市场经济的激烈竞争，导致城市居民开始向往和追求乡村宁静的田园生活和美好的自然环境，在市场需求的

推动下，西班牙政府将废弃的贵族古堡改造成为简单的农舍，并把规模较大的农庄也列为供游客旅游参观的范围，接待乐意到乡村观光的旅游者，由此乡村旅游（休闲农业）应运而生。但在这个时期，乡村旅游者的人数较少，还没有真正意义上的为旅游者专门服务的乡村旅游设施，致使乡村旅游还处于在初级发展阶段。20 世纪 70 年代，由于铁路等交通设施的快速发展，使得城市与乡村地区的通达性得到改善，旅游者的可进入性增强，这促使了乡村旅游在许多国家广泛地开展起来，并显示出极强的生命力和发展潜力。20 世纪 80 年代，全球绿色运动的掀起，推动了休闲农业和乡村旅游的快速发展，并使之成为欧美发达国家现代旅游者重要选择之一。20 世纪 90 年代，休闲农业和乡村旅游已成为生态旅游的一个重要组成部分，在世界旅游组织大力推动和鼓励下，休闲农业和乡村旅游开始由发达国家向发展中国家扩展，成为振兴地方经济的重要手段。进入 21 世纪，不少国家依托本土生态、农业、乡土文化等资源，开发特色产品与路线，不断提升乡村旅游的魅力。回归自然，体验风土人情，乡村正成为各国游客日益青睐的旅游空间。2022 年，联合国世界旅游组织开展"最佳旅游乡村"评选活动，旨在通过旅游促进乡村文化和自然资源保护、推动社会和经济可持续发展。大量研究表明，发展乡村旅游不仅有助于推动经济均衡发展，而且对缓解乡村人口流失、促进乡村振兴具有重要意义。

总体而言，休闲农业和乡村旅游在各国的发展虽然在时间、内容和形式上不尽相同，但其发展背景都十分相似，主要来自两方面的原因。第一，城市化和现代化快速发展，使人们产生了回归自然的心理需求。第二，工业化高速发展后，农业和农村地区逐渐被边缘化。

在这种状况下，各国政府为提高农民收入、拓宽农业功能，改善农村面貌，面对城市居民的休闲农业和乡村旅游需求，所实施的一系列的推动农业、农村发展的有力措施。

二、国外休闲农业和乡村旅游的发展特征

（一）合理规划有效管理

在北美洲休闲农业和乡村旅游发达的国家，上级主管部门一般把发展休闲农业和乡村旅游的权力下放到当地政府，当地政府根据本地区的旅游资源特点，聘请各方面专家进行周详的旅游规划，开发出能满足旅游者需求的旅游产品。

（二）强化社区注重发展

若想使休闲农业和乡村旅游健康、持续发展，消除政策壁垒是关键。政府通过积极宣传和教育，让当地社区居民了解开发休闲农业和乡村旅游的积极作用，吸引居民主动地、积极地参与到休闲农业和乡村旅游开发中，根据本地的实际情况开发出适销对路的旅游产品，并通过提供服务和改善基础设施条件来支持休闲农业和乡村旅游的

发展。

（三）制定政策规范市场

休闲农业和乡村旅游目的地所在地区政府采取一系列的措施对休闲农业和乡村旅游的发展进行宏观管理，如通过制定政策规范市场，通过成立监督机构监督休闲农业和乡村旅游市场，通过建立对休闲农业和乡村旅游的统计指标评价其投资情况，通过给予借贷利息减免的优惠政策为休闲农业和乡村旅游的快速、健康和持续发展提供政策保障。如美国明确农场应具备的软硬件设施；编制针对休闲农业和乡村旅游的政策和规划；成立"农村旅游发展基金"，对农场主进行资助等等。

三、国外休闲农业和乡村旅游发展的主要类型

国外休闲农业和乡村旅游从20世纪60年代开始至今已发展了半个多世纪，其休闲农业和乡村旅游的发展已经趋于成熟并积累了成功的经验。通过对国外休闲农业和乡村旅游文献的搜集、分析以及对政府或协会官方网站报道的梳理，我们发现国外发达国家已形成了较为丰富的休闲农业和乡村旅游类型体系。其休闲农业和乡村旅游产品涵盖的内容丰富、涉及范围很广，主要有以下六种形式：

（一）农产品生产基地型

该类型产品的核心为农业观光，具体内容主要包括粮食和蔬菜生产基地，葡萄园、草莓园、南瓜园等各类果园，奶粉和干酪农场，如加拿大枫糖农庄等。

（二）动物农场型

该类型产品的核心为乡村娱乐，具体内容包括奶牛或肉牛农场、羊驼或美洲驼农场、马场、山羊农场及其他牧场、养鱼场、烟熏肉等肉制品农场、蜜蜂养殖场等。

（三）花卉园艺型

该类型产品的核心为乡村休闲，具体内容包括温室、苗圃、公共花园、水上花园、香草园等。

（四）乡村旅游购物型

该类型产品的核心为旅游购物，具体内容包括农贸展销会、主题节庆活动、传统乡村工艺品展览、土特礼品零售商店、葡萄酒厂参观等。

（五）乡村体验型

该类型产品的核心为乡村节庆活动，具体包括农场婚礼、郊野驾车游、科普教育班、农田迷宫、滑雪比赛、民俗歌舞表演、嘉年华等。

（六）乡村度假型

该产品的核心为提供餐饮及住宿服务，具体包括民宿牧场、度假农场、露营等。

四、国外休闲农业和乡村旅游的发展趋势

（一）政府扶持全面推动乡村旅游的发展

许多发达国家将乡村旅游纳入解决农村问题、推动农村持续全面进步的战略范畴，从政策层面进行有效推动。例如，英国在 2001 年大选后将原农业、渔业及食品部改为环境、食品和农村事务部，以应对农村社区人口增长、农业和农民收入下降等问题，并通过政策推动农村休闲农作和生态旅游的发展。

政府投入大量资金用于改善农村基础设施和乡村旅游设施，提升乡村旅游的吸引力和接待能力。例如，2001 年后，英国政府每年投资约 5 亿英镑用来改善本国的农村基础设施。2007 年，英国政府为了继续提高对农村事务的支持水平，拨款 16 亿英镑推进农村发展计划。英国政府通过这些政策和措施，使得 2007 年至 2016 年英国进行乡村休闲农作和生态旅游的人数明显增长。

（二）注重保持乡村自然和人文环境的原真性

随着旅游者对乡村旅游体验要求的提高，保持乡村自然和人文环境的原真性成为重要趋势。许多乡村旅游目的地注重保护乡村的自然景观、文化遗产和民俗风情，避免过度商业化和城市化。通过农耕文化园、民俗博物馆等形式，旅游目的地向游客展示了乡村的历史文化和传统生活方式，让游客在体验中了解和传承乡村文化。

（三）旅游方式朝着自助化和多样化的方向发展

乡村旅游活动逐渐从单一的乡村度假和体验农村生活向多样化发展，包括农业观光、农事体验、乡村运动、乡村美食等多种类型。

同时，越来越多的旅游者选择自助方式开展乡村旅游，包括自驾车、骑单车或徒步出行，以及订房、订票、订餐的自助化等。这种自助化旅游方式不仅提高了旅游者的灵活性和自由度，也促进了乡村旅游市场的个性化发展。

（四）客源跨区域、国际化

随着乡村旅游品牌影响力的提升和宣传促销力度的加大，乡村旅游的客源逐渐从区域性向跨区域、国际化方向转化。越来越多的游客选择到乡村旅游目的地度假和体验乡村生活。

一些乡村旅游目的地还通过国际合作和交流，引进国外先进的乡村旅游理念和管理经验，提升乡村旅游的国际化水平。

（五）注重可持续发展

在推动乡村旅游发展的过程中，许多国家注重可持续发展，通过实施生态旅游、绿色旅游等措施，保护乡村生态环境和文化遗产，实现旅游与环境的和谐共生。

政府鼓励当地社区和居民参与乡村旅游的开发和管理，提高他们的经济收益和生

活水平，同时增强他们对乡村文化和环境的保护意识。

任务二　国内休闲农业和乡村旅游的
发展历程、特征和主要类型

一、国内休闲农业和乡村旅游的发展历程

（一）国内休闲农业和乡村旅游的兴起

我国是一个历史悠久的农业大国，乡村资源丰富，景观类型多样，农耕文化悠久，具有发展乡村旅游的优越条件。就起源而言，目前学术界主要有两种说法：一种说法认为我国休闲农业和乡村旅游的萌芽应该是从 20 世纪 70 年代初期开始，当时政府为了外事接待的需要，在北京近郊的四季青人民公社、山西昔阳县大寨大队、天津静海区小新庄、上海崇明岛等地定点开展了一些具有乡村旅游性质的政治性接待活动。而另一种说法认为我国的休闲农业和乡村旅游应该是从 20 世纪 80 年代后期开始的，以深圳首次举办的荔枝节为标志。此后，在东部地区特别是比较发达的城郊纷纷效仿深圳荔枝节的做法，举办各具特色、形式多样的乡村旅游项目。

对于休闲农业和乡村旅游起源的两种说法，绝大多数国内学者都倾向于第二种，认为我国乡村旅游开始于 20 世纪 80 年代。这主要是由这个时期的旅游市场的需求和供给两方面因素决定的。一是从市场需求的角度来看，城市化进程的加快使人们亲近自然、缓解城市压力的愿望与日俱增，经济的飞速发展促使人们可自由支配的收入和闲暇时间日渐增加，后现代主义的生活方式全面渗透到人们的日常生活中，越来越多的人追求传统，渴望自由，而具有回归自然的乡村旅游恰恰能够满足人们的这些需求。二是从供给角度看，20 世纪 80 年代以来我国农村产业结构面临调整，那么如何振兴乡村地区的经济？如何增加农民收入？成为乡村地区政府必须面对的问题。根据国外发达国家乡村地区发展的经验，国内各级政府纷纷把旅游业作为促进乡村地区经济发展的有效手段，致力于各种乡村旅游项目的规划和开发。

1990 年前后，乡村旅游总体上还处于起步阶段，乡村旅游产品以"看农家景，尝农家饭，干农家活，享农家乐"为主，已开发的乡村旅游地往往为景区依附型开发模式，且多分布在大城市的近郊和特色农业地区以及东部经济较发达地区。国家旅游局在 1998 年至 2006 年先后四次推出的以乡村旅游为主题的旅游年，把我国乡村旅游推向了新高，在全国范围内掀起了乡村旅游热潮。截至 2006 年，我国已建成乡村旅游景区（点）2 万多个，其中"全国农业旅游示范点"359 家，遍布 31 个省（区、市）。仅 2006 年一年，全国乡村旅游景区（点）接待旅游者 3 亿多人次，旅游收入达 400 多亿元人民币。

2008 年，国家旅游局推出国民休闲计划，并将乡村休闲纳入国民休闲的重要组成部分，在全国省市各级政府和主管部门的合力推动下，乡村旅游已进入全面发展的新时期。

2010 年以来，休闲农业和乡村旅游进入了一个快速发展的阶段，这一时期的休闲农业和乡村旅游不再仅仅局限于传统的农家乐和农业体验，而是开始向多元化、深层次的方向发展。此时，休闲农业和乡村旅游与文化产业、健康产业等领域进行了深度融合，出现了更多的综合性乡村旅游产品。如乡村民宿、田园综合体、乡村旅游度假区等。同时，乡村振兴战略的实施也为休闲农业和乡村旅游的发展提供了新的机遇。

2018 年，国家发布了《乡村振兴战略规划（2018—2022 年）》，将乡村旅游作为实施乡村振兴战略的重要途径之一，并在财政补贴、税收优惠、土地政策等方面加大了对乡村旅游的支持力度。在各项政策的推动下，乡村旅游得到了快速发展，成为农村经济新的增长点。全国各地也开始打造具有地方特色的乡村旅游品牌，如四川的"乡村旅游·四川在行动"、湖南的"乡村旅游促进年"等活动，提升了乡村旅游的知名度和影响力。

2022 年以来，乡村旅游在我国经历了诸多挑战，同时也迎来了新的发展机遇。为深入贯彻党的二十大精神，推动乡村振兴战略实施，建设宜居宜业和美乡村和全国乡村旅游目的地，2023 年山东省文化和旅游厅等八部门联合印发的《关于推进乡村旅游高质量发展的实施方案（2023—2025 年）》旨在优化乡村旅游发展环境，提升乡村旅游产品供给和服务质量。科技创新也在乡村旅游发展中起到了积极的推动作用。智能导览、在线预订、虚拟现实等技术的应用，使乡村旅游更加便捷和智能化，提升了游客的旅游体验。乡村旅游在产品创新、文化体验、科技融合、社区参与和可持续发展等方面取得了新的进展，并有望在未来实现更高质量的发展。

二、国内休闲农业和乡村旅游发展的基本特征

我国休闲农业和乡村旅游发展基本特征包括以农业产业为基础、挖掘乡村文化为内核、以乡村体验为动力、创新乡村消费为目的、地域差异性与多样性以及政策支持与可持续发展等方面。这些特征共同构成了我国乡村旅游的独特魅力和发展优势。

（一）以农业产业为基础

休闲农业和乡村旅游的存在和发展，首先依赖于农业产业这一基础条件。农业不仅是乡村经济的重要组成部分，也是休闲农业和乡村旅游资源的重要来源。乡村的农田、果园、养殖场等农业生产场所，以及与之相关的农耕文化、农事活动等，都是乡村旅游吸引游客的重要因素。

（二）挖掘乡村文化为内核

休闲农业和乡村旅游的核心在于挖掘和展示乡村文化。这包括农耕节事、民俗风情、乡规民约、古村落景观等，这些都是乡村独有的文化资源，具有浓厚的乡土气息和地域特色。通过挖掘和展示这些文化资源，乡村旅游能够为游客提供独特的文化体验，满足游客对乡村文化的认知和探索需求。

（三）以乡村体验为动力

休闲农业和乡村旅游强调游客的参与和体验。通过将农业生产、农耕文化和农家生活转化为旅游产品，让游客能够身临其境地体验乡村生活，感受乡村的宁静与美好。这种体验式的旅游方式，不仅能够满足游客的休闲需求，还能够加深游客对乡村文化的理解和认同。

（四）创新乡村消费为目的

休闲农业和乡村旅游是实现城市与乡村之间互动的重要商业模式。通过发展休闲农业和乡村旅游，可以吸引城市居民到乡村消费，带动乡村社会经济的发展。同时，乡村旅游还能够促进农产品的销售和加工，提高农民的收入水平。这种创新性的消费模式，为乡村的可持续发展提供了新的动力。

（五）地域差异性与多样性

我国地域辽阔，休闲农业和乡村旅游资源形态各异，具有明显的地域差异性和多样性。不同地区的休闲农业和乡村旅游资源各具特色，如北方的草原风光、南方的水乡风情、西部的雪山峡谷等。这种地域差异性和多样性为休闲农业和乡村旅游提供了丰富的资源基础，也满足了游客多样化的旅游需求。

（六）政策支持与可持续发展

近年来，我国政府高度重视乡村旅游的发展，出台了一系列扶持政策。这些政策为休闲农业和乡村旅游提供了有力的支持和保障，促进了休闲农业和乡村旅游的快速发展。同时，休闲农业和乡村旅游也注重可持续发展，强调在保护生态环境和文化遗产的前提下进行开发利用，确保休闲农业和乡村旅游的长期稳定发展。

三、国内休闲农业和乡村旅游发展的主要类型

消费者进行乡村休闲旅游的主要目的有观赏田园风光、休闲度假、体验乡村生活、学习乡村知识、购买乡村土特产品等。根据这些目的，可以将乡村休闲旅游划分为以下五大类型。

（一）休闲度假型

休闲度假型乡村旅游以乡村风景为背景，以宁静、松散的乡村氛围为依托，提供棋牌、歌舞、观光采风等休闲娱乐活动服务。依托乡村"蓝色的"天空、"清新的"

空气，给游客创设乘着习习凉风、呼吸着清新的空气，听着泉水韵律、望着流星明月，感受"天人合一"的境界。

（二）观光体验型

观光体验型乡村休闲旅游以良田、特色蔬菜、花卉苗木、乡村农舍、溪流河岸、园艺场地、绿化地带、产业化农业园区、特种养殖业基地等自然、人文景观为观光活动的主要内容。将旅游与当地的民俗文化、农业生产和农副产品相结合，旅游者通过参与民俗活动、种花栽树、挖地种菜、采摘瓜果蔬菜、捕鱼捞虾、放养动物、石臼春米、木机织布、手工刺绣、制作简单农具及陶制品等活动，体验乡村生活的质朴淡雅，收获耕种的喜悦。

（三）研学教育型

研学教育型乡村休闲旅游主要以城市居民，特别是少年儿童为对象，利用农业生产、乡村生态环境、动物植物、乡村民俗文化等资源研究学习，以休闲的形式和放松的心态完成农业科学技术和知识的研究学习。

（四）乡村购物型

乡村购物型乡村休闲旅游主要依托乡村独特的乡土资源，制作出有机绿色食品、别致的盆景、工艺精湛的手工艺品、设计独特的旅游纪念品等丰富的旅游购物商品，并以特色商品为核心吸引物，开展特色旅游活动，以提高农民收入，带动区域发展。

（五）生态康养型

生态康养型乡村旅游是综合利用乡村多种资源，围绕健康养生的核心理念，以田园生态、生活和生产空间，开发出健康疗养、度假养生、文化休闲、体育运动、生态旅游等多种业态，实现人们对健康、旅游、养老、养生等多方面需求，使游客能够沉淀心灵、享受生活、体验"闲情逸致"，最终给游客带来身体的放松与心灵的愉悦。

四、国内休闲农业和乡村旅游的发展趋势

（一）客源多元化

随着人们收入的增加，乡村旅游吸引的客户不再局限于传统的自驾游、亲子游游客。越来越多的游客希望到乡村接触自然风光、认识乡土风情及传统文化。同时，随着乡村旅游的发展，也延伸出人们交友的需求，年轻人对乡村旅游的认可程度越来越高。

（二）产品多样化

随着旅游市场的发展，中国的乡村旅游形式得到了不断拓展。种植、采摘、度假康养等多元化的旅游产品的出现，使乡村旅游更加多彩多姿，不同的乡村旅游形式有助于游客更好地了解和融入当地风俗、文化等。

（三）产业集群化

乡村旅游的发展不再是简单的观光旅游，更多关注人们的体验、交流、互动、品位等综合性需求。针对这些综合性需求，很多地方在营造产业体系的基础上，增加当地特色品牌，将农民和游客有机结合在一起，一二三产融合发展，形成了一种产业集群的模式。

（四）市场智能化

当前，中国旅游市场迎来智能化、数字化的变革。旅游消费智能化、数字化的变革推动着乡村旅游的升级。在住宿、交通、导游等环节，智能化、数字化创新持续推动着旅游服务效率和用户体验的提升。很多休闲农业和乡村旅游目的地的智能化推进的速度明显快于城市，而且这些地方可以实现一些城市尚未覆盖的功能，如虚拟导游、农场预约等。

（五）推动农村发展

乡村旅游的快速发展解决了农村经济转型中的一些顽固性问题，推进了农村旅游业和农业的协同发展，带动了村民的创业、就业与增收，加速了当地农产品的产业化、网络化和品牌化等方面的发展。

（六）服务数字化

现代科技的快速发展促使数字技术与乡村旅游的深度融合，为游客提供更舒适、便捷、个性化的服务。例如，利用 VR、AR 等技术实现虚拟导览、在线预订等服务。

（七）产业生态化

以传统文化、自然景观、生态保护为主题的低碳生态乡村旅游已经成为乡村旅游的一个重要分支。低碳、环保、可持续性成为新一轮乡村旅游的重要特征。例如，可持续经营的有机农庄、森林农场、天然村庄旅游等。

（八）丰富文化体验

文化体验型乡村旅游将游客带入具有民俗文化、民间艺术和饮食文化等多种传统文化元素的村庄，为游客提供文化体验，丰富游客的体验感受。例如，川南串景区、蒲江千层画等。

（九）发展共享经济

共享经济模式（即通过互联网把社会闲散资源和需求集中到一个平台上，采用数字化匹配对接进行交易，供给方获得报酬，需求方获得闲散资源的有偿使用权。）逐渐在乡村旅游市场中得到应用。例如，借助民宿平台和共享出行平台，游客可以更加灵活自由地选择他们的旅行方式，同时也给乡村民宿、餐饮等带来了更好的发展机遇。

项目实施

根据所学知识分析国内外休闲农业和乡村旅游发展历程的特征和趋势。

名称	兴起原因	发展特征	主要类型	发展趋势
国外休闲农业和乡村旅游				
国内休闲农业和乡村旅游				

项目拓展

请同学们调研某地乡村休闲旅游的兴起、特征和类型，分析它的发展趋势。

项目三　休闲农业和乡村旅游的意义、目标及政策

案例导入

　　四川省成都市郫都区的农科村，被誉为一片被鲜花簇拥、无界之美的自然村落，其发展历程深刻展现了休闲农业与乡村旅游如何从细微之处萌芽，逐步成长为引领地方经济腾飞的支柱产业，同时也映照出国家政策对这一领域的强力支持与引导。

　　回溯至1982年，随着中央"一号文件"的春风，家庭联产承包责任制在这片土地上落地生根。面对有限的土地资源，农科村的村民们以敏锐的洞察力，率先在自家宅院中播撒下花卉苗木的种子，开启了特色种植的新篇章。自1987年起，这股绿色浪潮迅速席卷全村，花木产业如雨后春笋般蓬勃发展，不仅装点了乡村，也为村民带来了可观的经济收益。

　　为了进一步提升产业附加值，满足游客赏花、购花之余的休闲需求，农科村创新性地孕育出了"农家乐"这一服务模式。以"徐家大院"为代表的首批农家乐，以其地道的农家饭菜和浓郁的花木氛围，迅速赢得了市场的青睐，成为连接城市与乡村的温馨桥梁。随着政策的持续加码，至2000年，农科村农家乐发展至鼎盛，年接待游客量突破200万人次，甚至吸引了国际友人的目光，实现了"产业+旅游"模式的全国推广。

　　进入新时代，2018年中央一号文件再次吹响了乡村振兴的号角，鼓励利用闲置农房发展多元化业态。农科村积极响应，管理团队与村民携手合作，通过房屋租赁招商，有效盘活了闲置资源，为村民带来了稳定的增收渠道。同时，深入学习贯彻党的二十大精神，农科村坚持"以文塑旅、以旅彰文"的发展理念，深入挖掘文化内涵，打造独具特色的文化IP，不仅吸引了城市高素质人才的目光，还有效避免了乡村旅游的同质化竞争。

　　如今，农科村已发展成为"国际乡村会客厅·主题民宿聚落群"，每一座民宿都承载着独特的文化主题，如书院文化的静谧、中医汤药的温润，成为都市人心灵栖息的诗意空间。此外，农科村还积极调整花木产业结构，推动精品盆景和造型植物的发展，构建起"花木+旅游"的深度融合模式，形成了集观赏、体验、消费于一体的精品花

木展示区，实现了传统产业的华丽转身。

项目描述

休闲农业和乡村旅游的开发建设，离不开政策的支持，熟悉政策是休闲农业和乡村旅游开发主体的一堂必修课。通过对案例的分析，了解关于休闲农业和乡村旅游行业有哪些政策。

知识链接

休闲农业和乡村旅游是以农业生产、农村风貌、农家生活、乡村文化为基础，开发农业与农村多种功能，提供休闲观光、农事参与和农家体验等服务的新型农业产业形态。

任务一　发展休闲农业和乡村旅游的意义、目标

一、发展休闲农业和乡村旅游的意义

休闲农业和乡村旅游分别是现代农业和现代旅游业的融合新业态，是推动农村经济发展的新动能。发展休闲农业和乡村旅游对于推动农业供给侧结构性改革，培育新型农业经营主体，推进农村一二三产业融合发展，促进农业增效、农民增收、农村增绿，满足人民日益增长的美好生活需要，带动农民就业增收和精准脱贫，建设美丽宜居乡村和美丽中国具有十分重大的意义。

（一）推动乡村全面振兴

近几年国家发布了多项政策，推动休闲农业和乡村旅游的发展。例如，农业农村部办公厅公布了2023年中国美丽休闲乡村名单，旨在拓展农业的多种功能，挖掘乡村的多元价值，从而推动乡村产业的高质量发展。2024年中央一号文件强调了推进乡村全面振兴的重要性，将休闲农业和乡村旅游作为实现这一目标的重要途径。文件中提出，要学习运用"千村示范、万村整治"工程的经验，通过休闲农业和乡村旅游的发展，提升乡村产业发展水平、乡村建设水平和乡村治理水平。

（二）增强农业多功能性

国家政策多次强调拓展农业的多种功能，挖掘乡村的多元价值。通过发展休闲农业和乡村旅游，可以更好地利用农业资源，不仅限于传统的粮食生产，而是包括生态旅游、森林康养、休闲露营等多种新业态，这有助于提高农业的经济效益和生态价值。

（三）促进农民增收

休闲农业和乡村旅游的发展有助于拓宽农民增收致富的渠道。这不仅包括农民通

过开办农家乐、乡村民宿等直接获得经营性收入，还包括通过资源资产盘活利用和发展乡村休闲产业分享产业增值红利，以及通过在休闲农业企业就业获得工资性收入。此外，农民还可以通过参与农家乐、乡村民宿、生态康养等旅游服务活动促进当地农产品销售，提高农民的经济收益。

（四）改善农村生态环境

为了吸引游客，农村地区会加强生态环境保护和美丽乡村建设。这不仅有助于提升农村地区的环境质量，还可以吸引更多游客，从而带动当地经济的发展。

（五）传承农耕文化

休闲农业和乡村旅游的发展有助于保护和传承农耕文化。通过提供农事体验、科普教育等活动，游客可以更深入地了解和体验传统农业的魅力，促进文化的传承。

（六）满足市场需求

随着生活水平的提高，城市居民对于休闲旅游和体验式消费的需求日益增长。休闲农业和乡村旅游提供了新的旅游选择，满足人们亲近自然、体验农耕生活的需求。

总之，发展休闲农业和乡村旅游对于推动乡村全面振兴、增强农业多功能性、促进农民增收、改善农村生态环境、传承农耕文化以及满足市场需求等方面具有重要意义。

二、发展休闲农业和乡村旅游的目标

牢固树立并切实贯彻创新、协调、绿色、开放、共享的新发展理念，以促进农民就业增收、满足居民休闲消费需求、建设美丽宜居乡村为目标，以规范提升休闲农业和乡村旅游发展为重点，通过示范创建活动，进一步探索休闲农业和乡村旅游发展规律，厘清发展思路，明确发展目标，创新体制机制，完善标准体系，优化发展环境，加快培育一批生态环境优、产业优势大、发展势头好、示范带动能力强的全国休闲农业和乡村旅游示范县（市、区），形成"统筹谋划、系统部署、上下联动、示范引领"的品牌创建格局，为城乡居民提供望山看水忆乡愁的休闲旅游好去处。根据国务院印发《"十四五"推进农业农村现代化规划》的要求，发展休闲农业和乡村旅游的目标要求是打造休闲农业和乡村旅游精品工程。建设 300 个休闲农业重点县、1500 个美丽休闲乡村，推介 1000 条乡村休闲旅游精品景点线路。

任务二　发展休闲农业和乡村旅游的相关政策

一、国家政策

国家政策是指中共中央、国务院制定的相关政策，是国家的指导性政策。

1. 《中共中央　国务院关于实施乡村振兴战略的意见》（2018 年中央一号文件）

"意见"针对休闲农业和乡村旅游作出了如下要求：

加快发展森林草原旅游、河湖湿地观光、冰雪海上运动、野生动物驯养观赏等产业，积极开发观光农业、游憩休闲、健康养生、生态教育等服务。创建一批特色生态旅游示范村镇和精品线路，打造绿色生态环保的乡村生态旅游产业链。

2. 《中共中央　国务院关于坚持农业农村优先发展做好"三农"工作的若干意见》（2019 年中央一号文件）

"意见"针对休闲农业和乡村旅游作出了如下要求：

发展壮大乡村产业，拓宽农民增收渠道。充分发挥乡村资源、生态和文化优势，发展适应城乡居民需要的休闲旅游、餐饮民宿、文化体验、健康养生、养老服务等产业。加强乡村旅游基础设施建设，改善卫生、交通、信息、邮政等公共服务设施。

3. 《中共中央　国务院关于抓好"三农"领域重点工作确保如期实现全面小康的意见》（2020 年中央一号文件）

2020 年的休闲农业和乡村旅游政策从原有的重旅游转换为重农业，"意见"指出重点培育家庭农场、农民合作社等新型农业经营主体，培育农业产业化联合体，通过订单农业、入股分红、托管服务等方式，将小农户融入农业产业链。

4. 《中共中央　国务院关于全面推进乡村振兴加快农业农村现代化的意见》（2021 年中央一号文件）

"意见"强调开发休闲农业和乡村旅游精品线路，完善配套设施。

5. 《中共中央　国务院关于做好 2022 年全面推进乡村振兴重点工作的意见》（2022 年中央一号文件）

"意见"指出：持续推进农村一二三产业融合发展。鼓励各地拓展农业多种功能、挖掘乡村多元价值，重点发展农产品加工、休闲农业和乡村旅游、农村电商等产业。实施休闲农业和乡村旅游提升计划。支持农民直接经营或参与经营的乡村民宿、农家乐特色村（点）发展。将符合要求的休闲农业和乡村旅游项目纳入科普基地和中小学学农劳动实践基地范围。

"意见"还提出，启动实施文化产业赋能乡村振兴计划。整合文化惠民活动资源，支持农民自发组织开展村歌、"村晚"、广场舞、趣味运动会等体现农耕农趣农味的文化体育活动。办好中国农民丰收节。加强农耕文化传承保护，推进非物质文化遗产和重要农业文化遗产保护利用。

6.《中共中央　国务院关于做好2023年全面推进乡村振兴重点工作的意见》（2023年中央一号文件）

"意见"指出：实施文化产业赋能乡村振兴计划。实施休闲农业和乡村旅游精品工程，推动乡村民宿提质升级。持续加强乡村基础设施建设。加强农村公路养护和安全管理，推动与沿线配套设施、产业园区、旅游景区、乡村旅游重点村一体化建设。

7.《中共中央　国务院关于学习运用"千村示范、万村整治"工程经验有力有效推进乡村全面振兴的意见》（2024年中央一号文件）

"意见"指出：促进农村一二三产业融合发展。坚持产业兴农、质量兴农、绿色兴农，加快构建粮经饲统筹、农林牧渔并举、产加销贯通、农文旅融合的现代乡村产业体系，把农业建成现代化大产业。鼓励各地因地制宜大力发展特色产业，支持打造乡土特色品牌。实施乡村文旅深度融合工程，推进乡村旅游集聚区（村）建设，培育生态旅游、森林康养、休闲露营等新业态，推进乡村民宿规范发展、提升品质。优化实施农村产业融合发展项目，培育农业产业化联合体。

二、国务院各部委政策

为贯彻落实中共中央、国务院发布的关于乡村振兴与"三农"方面的政策，农业农村部及相关部委也出台了相关规定。涉及休闲农业和乡村旅游的规定，举例如下：

2019年12月，农业农村部、中央网络安全和信息化委员会办公室印发《数字农业农村发展规划（2019—2025年）》（下文简称"数字农业规划"）的通知，在数字农业规划中，对休闲农业和乡村旅游的政策主要有两个方面：

一是鼓励发展智慧休闲农业平台，完善休闲农业数字地图，引导乡村旅游示范县、美丽休闲乡村（渔村、农庄）等开展在线经营，推广大众参与式评价、数字创意漫游、沉浸式体验等经营新模式。

二是建设一批农民创业创新中心，开展农产品、农村工艺品、乡村旅游、民宿餐饮等在线展示和交易撮合，实时采集发布和精准推送农村劳动力就业创业信息。

2020年2月，农业农村部办公厅印发《2020年乡村产业工作要点》的通知，指出积极发展乡村休闲旅游，一是建设休闲农业重点县；二是培育休闲旅游精品；三是推介休闲旅游精品景点线路。

2020年7月，农业农村部印发《全国乡村产业发展规划（2020—2025年）》，提出要优化乡村休闲旅游业，聚焦重点区域、注重品质提升、打造精品工程、提升服务水平。

2021 年 4 月，农业农村部等 10 部门发布《关于推动脱贫地区特色产业可持续发展的指导意见》，指出：拓展农业功能价值。依托田园风光、绿水青山、村落建筑、乡土文化、民俗风情等特色资源，发展乡村旅游、休闲农业、文化体验、健康养老等新产业新业态，突出特色化、差异化、多元化，既要有速度，更要高质量，实现健康可持续。

2023 年 10 月，农业农村部等 9 部门发布的《"我的家乡我建设"活动实施方案》中明确指出要引导企业家有序参与现代农业和乡村建设。发挥企业家重乡情、善经营、乐奉献的优势，引导回乡投资兴业、举办社会事业，发展智慧农业、高效农业、生态农业、休闲农业，推进产加销一体化。

2024 年 1 月，农业农村部印发的《农业农村部关于落实中共中央国务院关于学习运用"千村示范、万村整治"工程经验有力有效推进乡村全面振兴工作部署的实施意见》中提到促进农村一二三产业融合发展。促进农文旅融合。实施休闲农业提升行动，建设一批全国休闲农业重点县，遴选推介中国美丽休闲乡村和乡村休闲旅游精品景点线路，开发差异化乡村休闲旅游产品和服务。

三、省市政策

各省市积极响应国家号召，陆续发布了一系列政策推动休闲农业和乡村旅游高效发展。

表 1.3 - 1　部分省（市）关于休闲农业和乡村旅游的政策

省（市）	时间	政策名称	相关内容
北京	2023.4	《关于做好 2023 年全面推进乡村振兴重点工作的实施方案》	拓展"畅游京郊""京华乡韵"等品牌建设，开展休闲农业"十百千万"畅游行动，提升 4 个全国休闲农业重点县、60 个美丽休闲乡村、100 个休闲农业园区，推动乡村民宿提质升级。
上海	2022.8	《上海市乡村振兴促进条例》	本市推进乡村一二三产业高质量融合发展，支持发展现代种植业、现代养殖业、农产品加工业、农资农机产业、乡村商贸流通业、乡村休闲旅游业等产业。区和乡镇人民政府应当结合资源优势和产业特色，促进农业与旅游、文化、健康养老、体育、新能源等产业相结合的乡村现代产业发展。
浙江	2023.5	《乡村振兴支持政策二十条》	推动农村一二三产业融合发展。开展文化产业赋能乡村振兴试点，支持休闲农业、乡村旅游、文化体验等新产业新业态。鼓励培育、推广和保护农产品区域公用品牌。建设省农创客知识产权服务基地，完善农创客知识产权转化和服务体系。

（续表）

省（市）	时间	政策名称	相关内容
山东	2023.5	《关于做好2023年全面推进乡村振兴重点工作的实施意见》	积极培育新产业新业态。以沿黄河、大运河、齐长城、黄渤海四大文化体验廊道和沿胶济铁路文化交通线建设为重点，深化文旅融合，实施乡村休闲旅游精品工程，创建一批乡村旅游重点镇村、精品文旅名镇、旅游民宿集聚区及研学基地。
江西	2024.2	《关于学习运用"千村示范、万村整治"工程经验有力有效推进乡村全面振兴的实施意见》	推进农村一二三产业融合发展。做深做实"土特产"文章，全面延伸"粮头食尾""农头工尾"产业链条，提升农产品精深加工水平。做强稻米、油料、果蔬、畜牧、水产等5个千亿级主导产业链和茶叶、中药材等2个百亿级特色产业链。坚持宜工则工、宜农则农、宜商则商、宜游则游、宜林则林，引导各县（市、区）集中力量扶持壮大1—2个优势特色产业，打造区域性优质农副产品生产和供应基地。向发展农业多种功能、挖掘乡村多元价值要效益，探索"整村经营开发"模式，盘活乡村资源，培育农业研学、生态旅游、田园观光、休闲露营等新业态，推进乡村民宿规范化发展，精准培育"休闲农业+乡村民宿"品牌。

2022年以来，济宁市政府陆续出台了一系列政策扶持休闲农业与乡村旅游的发展。

2022年11月5日，济宁市人民政府印发的《济宁市南四湖生态保护和高质量发展实施方案》中提到，文化旅游发展实现突破。搞活搞优现代旅游产业，培育旅游产业新兴业态。以微山县创建省级全域旅游示范区为抓手，推动微山湖省级旅游度假区提档升级，不断加大招商引资力度，引进一批与时俱进的新业态、新项目，推进文旅与农渔业、康养、体育等产业融合，由观光向休闲度假转变。（市文化和旅游局牵头负责，市体育局配合，沿湖四县区政府、管委会落实）

人才方面的支持：

2023年6月23日，济宁市人民政府印发的《济宁市稳定和扩大就业促增收促消费促增长行动方案》中提到，发展乡村产业吸纳就地就业。实施"1352"农业全产业链集群推进计划，发展乡村特色产业、设施农业、农产品加工、乡村休闲旅游、农村电商等新产业新业态，推进农村一二三产业融合发展，形成"一县一园、一镇一业、一村一品"发展格局，为农村劳动力提供更多就近就业机会。持续加大新型农业经营主体培育力度，支持家庭农场组建农民合作社、合作社根据发展需要办企业，带动小农户合作经营、共同增收。持续开展"万企兴万村"行动，引导更多企业到乡（镇）、村投资兴业，带动更多农村劳动力就地就业，促进产业增效、农民增收、农村繁荣。（责任单位：市人力资源社会保障局、市农业农村局、市商务局、市工商联）

用地方面的支持：

2022年11月5日，济宁市人民政府印发的《济宁市南四湖生态保护和高质量发展实施方案》中提到，用足用好农村集体产权改革成果，充分挖掘边角闲地、四荒资源和厂房、学校等基建设施，采取租赁、承包或者合作经营等形式，增加集体收入。（市农业农村局牵头负责，沿湖四县区政府、管委会落实）

税收方面的支持：

2023 年 11 月 1 日，济宁市人民政府办公室印发的《济宁市扩大内需三年行动计划（2023—2025 年）》指出：提升乡村旅游、休闲农业、文化体验、乡村民宿等服务品质，对在城镇土地使用税征收范围内，直接用于采摘和农业观光的种养殖土地，免征城镇土地使用税；对个人出租住房经营乡村旅游的，免征城镇土地使用税，减按 4% 的税率征收房产税。（牵头单位：市商务局、市农业农村局、市税务局、市文化和旅游局、市供销社）

资金方面的支持：

2022 年 10 月 19 日，济宁市人民政府印发的《进一步提高居民可支配收入若干政策措施》中提到，大力促进农民增收。积极拓宽农民经营性收入渠道。加快农村电商发展（责任单位：市商务局），大力发展休闲农业和乡村旅游（责任单位：市农业农村局、市文化和旅游局），加大特色种养业信贷支持（责任单位：市财政局）。

2023 年 12 月 23 日，山东省人民政府办公厅印发的《关于进一步加大力度支持民间投资发展的若干措施的通知》中提到，引导民间投资积极参与乡村振兴。支持民营企业投资高标准农田建设及参与建后管护工作，夯实粮食安全基础。依托特色农业农村资源，发展特色产业、农产品加工业、休闲农业等乡村富民产业。推进优势特色产业集群、现代农业产业园、农业产业强镇、乡村振兴示范片区、乡村振兴集中推进区、和美乡村等建设，引导并撬动民间资本投入。（牵头单位：省发展改革委、省农业农村厅）

2024 年 4 月 24 日，济宁市人民政府办公室印发的《济宁市 2024 年农业信贷担保工作实施方案》，旨在通过农业信贷担保政策支持农业发展，包括休闲农业在内的多个领域将从中受益。

这些政策旨在促进休闲农业和乡村旅游的发展，提高农民收入，优化农村产业结构，并为市民提供优质的休闲旅游服务。

项目实施

归纳整理近几年关于休闲农业和乡村旅游的地方政策。

项目拓展

请同学们调研自己家乡关于休闲农业和乡村旅游的扶持政策。

模块二 分析休闲农业和
乡村旅游资源

模块描述

怎样根据本地休闲农业资源特点，合理地进行休闲农业和乡村旅游资源开发？这就需要在大量一手调研资料的基础上，运用 SWOT 分析法来分析这一问题。

在本模块中，我们将学习休闲农业和乡村旅游资源调研的方法、SWOT 分析法，使用 SWOT 分析法分析休闲农业和乡村旅游资源，做好乡村旅游资源的规划和合理使用。

学习目标

知识目标：

1. 了解休闲农业和乡村旅游资源的概念；

2. 了解休闲农业和乡村旅游资源的类型；

3. 了解 SWOT 分析法的相关概念。

技能目标：

1. 能够利用各种调研方法调研休闲农业和乡村旅游的资源；

2. 熟练运用 SWOT 分析法分析休闲农业和乡村旅游的资源。

素养目标：

生态文明建设是关系中华民族永续发展的根本大计，在休闲农业和乡村旅游赋能乡村振兴的过程中，必须树立和践行"绿水青山就是金山银山"的重要理念。

项目书

作为有志于从事休闲农业和乡村旅游事业的你，怎样运用现有休闲农业资源进行合理规划？如果没有相应资源，怎样创造性地开发休闲农业和乡村旅游资源？什么样的规划才是最合理的？相比其他地方，本地的休闲农业怎样才能吸引游客？怎么能够保证游客数量？这些都是需要我们了解并解决的问题。

项目一 休闲农业和乡村旅游资源的调研

案例导入

图 2.1－1　猫儿山度假区

山东省曲阜市猫儿山生态旅游项目调研报告（第一部分）

【目录】

一、行业前景分析

二、项目前景分析

三、行业现状分析

……

【概要】

山东省济宁市曲阜市猫儿山生态旅游项目

猫儿山位于山东省济宁市曲阜市防山镇尚家庄东，占地面积 108 万平方米，预计总建筑面积 9.2 万平方米。猫儿山距离济宁市任城区约 65 公里，距离济宁市曲阜市约 18 公里，处于任城、曲阜"一小时交通圈"范围内，交通方便。猫儿山生态旅游项目预计建设休闲垂钓区、生态观光农业区、户外素质拓展区、四季花海区、儿童益智区、生态养殖区、生态餐饮住宿区、农耕互动体验区、生态果林区、水上乐园等10个功能区域，年接待游客能力约10万人次。

一、行业前景分析

随着旅游升级，各种旅游形式相互融合已成为旅游发展新趋势，以生态旅游为例，作为泛游学概念中的细分领域，生态旅游正处在大有可为的发展机遇期。

二、项目前景分析

大力发展乡村旅游，是乡村振兴的重要方面，是加快城乡经济融合发展、实现产业联动和以城带乡的重要途径，对加快推进新农村建设、增加农民就业机会、拓宽农民增收渠道、促进农村精神文明建设和满足游客旅游文化消费需求都具有十分重要的意义。同时，科学保护和合理开发各类乡村旅游资源，开展乡村观光、休闲、度假和体验性旅游活动，对进一步保护生态环境和弘扬民族文化，丰富和优化我国旅游产品结构、产业结构、区域结构和市场结构起到积极的作用。文化旅游秉持了一种"愉悦生活"的观念，可以将生态、人文、经济、生活等各要素均衡配置，让旅游者享受舒适乡村生活。

猫儿山生态旅游项目以实现乡村振兴为战略目标，以乡村旅游为基础，结合当前研学旅行、劳动教育的新趋势，以校企合作为新模式，打造出独具特色的生态旅游、研学旅行、劳动教育基地。该项目得到了政府及各校企的大力支持，项目发展前景乐观。

三、行业现状分析

1. 农耕体验行业现状分析

近年来，农耕体验园如雨后春笋般发展起来。农耕体验园从单纯的农耕体验到土地认领再到网络菜园等模式逐步发展，标志着体验经济时代已到来。体验是企业以服务为舞台、商品为道具，围绕消费者创造的值得消费者记忆的活动。体验经济的出现是人们需求变化的新趋势，是以满足人们的情感需要、自我实现需要为主要目标的一种经济形态。目前我国已经初步具备了发展体验经济的条件。曲阜市拥有多种类型的旅游资源。儒家文化、生态旅游特色资源尤为突出。各种资源相互补充，为旅游产品开发和体验式旅游经济发展打下了良好的基础。

2. 民宿行业现状分析

民宿行业在中国经历了快速的发展阶段，尤其是在热门旅游目的地，小猪民宿发布的数据显示，截至1月18日，2024年春节期间民宿预订量较同期增长590%。最受欢迎的目的地城市前十名分别为重庆、哈尔滨、北海、广州、大理、成都、昆明、西安、上海、厦门。

消费需求越来越多样化，场景化消费逐渐提升，例如"民宿＋电竞""民宿＋露营""民宿＋垂钓"等形式受到欢迎。尤其是一些贴近乡村生活的特色活动，如写福字、放烟花、围炉煮茶、打糍粑等也成为吸引游客的新亮点。消费群体趋于年轻化，"90后"及"95后"成为民宿消费的主力军，这一群体更倾向于追求个性化和独特体验。

当前，一二线城市仍然是主要客源市场，但二三线城市的消费潜力也在逐步释放。据木鸟民宿发布的报告显示，2024年端午假期民宿订单较同期增长76%，乡村民宿订单同比增长116%。端午民宿预订热门目的地城市榜单前十名分别为青岛、北京、重庆、长沙、南京、上海、苏州、成都、广州、西安。

国家和地方政府出台了一系列政策支持民宿行业的发展，同时也加强了行业规范管理，例如，提出了新质生产力战略，鼓励技术创新和服务升级。民宿行业的运营模式也呈现多样化，包括自营、加盟等多种形式，通过互联网平台进行线上预订服务成为顾客下订单的主要方式，网络平台的宣传提高了民宿的曝光率和预订的便利性。此外，随着入境游的增加，民宿市场也迎来了新的发展机遇。

3. 现代农业行业现状

项目新建无土种植大棚，集科研、教学实践、观光、采摘于一体，采用校企合作模式，综合开发利用发展。

4. 农产品加工行业现状

农产品加工是农业与市场连接的重要纽带，是农产品商品化必不可少的中间环节，同时也是农业现代化的重要标志，只有提高农产品的附加值，提高收入，农户才会有更大的种植动力。

5. 我国农产品深加工现状

农产品，尤其是菜、果、瓜、菌菇、鱼、虾等，大多是以鲜活形式上市的。这些农产品含水量高，营养丰富，极易腐烂变质，而且大量的农产品需要运往市场销售，价格容易受到季节影响。因此，不解决农产品产后的保鲜加工问题，就难以解决农产品尤其是鲜活农产品的异地销售和非产季供应问题，就难以使农产品成为商品进入市场，特别是进入国际市场进行大流通。目前，我国农产品加工及深加工与国外差距还很大。我国是农副产品生产和消费大国，主要的农产品如粮食、油料、水果、肉类、蛋类、水产品等总产量已居世界第一位。但是长期以来，我国农副产品供应的结构性过剩问题仍比较突出，农副产品加工转化业发展相对滞后。

据统计，西方发达国家的农产品加工业产值是农业产值的3倍以上，而在我国农产品加工业产值还不到农业产值的80%。加工转化程度低，综合利用比较落后，造成了我国农副产品资源的极大浪费，我国农产品加工业综合效益不高，严重影响我国

"三农"问题的解决。

项目描述

通过了解曲阜市猫儿山生态旅游项目，初识旅游资源调研方法，并能够根据调研数据进行分析，形成初步的旅游资源调研报告。

知识链接

近年来，随着旅游需求的蓬勃发展，作为一种产业形态，休闲旅游已经成为第三产业中的重要增长点。我国已有多个城市确定了以发展休闲经济带动第三产业的发展，进而促进国民经济全面发展的经济发展目标。休闲经济呈现出多种业态多元化发展的格局。

根据联合国旅游组织发布的数据，2023 年中国恢复了国际旅游最大消费国的地位，中国人民通过消费享受休闲的时代已经到来。休闲经济已具备了相当规模，尤其是在建设资源节约型、环境友好型和谐社会的背景下，休闲旅游会呈现更快的发展趋势。

现阶段，我国主要开发的休闲旅游产品有主题公园、农家乐、产业休闲旅游、体育休闲旅游、专项休闲旅游、购物休闲旅游等形式。休闲旅游产品的设计基本可以满足高端、中端、低端消费市场的需要。怎样根据当地的条件，创建良好的休闲旅游环境吸引游客，成为休闲旅游业发展的当务之急。

任务一　旅游资源调研方法概述

调研方法是指调研机构和调研人员收集统计数据的方法。

旅游资源调研，是指运用科学的方法和手段，有目的、有系统地收集、记录、整理、分析和总结旅游资源及其相关因素的信息与资料，以确定旅游资源的存量状况，并为旅游经营管理者提供客观决策依据的活动。

常用的旅游资源调研方法有以下几种：

文案调研法（间接调研法）、询问调研法、观察调研法、野外综合考察法、遥感调研法、统计分析法、分类分区法。

1. 文案调研法（间接调研法）

这种方法主要是通过收集和分析现有的文献、报告、统计数据等资料来获取有关旅游资源的信息。它适用于初步了解一个地区的旅游资源情况，为后续的实地调研提供基础。

例如：在开发一个新的旅游目的地时，策划人员一般先通过文案调研法收集了该地区的地理、历史、文化、交通等方面的资料。这些资料有助于了解该地区的旅游潜力，并确定其旅游吸引点和目标市场。

2. 询问调研法

这种方法通过直接向旅游者、当地居民、旅游从业者等人群提问，来获取他们对旅游资源的看法和建议。这种方法可以获取到较为直接和具体的反馈信息，有助于深入了解旅游资源的实际状况。

例如：休闲农业经营者在计划推出新的旅游产品时，一般通过向潜在客户发放问卷的方法了解他们的旅游偏好、需求和预算。有助于策划人员设计出更符合市场需求的产品。

3. 观察调研法

这种方法是通过实地观察旅游资源的自然环境、人文环境、基础设施等情况，来获取第一手的信息。它有助于发现旅游资源的特点和存在的问题。

例如：一个乡村旅游规划团队在规划一个新的旅游区时，可以通过观察调研法对当地的自然环境、基础设施、社区活动等进行实地观察。观察调研法有助于策划人员发现一些未被充分利用的旅游资源，如传统手工艺和地方节庆活动，策划人员可以将这些资源纳入旅游开发计划。

4. 野外综合考察法

这种方法是在野外环境下，对旅游资源的自然环境、生态系统、人文景观等进行综合性的考察和评估。它适用于对旅游资源的深入研究和评估。

例如：对一片自然保护区进行野外综合考察，评估其作为旅游目的地的潜力。通过考察该区域的生物多样性、地形地貌、气候条件等，有助于提出保护性开发的建议。

5. 遥感调研法

这种方法是通过卫星遥感技术，对旅游资源的地理位置、地形地貌、植被覆盖等信息进行远程感知和分析。它适用于大范围的旅游资源调研和监测。如果在规划一个大范围的旅游开发区时，规划团队一般会使用遥感调研法来分析该区域的土地覆盖、植被分布、地形变化等信息。这些数据有助于确定适合开发的区域和需要保护的生态环境。

6. 统计分析法

这种方法是通过收集和整理旅游数据，运用统计学方法进行分析，以揭示旅游资源的分布规律、变化趋势等。它有助于为旅游规划和管理提供科学依据。

这种方法适用于一些机构收集多年的旅游统计数据，包括游客人数、游客来源、旅游消费等，通过统计分析法分析旅游市场的变化趋势和游客行为模式，为政府和旅游企业提供决策依据。

7. 分类分区法

这种方法是根据旅游资源的类型、特点、价值等，对其进行分类和分区，以便于旅游资源的合理开发和保护。它有助于明确旅游资源的开发方向和保护重点。

例如：在规划一个旅游目的地时，规划团队根据旅游资源的类型和特点，将其划分为不同的区域，如自然观光区、文化体验区、休闲度假区等。这种分类分区有助于明确各区的开发重点和策略。

旅游资源调研必须采用科学的方法和手段；旅游资源调研的范围，既包括旅游资源本身，又包括相关的影响因素；旅游资源调研过程包括收集、记录、整理、分析和总结旅游资源信息资料的过程；旅游资源调研的现实目的就是确定某一区域旅游资源的存量状况，最终为旅游经营、管理、规划、开发、决策提供客观科学的依据。

任务二 旅游资源调研的作用和类型

一、旅游资源调研的作用

（一）描述作用

通过对一个地区旅游资源的调研，可以了解这个地区旅游资源的存量状况，摸清旅游资源的底细。

（二）诊断作用

通过对一个地区的旅游资源的调研，可以认清这个地区旅游资源的空间特征、时间特征、经济特征、文化特征等，以及各种特征形成的环境和原因，旅游资源的功能价值，尤其是旅游资源的时代变异性。

（三）预测作用

通过对一个地区的旅游资源的调研，能够完善这个地区旅游资源的信息系统，为旅游预测、决策奠定基础。

（四）管理作用

通过对一个地区的旅游资源的调研，可以比较全面地掌握该地区旅游资源开发、利用和保护的现状，有利于推动区域旅游资源的管理工作，从而制定切实可行的旅游资源保护措施。

（五）效益作用

通过对一个地区的旅游资源的调研，可以了解该地区旅游资源产生的经济效益、社会效益和生态效益，这个过程本身就是旅游资源效益功能的体现。

二、旅游资源调研的类型

（一）按照需要解决的问题可以将旅游资源调研划分为概查、普查和详查

旅游资源概查：指对旅游资源的概略性调研或探测性调研。

旅游资源普查：指对旅游资源开发区的各种旅游资源及其相关因素进行的综合调研。

旅游资源详查：将概查和普查提出的结果，经过筛选，确定一定数量高品位、高质量的旅游资源景观作为开发对象，针对这些开发对象进行更详细的实地勘查。

（二）按旅游资源调研的不同对象可以将旅游资源调研划分为典型调研、重点调研和抽样调研

典型调研：这种调研方法主要针对具有代表性的旅游资源进行深入研究。通过选取具有典型性的旅游资源，分析其特色、优势、开发状况等，以便整体了解旅游资源的分布规律和开发态势。例如，选择一些著名的旅游景区或旅游线路进行深入调查，以了解旅游资源开发的优秀经验和存在的问题。

重点调研：重点调研是针对特定时期的旅游资源开发、保护和管理工作进行的调研。这种调研关注当前旅游资源领域的重要问题，如旅游资源保护、旅游市场变化、旅游产业发展趋势等，以期为政策制定和决策提供参考。例如，针对我国当前旅游资源可持续发展问题进行深入调研，为国家旅游政策的制定提供依据。

抽样调研：抽样调研是在有限的时间和经费条件下，通过对部分旅游资源进行抽样调查，推断整体旅游资源的情况。这种调研方法适用于大规模的旅游资源调查，如旅游景区质量等级评定、旅游资源潜力评价等。通过抽样调研，可以了解旅游资源的整体状况，为旅游资源规划和管理提供数据支持。例如，对一定数量的旅游景区进行质量评定，以了解旅游景区的整体服务质量。

总之，不同类型的旅游资源调研适用于不同的研究目的和条件，合理选择调研类型可以提高旅游资源调研的效率和准确性。在实际工作中，可以根据需要灵活运用多种调研方法，以全面了解和评估旅游资源。

▪▪ 任务三　旅游资源调研的内容 ▪▪

一、旅游资源环境调研

旅游资源环境调研是休闲农业和乡村旅游规划和管理的重要基础工作，分为自然环境调研和人文环境调研以及政策法规环境调研三个方面。

（一）自然环境调研

自然环境调研主要包括对调研区的气候、地形地貌、水文、生物、土壤等自然条

件进行的全面考察和分析。

调研区概况：明确调研区的具体地理位置，包括经纬度、与主要城市的距离等。

地质地貌要素：调研记载调研区岩石、地层、地质构造、地形地貌的分布特征、发育规律和活动强度，对调研范围的总体地质地貌特征进行全面概括的了解。

水体要素：调研地表水与地下水的类型和分布，季节性水量变化规律和特征，可供开采的水资源，已发生和可能发生的水灾害及其对旅游资源的不利影响等。

气象气候要素：调研区的年降雨量及其分布，气温、光照、湿度及其变化，大气成分及其污染情况，气候类型、特色及其变化规律等。

动植物要素：调研区动物和植物的特征与分布，具有观赏价值的动物和植物的类型和数量，特定生存环境下存在的珍稀动物和植物，调研其分布数量、生长特性和活动规律，可供游人观赏的客观条件和防护措施等。

（二）人文环境调研

人文环境调研是了解旅游目的地社会文化特征的重要手段，它包括历史沿革、经济环境和社会文化环境等多个方面。

历史沿革：历史沿革调研涉及目的地的历史发展脉络、重要事件、历史遗迹和文化遗产。这包括了解目的地的建立、发展、兴盛和变迁的历史背景，以及对其历史建筑、遗址、博物馆、历史街道和纪念地的调查和评估。历史沿革的调研有助于挖掘目的地的文化内涵，为旅游产品的开发提供历史文化支撑。

经济环境：经济环境调研关注目的地的经济发展水平、产业结构、就业情况、旅游业的地位和作用等，包括分析目的地的经济发展战略、经济政策、对外贸易、投资环境以及当地居民的经济生活状况。经济环境的调研有助于评估旅游业对当地经济的贡献，以及确定旅游业的发展潜力和方向。

社会文化环境：社会文化环境调研涵盖了目的地的文化传统、民俗风情、艺术形式、教育水平、宗教信仰、社会价值观等，包括了解目的地的文化节日、饮食习惯、传统手工艺、方言、社会规范和行为习惯等。社会文化环境的调研有助于发现目的地的文化特色和吸引力，为旅游产品的创新和市场营销提供文化资源。

（三）政策法规环境调研

政策法规环境调研主要了解调研区内影响和制约旅游资源开发、管理的有关方针、政策，包括地区经济政策的连续性与稳定性，社会经济发展规划，对外政策的调整变化，旅游机构的设置变动，以及资源法、旅游法、环境保护法、旅游管理条例和旅游管理措施等的执行情况。

二、旅游资源调研

（一）类型调研

类型调研是指按一定的分类标准，将调研区内的旅游资源分类归并，以便更加明晰地认识旅游资源。

（二）成因调研

成因调研是指调研区内各种不同类型的旅游资源，尤其是富有当地特色的旅游资源，在开展资源调研时，要了解其形成原因，发展历史，存在时限、利用的可能价值，自然与人文相互依存的因果关系。

（三）规模调研

规模调研是指调研资源类型的数量、分布范围和面积、各级风景名胜区、文物保护单位、自然保护区、森林公园等。

（四）组合结构调研

组合结构调研是指了解调研区旅游资源的组合结构，包括自然景观与人文景观的组合，自然景观内部的组合，人文景观内部的组合。

（五）开发现状调研

旅游资源包含已开发态、待开发态和潜在态三种形态。开发现状调研包括旅游资源现在的开发状况、项目、类型、时间、季节、旅游人次、旅游收入、消费水平以及周边地区同类旅游资源的开发比较、开发计划等。

三、旅游要素调研

（一）交通调研

交通调研是指了解公路、铁路、水路、航空交通状况，旅游汽车、出租车、景点缆车、高架索道、观光游船等设施，车站、码头、港口的数量和质量，交通工具与景区的距离、行程时间、路面质量、运输承受能力等情况。

（二）住宿调研

住宿调研是指了解饭店、旅馆、汽车旅馆、供膳寄宿旅馆、别墅、农舍式小屋、度假村、野营帐篷、游船旅馆等多种住宿设施的规模、数量、档次、功能、分布情况、接待能力、床位数、房间数、客房出租率、营业收入、固定资产、利润总额等情况。

（三）餐饮调研

餐饮调研是指了解餐馆的规模、数量、档次、分布情况、名特小吃、特色菜品、卫生状况和服务质量等情况。

（四）其他服务设施调研

其他服务设施调研是指了解旅游目的地的购物、娱乐、医疗、通讯等服务设施的情况。

其他服务设施包括购物中心、特色商店、手工艺品市场等购物场所的商品种类、价格、购物环境等；医院、诊所、药店等医疗场所的医疗服务种类、价格、服务质量等；电话、互联网、Wi-Fi等通信设施的通信服务种类、价格、覆盖范围等。

深入调研这些旅游要素，可以全面了解旅游目的地的服务水平和游客需求，为提升旅游服务质量和管理水平提供科学依据。

四、旅游客源市场调研

（一）旅游者数量调研

调研外国人、华侨、港澳台同胞、国内本地游客和外地游客的数量、国籍、年龄、性别、职业、入境方式、分布地区与民族类别等。了解最大和最小日客流量、月客流数、季客流量和年游客数量。了解游客滞留时间、过夜人数、自费与公务旅游的比例、团队与散客旅游的比例等。

（二）旅游收入调研

调研统计旅游者在吃、住、行、游、购、娱等方面的消费构成，人均日消费，最高与最低消费比例，调研日、月、季、年的旅游收入，海外游客创汇收入，国内游客旅游收入，以及旅游收入在当地国民经济中的比重、产生的社会贡献率等。

（三）旅游动机调研

调研包括消除紧张与不安的欲求，满足求知欲望的文化动机，探亲访友的交际动机，体现自尊、获取个人成就和为人类贡献的地位和声望动机等。

任务四　旅游资源调研程序

一、调研准备阶段

调研准备阶段包括明确调研范围、调研问题、确定调研目标、设计调研方案、制订调研计划。

二、调研实施阶段

（一）收集第二手资料

第二手资料是指为其他目的和用途而制作、收集的证据、数字、图像和其他现成的信息资料，但能为目前的旅游调研项目所利用。

（二）收集第一手资料（实地调研资料）

收集第一手资料包括概略调研、系统调研、现场访谈、详细勘查。

三、调研整理分析阶段

（一）整理资料

对资料进行鉴别、核对和修正，审查资料的适用性和准确性，剔除有错误的资料，并补充、修正资料，使其达到完整、准确、客观、前后一致。

应用科学的编码、分类方法对资料进行编码与分类，以便于分析利用。

采用常规的资料储存方法或计算机储存方法，将资料归卷存储，以便于今后查阅和再利用。

（二）分析资料

经过整理后的资料、数据和图件，应能表示某种意义，只有通过调研人员的分析解释，才能对资源调研项目产生作用。

（三）编写旅游资源调研报告

旅游资源调研报告由标题、目录、概要、正文、结论与建议、附件等部分组成。

项目二　了解 SWOT 分析法

案例导入

山东省济宁市曲阜市猫儿山生态旅游项目调研报告（续）

【目录】

......

四、设计与规划

1. 自然资源

猫儿山地势高、落差大，部分为低产农田，北部为荒山，南侧和西侧有 3 处季节性水塘。山体上部岩石裸露，植被稀疏，虽有山有水，但远非名山胜水。基础设施落后，每逢雨雪天气，山路泥泞，十分不便。

2. 发展现状

目前以农业、枣文化生态旅游为发展主题，将观光农业与猫儿山自然景观结合起来，初步形成了食、住、玩绿野空间。

3. 旅游服务项目规划

（1）生态餐厅

生态餐厅是将农业生产用地与绿色餐饮完美结合的典范。生态餐厅具有前期投入相对较少、可操作性强、可长期发展等优点，可以作为在重点开发领域进行的乡村旅游规划项目。

（2）乡村游乐园

乡村游乐园包括打麦场和篝火烧烤广场。

图 2.2 - 1　猫儿山生态餐厅

（3）户外素质拓展

该运动有利于锻炼旅游者的个人身体素质和团队协调能力，是一种依靠原有的地势地形制造障碍或各种关卡，让参与者锻炼身体素质、克服心理障碍的体育运动。

（4）生态民宿

民宿发展大都凭借优美的自然环境，而民宿最吸引人的地方就是其周围优美的田园风光。可见，民宿的发展与生态环境保护是相辅相成的。生态环境良好的民宿，才能吸引更多游客享受绿水青山，实现产业发展和生态保护的双赢。

（5）露营基地

建设小型的、统一经营管理的帐篷营地。在草地上安置很多五彩斑斓、样式别致的小帐篷，夜晚在帐篷里居住，也是一种独特的体验。露营基地可以为家长和儿童提供乡村露营的乐趣，让他们真正地接触大自然，感受不一样的户外景色。

4. 农业种植养殖规划

（1）枣类加工产品

依托万亩枣园打造各种枣类加工产品。枣的维生素含量非常高，有"天然维生素丸"的美誉，具有滋阴补阳的功效。枣类深加工产品主要有干枣、蜜枣、醉枣、玉枣、话枣、枣粉、枣泥、枣蓉、枣酱、枣醋、枣果冻、浓缩大枣汁、大枣可乐、大枣酒、大枣口服液、枣红色素和枣香精等。

（2）红薯及加工产品

红薯作为当地主要种植的粮食作物之一，富含蛋白质、淀粉、果胶、纤维素、氨基酸、维生素及多种矿物质，含糖量达到15%—20%，有"长寿食品"之誉。

（3）花生及加工产品

花生是世界上最重要的油料作物之一，在世界油脂生产中具有举足轻重的地位。近几年来随着产量不断增加，花生稳居我国八大油料作物之首。花生是100多种食品的重要原料，除可以榨油外，也是食品加工和轻工业的优质原料，通过加工可实现增值。

（4）生态果林

生态果林区可多种植经济型的果树，这些果树同时具有观赏和采摘功能，通过采摘果实的活动游客可以体验舒心的丰收感觉。

五、市场预测与收益

1. 经济效益

观赏型和经济型规模化的景观式种植可节省景观建设投入，带动周边景观升级，实现田园都市化的绿化景观。

对土地的有效利用，促进地价的提升，对区域内物业及土地价值起到提升作用，增强区域整体辐射力和竞争力。

2. 社会效益

（1）解决"三农"问题

①园区生产和旅游观光可解决2000人以上就业，人均年收入可达2万元。

②改善农村环境，促进生态农村建设。

③带动农业产业结构调整，实现土地增收增效。

（2）集聚和延伸产业

①可以带动周边农民约1万亩花木投资规模，改变周边产业结构，带动相关产业的大发展，实现土地增收增效，每年每亩收入在5000元以上。

②生态餐饮、民宿、生态农场等可聚集人气、拉动消费、催生商机。

六、山东省济宁市曲阜市猫儿山生态旅游项目的SWOT分析及结论（参考）

1. 基于调研资源（一至五）的SWOT分析

外部因素 内部能力	优势（S） （1）行业前景好 （2）经济效益和社会效益较好 （3）交通便利	劣势（W） （1）自然资源较少 （2）初始投资较大 （3）果木收获期较长 （4）现阶段游客稀少
机会（O） （1）曲阜市是儒家思想发源地 （2）得到政府和学校的支持 （3）旅游市场复兴	（SO组合） （1）优化服务质量 （2）依靠政府取得资金支持 （3）请学校相关专家指导	（WO组合） （1）创设情境，打造人文景观 （2）用乡村文化吸引人 （3）前期投资注意回收期 （4）利用各种营销手段
风险（T） （1）农产品受自然条件影响大 （2）投资人回报期长 （3）可能导致失信风险	（ST组合） （1）发展温室种植 （2）分散投资，前期做投资回报期较短的项目 （3）优化债务结构	（WT组合） （1）积极宣传，扩大影响 （2）吸引回头客 （3）发展回报期较短的草木种植项目

2. 山东省济宁市曲阜市猫儿山生态旅游项目的 SWOT 分析结论

根据以上 SWOT 分析，本项目存在一定的投资风险。就本投资项目做以下建议：

第一，本项目存在债务风险，尤其是短期债务风险；应最大程度争取国家财政补贴、低息贷款特别是无息贷款，减少债务风险；

第二，做好投资回报期较短、易见效的项目；

第三，做好餐饮、交通、住宿，吸引回头客；

第四，利用短视频等网络平台做好宣传推广。

七、项目风险分析（参考）

尽管本项目的可行性很强，存在诸多有利条件，但由于项目一次性投入较多，生产规模较大，带有一定的开拓性和探索性，对各类影响因素的变化可能难以预料或自身不好把握。因此，该项目存在一定的风险。必须对各项风险因素进行充分的估计，做到心中有数，主动出击，积极防范，有对策、有措施，或防患于未然，或化解风险，使项目达到或接近预期目标。

八、结论与建议（参考）

综上所述，该项目具有可行性。

在实施过程中要注意规避以下风险：

1. 自然灾害风险

项目区域内的农产品及各种设施在极端天气等自然灾害影响下会受到损害。

2. 市场风险

市场的不确定性可能导致产品滞销、游客减少等风险。应积极开拓市场，保证收益。

3. 其他风险

不确定的其他风险。

项目描述

根据山东省济宁市曲阜市猫儿山生态旅游项目调研报告，能够运用 SWOT 分析法，对调研资料进行分析，完善旅游资源调研报告。

知识链接

SWOT 分析法即态势分析法，经常被用于企业战略制定、竞争对手分析等场合。从某种意义上来说，它属于企业内部分析方法，即根据企业自身的条件在企业内部进行分析。

SWOT 分析有其形成的基础理论依据。依据一是以著名的竞争战略专家迈克尔·波特提出的竞争理论从产业结构入手对一个企业"可能做的"方面进行了透彻的分析和说明；依据二是以能力学派管理学家则运用价值链解构企业的价值创造过程，注重对公司的资源和能力的分析。

SWOT 分析，就是在综合了前面两者的基础上，以资源学派学者为代表，将公司的内部分析与产业竞争环境的外部分析结合起来，形成了自己结构化的平衡系统分析体系。

与其他的分析方法相比较，SWOT 分析从一开始就具有显著的结构化和系统性的特征。就结构化而言，首先在形式上，SWOT 分析法表现为构造 SWOT 结构矩阵，并对矩阵的不同区域赋予了不同分析意义。其次在内容上，SWOT 分析法的主要理论基础也强调从结构分析入手对企业的外部环境和内部资源进行分析。

任务一 SWOT 分析的概念和内容

一、SWOT 分析的概念

SWOT 分析法（也称 TOWS 分析法、道斯矩阵）即态势分析法，于 20 世纪 80 年代初由美国旧金山大学的管理学教授韦里克提出，经常被用于企业战略制定、竞争对手分析等场合。SWOT 分析法是一种内部分析方法，即根据自身的条件在既定范围内进行分析。

所谓 SWOT 分析，即基于内外部竞争环境和竞争条件下的态势分析，将与研究对象密切相关的各种主要内部优势、劣势和外部的机会、威胁等，通过调查列举出来，并依照矩阵形式排列，然后用系统分析的思想，把各种因素相互匹配加以分析，从中得出一系列相应的结论，而结论通常带有一定的决策性。

SWOT 的含义如下：

S（strengths）　　　　　——优势

W（weaknesses）　　　　——劣势

O（opportunities）　　　——机会

T（threats）　　　　　　——威胁

在战略分析中，SWOT 分析是最常用的方法之一。

二、SWOT 分析的内容

进行 SWOT 分析时，主要有以下几个方面的内容：

（一）分析环境条件

运用各种调查研究方法，分析公司所处的各种环境条件，即外部环境条件和内部能力条件。从整体上看，SWOT 可以分为两部分。

第一部分为 S（优势）与 W（劣势），主要用来分析内部条件，包括优势条件和弱势条件，这是自身存在的积极和消极条件，属于主观条件。

S（优势）：有利的竞争态势、充足的经费来源、良好的企业形象、技术力量、规模经济、产品质量、市场份额、成本优势、广告宣传等。

W（劣势）：设备老化、管理混乱、缺少关键技术、研究开发落后、资金短缺、经营不善、产品积压、竞争力差等。

第二部分为 O（机会）和 T（威胁），主要用来分析外部条件，包括机会条件和威胁条件，这是对本身发展直接有影响的有利和不利条件，属于客观条件。

O（机会）：新产品、新市场、新需求、市场壁垒解除、竞争对手失误等。

T（威胁）：新的竞争对手、替代产品增多、市场紧缩、行业政策变化、经济衰退、客户偏好改变、突发事件等。

（二）构造 SWOT 矩阵

将调查得出的各种条件根据轻重缓急或影响程度等排序方式，构造 SWOT 矩阵。在此过程中，将那些对发展有直接的、重要的、大量的、迫切的、久远的影响条件优先排列出来，而将那些间接的、次要的、少许的、不急的、短暂的影响条件排列在后面。

在构造 SWOT 矩阵基础上，制定项目的发展战略方向。具体来说，可以采取的发展战略方向有增长型战略、扭转型战略、防御型战略和多种经营战略。

1. 增长型战略

增长型战略指的是内部条件和外部条件发展占优的情况下，应该采取的战略。这种模式下，企业应该分析和强化内部优势，利用外部利好环境，使项目得以快速发展。

2. 扭转型战略

当企业自身面临着良好的外部机会，却受到内部劣势的限制时，应当采取扭转型战略。此时应该借助外部利好环境，提升自身内部实力。"打铁还需自身硬"，自身内部实力提升后，企业就可以向增长型战略发展。

3. 防御型战略

当企业内部存在劣势，外部面临威胁时，应当采取防御型战略。此时应该整合资源，展现出自身优势，并借助现有的外部资源，逐渐壮大和发展，扭转局面。

4. 多种经营战略

当企业具有内部优势，但外部环境存在威胁时，应当采取多种经营战略。此种情况下，企业应当保持自身优势，规避外部威胁。

（三）制定行动计划

在完成环境条件分析和 SWOT 矩阵、象限的构造后，便可以制定出相应的行动计划。

制定计划的基本思路是：发挥优势条件，克服劣势条件，利用机会条件，化解威胁条件；考虑过去，立足当前，着眼未来。

运用系统分析的综合分析方法，将排列与考虑的各种环境因素相互匹配加以组合，得出一系列未来发展的可选择对策。

任务二　乡村旅游资源的 SWOT 分析

一、乡村旅游资源的 SWOT 分析

（一）乡村旅游资源的优势

1. 优秀传统文化

党的二十大报告指出："坚持以文塑旅、以旅彰文，推进文化和旅游深度融合发展。"我国有着五千多年的文明史，其中有很大部分为与农业农村相关的优秀传统文化。去不同的地方感受不同的传统文化，是人们愿意外出旅游的一个重要原因。

2. 交通便利

便利的交通条件是乡村旅游发展的另一个重要优势。如果具备便利的交通条件，人们可以便捷地到达目的地，那么来自不同地区的游客就会纷至沓来。

3. 经济发展

近 20 年来，随着国家对农业的扶持力度逐渐加大，我国农村也呈现出经济繁荣发展态势；第三产业的蓬勃兴起，更是为农村经济发展注入了新的动力，以服务业、运输业为代表的第三产业，在促进乡村旅游的发展中发挥着重要的作用。

4. 环境优美

党的二十大报告指出，要建设"宜居宜业和美乡村"。宜居、宜业、安全、优美的环境，不仅是当地的良好资源，也是吸引全国各地游客的一个"金字招牌"。

（二）乡村旅游资源的劣势

1. 管理能力

我国农村管理人才相对缺乏，对于现代管理知识掌握不足，很大程度上制约了乡村旅游资源的开发与管理。

2. 服务水平

我国大部分农村地区的服务水平还不高，在一定程度上影响了游客的体验感。

3. 创新能力

我国的乡村旅游资源相对丰富，但是由于创新能力不足，有些资源没有被充分利用，大部分旅游资源的开发利用还停留在"翻旧账""炒冷饭"的阶段。

4. 投资者

乡村旅游资源的开发，需要大量的初始投资，且投资回报期较长。投资者对乡村旅游项目有较大的投资顾虑。

（三）乡村旅游资源存在的机会

1. 政策扶持

《中共中央　国务院关于做好 2023 年全面推进乡村振兴重点工作的意见》指出，"推动与沿线配套设施、产业园区、旅游景区、乡村旅游重点村一体化建设"。

《山东省人民政府办公厅关于贯彻国办发〔2015〕93 号文件推进农村一二三产业融合发展的实施意见》指出，"采取以奖代补、先建后补、财政贴息、设立产业投资基金等方式，引导和支持社会资本开发农民参与度高、受益面广的休闲旅游项目""落实小微企业增值税、企业所得税优惠政策，积极支持'互联网＋现代农业'等新型业态和商业模式发展。引导国家开发银行、农业发展银行等政策性银行和农村金融机构扩大涉农贷款投放，对符合条件的农村金融机构实行优惠存款准备金率，加大支农再贷款、再贴现力度"。

2. 价格优势

与城市旅游资源相比，乡村旅游资源有着天然的价格优势。一般来说，乡村旅游的门票、餐饮、住宿等方面比城市旅游的花销要低，对旅游者而言，旅游成本较低是选择乡村旅游的一个重要因素。

3. 环境优势

党的二十大报告指出，"像保护眼睛一样保护自然和生态环境"。农村自然环境，往往比城市中的人文环境更加吸引城市来的游客。做好生态环境的保护工作，绿水青山自然会吸引游客，成为农民创收增收的金山银山。

（四）乡村旅游资源面临的威胁

1. 市场竞争

我国的旅游业市场竞争激烈，尤其是中小型旅游项目，竞争更是如此。怎样利用自身优势，发展乡村旅游业，是从业者应该着重考虑的问题。

2. 环境被破坏

近年来，虽然我国特别重视生态和环境保护工作，但是个别地方也不可避免地出现环境污染问题。旅行者素质参差不齐，行程中随地乱扔垃圾、在文物上乱刻乱画、随意使用闪光灯拍照、随意起降无人机等不文明现象时有发生，这些行为会给当地的环境造成破坏。

3. 安全问题

旅行者中的老年人、未成年人，在户外尤其是不熟悉的地区旅游，存在一定的安全隐患，而旅行中的突发事件，又增加了不稳定因素。

二、乡村旅游资源 SWOT 矩阵表

外部因素 内部能力	优势（S） （1）感受中国优秀的传统文化； （2）乡村旅游交通便利； （3）农业、服务业的发展带动当地经济的快速发展； （4）和美乡村的优雅环境。	劣势（W） （1）乡村管理人才的缺乏； （2）乡村旅游的服务水平还有待于提高； （3）创新能力不足； （4）投资回报时间长，投资者有顾虑。
机会（O） （1）近些年，从国家到地方，政策的大力支持； （2）乡村旅游具有价格优势； （3）乡村的自然环境为经济发展带来机会。	（SO 组合） （1）依靠政策，得到政府在资金、用地等方面的支持； （2）优美的乡村环境促进乡村旅游的发展，同时，乡村旅游的良性发展所带来的经济效益也可以为维护自然环境提供重要保障； （3）交通便利、价格实惠、环境优美会使乡村旅游增加吸引力。	（WO 组合） （1）国家大力发展乡村振兴，持续推进的好政策会吸引一些人才进入乡村旅游行业； （2）乡村旅游的管理水平、服务水平和创新能力会随着相关人才的进入而不断得到提高； （3）前期投资注意回收期，促使乡村旅游经济走向可持续性发展的道路。
风险（T） （1）市场竞争激烈； （2）人为破坏自然环境； （3）安全问题。	（ST 组合） （1）突出乡村旅游的特色，才能吸引游客； （2）有意识引导当地居民和游客保护优秀的传统文化和美丽的自然风光； （3）防患于未然，做好安全预案。	（WT 组合） （1）有计划地培养乡村旅游方面人才； （2）做好产业规划，形成农业、服务业、旅游业发展综合体，减少单一产业发展的空档期； （3）做好宣传的同时，将发展回报期尽可能缩短。

三、SWOT 分析法的应用规则

必须对优势与劣势有客观的认识；

必须区分现状与前景；

必须全面考虑；

必须与竞争对手进行比较；

保持分析法的简洁化，避免过度分析；

明了分析法因人而异。

SWOT 分析方法是企业管理者通过对各种资源的分析而进行的主观判断，SWOT 分析方法有助于管理者进行战略选择。由于建立在主观基础上，该分析方法难免会受到个人判断的影响，同时每个人的世界观、学历层次、社会经历不同，对于同一事物的判断会有一定的差别，所以最终的战略选择也会有所不同。

项目三 休闲农业和乡村旅游的资源类型

案例导入

我国麦饭石资源极为丰富，几乎在各省、自治区、直辖市均有分布，比较著名并已开发应用麦饭石资源的有山东蒙阴、内蒙古奈曼旗、天津蓟州、辽宁阜新、浙江四明山、江西赣南、台湾台东等地。各地所产麦饭石品质差别较大，其中以山东、内蒙古开采的为佳，当地石质较好，可以进行雕刻等加工。

经国内外专家鉴定，确认麦饭石富含人体必需的多种微量元素，并且对细菌具有很强的吸附作用可以用于水质净化、污水处理。

蒙阴县联城镇麦饭石用水浸泡后，可以溶出锰、铬、锶、锂等人体所需的58种微量元素和矿物质，可达到矿泉水的标准。长期饮用麦饭石水可增强肌体的免疫功能，提高身体抗感染能力。同时蒙阴县联城镇麦饭石对镉、铅等对人体有害的元素以及细菌团具有较强的吸附能力，对大肠杆菌的吸附率在95%以上。

饮用麦饭石水，可以调节机体的新陈代谢，有健胃、利尿、保肝和防衰老作用，对人类大有益处。

此外，麦饭石还可以应用于蔬菜水果保鲜、动物养殖、植物栽培、冰箱除臭、净化水质等多个方面。

项目描述

通过本案例从生产资源、生活资源、生态资源三个角度分析休闲农业和乡村旅游资源有哪些?

知识链接

发展乡村游，通过振兴旅游产业带动一二三产融合，前景潜力巨大。要做好乡村游，首先要有科学的资源观。每一个乡村所处的地理位置是独特的，每一个乡村所拥有的地质地貌，以及所形成的山、河、湖、林、田是独特的，其风雨雷电、云霞霜雾的变化是独特的。这种独特性体现在地质学、土壤学、天文学、风水学、美学、人类学、经济学等不同维度。这种不同维度的独特性，让每一个村庄都拥有了成为"第一村庄"的自然禀赋。一方水土养一方人，一方水土也养一方物产，这便是地理产品，地标产品，地道产品。一个村庄要根据其物候培植出属于自己的独特的原生态物产。

其次要有科学的市场观，一村一品、一村一景、一村一策、千村千面。作为一个基层的自然行政村，不可能像一个县或者一个市那样包罗万象，面面俱到。无论是品牌标志、品牌口号还是形象代言，农产品品牌的打造每个村都求独具匠心，要寻找一村的个性、特色，拒绝千村一面，千人一面，千城一面。农旅一体的乡村旅游景点要实现两个比较优势：乡村对城市的比较优势，乡村对乡村的比较优势。因村制宜打造"一村一法子""一村一路子"的产业发展格局。

乡村旅游资源是指能吸引旅游者前来进行旅游活动，为旅游业所利用，并能产生经济、社会、生态等综合效益的乡村景观客体，是由地貌、气候、水文、土壤、生物等要素与人类活动长期作用而形成的乡村景观。根据乡村旅游资源组成要素和成因，乡村旅游资源具有以下六个主要特征。

一是乡土性。乡土性是乡村旅游资源有别于城市旅游资源，专属于乡村的本质属性。乡土性主要体现在"乡""土""农"三个方面，"乡"就是指乡村地区的生态环境。"土"就是指乡村地区农民生活展现出来的乡土人文气息。"农"是指由农民、农田、生产工具、生产方式及劳动活动所组成的农业生产场景。具有乡土性的乡村旅游资源代表有江西省婺源篁岭"晒秋"。"晒秋"是一种典型的农俗现象，具有极强的乡土特色。

二是地域性。中国疆域辽阔，南北东西自然地理环境差异巨大，使乡村旅游资源具有较强的地域性。一方面，不同的自然地理环境下乡村地区生产生活千差万别，如青藏高原、黄土高原等。另一方面，不同的自然地理环境孕育了各具特色的民俗文化。随着空间尺度的扩大，地域性成为乡村旅游资源的重要特征，典型代表有上海周庄。周庄是长江中下游以南地区具有小桥、街巷、流水、人家的特色风貌景观的代表乡村。

三是民族性。我国历史悠久，幅员辽阔，民族众多。各民族地理位置、自然环境、历史背景、经济状况不同，各族人民的生活方式、服饰装束、风土人情、住宅建筑、风味小吃等也不同，带有浓郁的民族色彩。典型代表有西江千户苗寨吊脚楼，吊脚楼具有较强的苗族文化特性，是苗族经济、文化、艺术、家庭、社会和宗教观念等历史积淀的集中表现。

四是季节性。受经纬度、海陆格局、地形等综合因素影响，我国形成了热带季风气候、亚热带季风气候、温带季风气候、温带大陆性气候和高山高原气候5种相对应的带状气候区域，即气候带。每种气候带内的温度、气压、风系、降水都会随着四季时令周而复始地变化，这种变化会造成自然环境、农业生产和生活的季节变化并形成明显的周期性特点。典型代表有中国雪乡，雪乡是受冬季日本海暖湿气流和西伯利亚冷空气作用影响而形成的季节性景观。

五是动态性。旅游资源并不是一成不变的，它是不断发展的。一方面，某些事物在其存在之初并没有被作为旅游资源，但随着旅游者需求的变化，它成了具有吸引力的旅游资源，如破旧老屋成为民宿、普通种植农业变成观光农业和休闲农业。另一方面，随着时间的变化，乡村旅游资源自身的结构、规模、品质也会发生变化，如草木花卉会有发芽、生长、枯荣等生命周期景象。典型代表有秦岭楼房沟村民宿。秦岭楼房沟村原破旧房屋经过改造，变成了游客民宿热衷的"网红打卡地"。

六是多样性。我国目前仍有约 6 亿人口居住在乡村，乡村地区占全国土地总面积的 94% 以上，乡村旅游资源的地域性、民族性、季节性决定了乡村旅游资源的多样性，我国大概 70% 的旅游资源分布在乡村地区。既有自然形成的各式各样地貌类型，植被景观、水域景观等，也有历史遗留下来的非物质文化遗产、古建筑群等，还有当代新建的观光休闲设施，观光农业项目等。典型代表有中国世界非物质文化遗产。截至 2022 年 11 月，我国入选联合国教科文组织的非遗名录的项目已达 43 个，这些世界非物质文化遗产几乎全部与中国乡村生产生活有关，涉及乡村耕种气候、曲艺、民歌、舞蹈、技艺、医药等等多个方面。

▪▪ 任务一　休闲农业和乡村旅游资源基本概念和分类 ▪▪

一、休闲农业和乡村旅游资源基本概念

乡村范围内的旅游资源丰富多彩，既包括了地文景观类、水域风光类、生物景观类等自然旅游资源，也包括古迹和建筑类、休闲求知健身类及购物类等人文旅游资源，这是休闲农业和乡村旅游资源广义的概念。它应该是对旅游者具有吸引功能，被旅游业利用后具有经济、社会、生态等综合效益功能，具有作为现代旅游活动的基本属性。休闲农业和乡村旅游资源可以总结为能吸引旅游者前来进行旅游活动，为旅游业所利用，并能产生经济、社会、生态等综合效益的乡村景观客体。

二、休闲农业和乡村旅游资源分类

就旅游而言，乡村是个小天地大世界，这里的旅游资源极为复杂。按旅游资源的结构、组合方式，休闲农业和乡村旅游资源划分为以下类型：

（一）乡村田园景观旅游资源

自然田园风光是乡村旅游资源中最主要的构成部分，包括大规模连片的农田带、

多种类型的经济果林与蔬菜园区，一定面积的天然或人工水面等。

（二）乡村聚落景观旅游资源

聚落是人类活动的中心，它既是人们居住、生活、休息和进行社会活动的场所，也是人们进行生产劳动的场所。我国乡村聚落分为以下几种类型：集聚型，即团状、带状和环状村落；散漫型，即点状村落；特殊型，表现为帐篷、水村、土楼和窑洞。乡村聚落的形态、分布特点及建筑布局构成了乡村聚落景观旅游资源丰富的内涵。这些旅游资源景观具有整体性、独特性和传统性等特点，反映了村民们的居住方式，往往成为区别于其他乡村的显著标志。

（三）乡村建筑景观旅游资源

乡村建筑包括乡村民居、乡村宗祠建筑以及其他建筑形式。不同地域的乡村民居均代表一定的地方特色，其风格迥异，给游客以不同的感受。青藏高原的碉房，内蒙古草原的毡包，喀什乡村的"阿以旺"，云南农村的"干阑"，苗乡的寨子，黄土高原的窑洞，东北林区的板屋，客家的五凤楼、围垄及土楼等，千姿百态，具有浓郁的乡土风情。乡村宗祠建筑，如气势恢宏的祠堂，高大挺拔的文笔塔，装饰华美的寺庙等，是乡村发展的历史见证，反映出乡村居民生活的某一侧面。

（四）乡村农耕文化景观旅游资源

我国农业生产源远流长，乡村劳作形式种类繁多，有刀耕火种、水车灌溉、围湖造田、鱼鹰捕鱼、采药摘茶等，这些都充满了浓郁的乡土文化气息，体现出不同的农耕文化，对于城市居民、外国游客极具吸引力。

（五）乡村民俗文化景观旅游资源

乡风民俗反映出特定地域乡村居民的生活习惯，风土人情，是乡村民俗文化长期积淀的结果。乡村传统节日精彩纷呈，汉族有元宵节、清明节、端午节、中秋节等；藏族有浴佛节、雪顿节等；彝族有火把节等；傣族有泼水节等。农村的游春踏青、龙舟竞渡、赛马、射箭、荡秋千、赶歌、阿西跳月等各种民俗活动具有较高的旅游开发价值。乡村风俗习惯，如我国各地的舞龙灯、舞狮子，陕北的大秧歌，东北的二人转，西南的芦笙盛会等都脍炙人口。各地民间工艺品，如潍坊年画、贵州蜡染、南通扎染、青田石刻以及各种刺绣、草编、泥人、面人等，无不因其浓郁的乡土特色而深受游客青睐。

根据各类景观的内部差异，乡村民俗文化景观还可以进一步细分为若干小类，并以此类推。在某一乡村范围内可以有多种类型旅游资源的组合，形成具有地方特色的乡村旅游资源。

任务二 休闲农业和乡村旅游资源的具体分类

一、休闲农业和乡村旅游的基本类型

由于乡村所处地理位置、自然地理环境和旅游资源的不同，休闲农业和乡村旅游基本类型可以归纳为以下几类：

以绿色景观和田园风光为主题的观光型乡村旅游；

以农庄或农场旅游为主，包括休闲农庄，观光果园、茶园、花园，休闲渔场，农业教育园，农业科普示范园等，体现休闲、娱乐和增长见识等主题的乡村旅游；

以展现民俗文化、民族文化及乡土文化为主题的乡村旅游；

以康体疗养和健身娱乐为主题的康乐型乡村旅游。

二、休闲农业和乡村旅游资源的具体分类

（一）生产资源

一般的农村生产资源可以分为农作物、农耕活动、农具和动物养殖等资源。其中农作物包括粮食、园艺、药用植物和其他特种作物；农耕活动包括水田耕种和旱田耕种两种不同分类；农具包括耕作、运输和贮存等类型；动物养殖包括家禽家畜的养殖和水产动物养殖等。这些都是农村基本的生产活动所产生的资源类型。

（二）生活资源

生活资源包含很多内容，其中大部分都与该地域的生活习惯、风俗和文化传统等相关。生活资源可以分为三个方面：一是农民自身的一些语言特色，如地方方言、信仰、群体特性以及其文化历史等；二是一些有别于其他地域的饮食文化、服装文化、建筑文化、空间布置和交通运输方式等特色活动；三是农村民俗活动，一些特有的工艺制造和艺术表演、当地特有的礼仪文化特色如葬礼和婚礼等习俗。

（三）生态资源

农村生态资源是与农业生产生活紧密相关且与自然景观产生联系的一种特殊资源，包括气候、地理环境、生物种类、村落形态等。当地特殊的气候，如极热、极寒、四季分明或四季长春等。地理环境包括当地的地形、水文资源地貌构造等。地域不同，气候、地形和水文等环境不同，会造成植物、动物种类也具有特殊性，如大熊猫一般生活在四川。还有一种是包含农村整体村落形态所特有的景观，如人文历史景观、耕种作物形成的景观和自然风光等。一些特有的人工建筑具有强烈的地方特色，如少数民族独特的图腾文化。

项目实施

归纳总结休闲农业和乡村旅游资源。

资源类别	内容
生产资源	
生活资源	
生态资源	

项目拓展

请同学们根据所学知识分析自己家乡的休闲农业和乡村旅游资源有哪些。

模块三　依据特色确定主题定位

模块描述

2022 年，《农业农村部办公厅关于开展第十二批全国"一村一品"示范村镇认定工作的通知》指出，"全国'一村一品'示范村镇申报主体为行政村、行政镇、涉农产业发展好的社区或街道，申报的主导产业为特色种植、特色养殖、特色食品、特色文化（如传统手工技艺、民俗文化等）和新业态（如休闲旅游、民宿、电子商务等）的一个具体品类，且有较强的辐射带动和示范引领作用"。

在国家政策指引下，各地也出台了相关实施办法。2022 年 10 月江苏省结合地区特色与阶段特征，全面优化农业生产结构和空间布局，构建具有江苏特点的农村产业融合发展示范园，确定重点打造优质稻麦、绿色蔬菜、特色水产、规模畜禽、现代种业、林木种苗和林下经济、休闲农业、农产品电子商务等 8 个千亿元级优势特色产业，为全省农村产业融合发展示范园的科学布局提供参考依据。

市县级政府结合自身优势，在做精做强示范园的基础上，引导一二三产业集中连片、集聚发展，积极打造市场占有率高的单品类区域公用品牌，大力实施地理标志农产品保护工程，形成"一村一品、一镇一业、一县一特"的产业发展格局。

这些建好的国家产业融合示范园，根据资源禀赋、产业基础和区位优势等，因地制宜确定特色产业主攻方向。如吴中区示范园确定"米""蟹""茶"产业、邳州示范园确定银杏产业、泗阳示范园确定食用菌产业，各示范园避免同质化竞争，实现错位发展。

根据农业农村部最新发布的数据，截至 2023 年 1 月，全国"一村一品"示范村镇累计超过 4000 个。这些"一品"既有农产品、工艺品，也包括了休闲旅游产品。打造"一村一品、一镇一特、一县一业"，其实，就是要用心打好一张"特色牌"，为乡村产业发展赢得满堂彩。产业兴旺起来了，农民致富也就有了门路。

学习目标

知识目标：

1. 挖掘休闲农业和乡村旅游的特色优势；

2. 了解休闲农业和乡村旅游的细化市场定位；

3. 确定休闲农业和乡村旅游的主题定位。

技能目标：

1. 能够分析资源特色，进行资源整合利用；

2. 能够分析市场与客源，确定休闲农业和乡村旅游的主题定位。

素养目标：

让学生走进乡村，挖掘资源特色，树立"没有高度的文化自信，没有文化的繁荣兴盛，就没有中华民族伟大复兴"的理念，传承与弘扬传统文化，增强学生的民族自信心与自豪感。

项目书

通过调研，村庄打算开发休闲旅游项目，流转到土地后，项目经营者面临的首要问题就是：这块地要做什么？我们的客户是哪些人？我们应该依据哪些资源准确定位主题？

项目一 挖掘休闲农业和乡村旅游的特色资源

案例导入

图 3.1 – 1 杨家峪村远景图

在实施乡村振兴样板村建设中，山东省济宁市邹城市田黄镇着力打造"一村一品、一村一景、一村一韵"，先后建成苹果、核桃、黄桃、食用玫瑰等林果基地近 7000 亩。

沃犁诗山庄所在的杨家峪村就是田黄镇的一个原生态的小山村，这里四面环山、蓝天白云，山清水秀，怪石林立，可谓沃土清泉野花香，诗情画意好地方。风景区南邻凤凰山为屏，北倚笔架山为障，浓茂的山林造就了天然氧吧。该地夏无酷暑，冬无严寒，高富硒的红色土壤和甘甜的山泉水使得该基地农作物营养丰富、口感独特。

图 3.1-2　沃犁诗生态农业

沃犁诗生态农业有限公司经过 10 余年的精耕细作，如今企业正以"公司＋基地＋农户＋乡村旅游＋互联网＋传统文化"的产业化模式运营，同时，企业深入挖掘本地非遗美食，如糊粮食茶、石碾辣椒酱、石碾芝麻盐、酸枣芽茶等，把普通的农产品打造成旅游商品。依托田黄镇丰富的自然文化资源，当地政府和沃犁诗公司策划开发亲子互动、民俗文化体验、红色文化体验、传统文化体验、美丽乡村感悟等多条乡村游路线，把自然环境、传统工艺、农耕种植等转化为景点特色，让游客在吃好、玩好的同时，感受儒家思想的博大精深和古今交融的意境。

沃犁诗生态农业有限公司通过电商平台销售农产品。淡季可实现月销售额 5 余万元，旺季实现月销售额 10 余万元，线上线下带动 200 余名青年就业。同时，公司与广大农户合作运营近千亩土地，组织村民种植，帮助农户销售农产品，被帮助的农户超过 300 户，农产品年销售收入 100 余万元。2023 年度，沃犁诗生态农业电商平台，以直播方式售出酸枣芽茶 3 万余瓶，创收 80 余万元。生态基地开展研学游活动 60 余次，接待到乡村体验的游客 2000 余人，创收 20 余万元。

项目描述

通过了解沃犁诗山庄乡村休闲旅游项目，学习如何挖掘乡村的资源特色优势。

知识链接

休闲农业和乡村旅游的项目策划是通过创造性思维，整合农业观光休闲资源，实现资源、环境、市场与项目优化拟合的创造过程。其基本任务是在规划之前，通过调查研究和创造性思维，进行目标定位、功能定位、市场定位、主题定位和形象定位，确立核心吸引力和核心竞争力，形成独特的产品形态和营销行动计划，为休闲农业和乡村旅游线路设计和活动策划奠定基础，指明方向。

做好主题定位在休闲农业和乡村旅游的项目策划中十分重要，它是后期项目运营的风向标。

发挥乡村资源优势对推进乡村产业发展至关重要。产业振兴是乡村全面振兴的基础和关键。如何发展特色产业，让农民增收、乡村兴旺？因地制宜，找准定位，抓住"特色"，激活资源，精准施策，压茬推进。

任务一　休闲农业和乡村旅游的资源优势

一、丰富多彩的乡村风俗民情

我国幅员辽阔，各地自然条件差异大，不同地域乡村的生产活动、生活方式、民情风俗、宗教信仰、经济状况等各不相同。我国有 56 个民族，不同的民族造就不同的民族地域文化，各地乡村具有不同特点的民俗风情景观。

二、各具特色的乡村自然风光

由于乡村地理位置及自然环境的不同，我国的乡村具有丰富多彩、各具特色的自然风光。

三、充满情趣的乡土文化艺术

我国的乡土文化艺术古老、朴实、神奇，深受中外游人的欢迎。如盛行于我国乡村的舞龙灯、舞狮子，陕北农村的大秧歌，东北的二人转，西南的芦笙盛会，广西的"唱哈"会，里下河水乡的"荡湖船"等或绘声绘色或脍炙人口。

四、风格迥异的乡村民居建筑

乡村民居建筑，不但能供游客欣赏，而且还可成为游客憩息的场所。不同风格的民居，给游客不同的精神感受。由于受地形、气候、建筑材料、历史、文化、社会、经济等诸多因素的影响，我国乡村民居可谓千姿百态，风格迥异。

五、富有特色的乡村传统劳作

乡村传统劳作是乡村人文景观中精彩的场景，在一些边远偏僻的乡村，仍保留着传统的耕作、劳动方式。正因为如此，这些传统劳作会给旅游者带来新奇感。这些劳作诸如水车灌溉、驴马拉磨、老牛碾谷、木机织布、手推小车、石臼舂米、鱼鹰捕鱼、摘新茶、采菱藕、做豆腐、捉螃蟹、牧牛羊等等，充满了生活气息，富有诗情画意，使游人陶醉留恋。

:▪.▪ 任务二　休闲农业和乡村旅游规划的核心理念和要点 ▪:▪

一、休闲农业和乡村旅游规划的四大核心理念

（一）产业是首要：突出重点，形成产业链

休闲农业产业链主要由从事农业生产的第一产业、农产品加工的第二产业和以休闲旅游度假等为主要形式的第三产业组成。以龙头企业为主体，通过纵向一体化来建设完整的产业链条，这样可以责任明确、利益清晰、降低交易成本。

（二）文化要做足：农耕文化，民俗文化

文化是休闲农业和乡村旅游项目必不可少的内涵，农耕文化和民俗文化作为一种人类文明和历史的载体，在休闲农业和乡村旅游中起到了很重要的作用。

（三）科技要做强：数字经济，科技农业

随着互联网的发展，越来越多的人或者行业深受互联网的影响，在这种情形下，借助互联网这个平台做休闲农业显然是非常有效的。

（四）创意要做新：高质，高效，高附加值

休闲农业的创意包括很多种，比如主题创意、景观创意、节庆活动创意等等。以创新思维，融创意元素，用多元手法，打造满足人们追随的乡野生态风情的需求，才是休闲农庄保持独有魅力的制胜法宝。

二、休闲农业和乡村旅游规划的三大要点

（一）科学发展规划是重点

各地政府和相关管理部门需要结合当地经济发展状况做好整体规划工作，为休闲农业和乡村旅游的发展建设打下良好基础，为休闲农业的产业定位、乡村旅游的建设风格展开全方位的设计论证。确保将休闲农业和乡村旅游的发展路径同地方上的经济建设紧密关联到一起。

着重体现农业资源与乡土文化的地方特色，积极开展农业科普活动、文化交流、景点观光休闲以及农产品开发等活动，吸引当地农民朋友参与到发展休闲农业和乡村旅游的队伍中来。

（二）乡村生态民俗风是关键

借用孔子的一句话"知者乐水，仁者乐山"。休闲农业和乡村旅游一定要打好绿色生态这副牌，同人工化的旅游类型明显区分开来，突出属于水乡园林的独有特色。乡村旅游需要讲究的是"青山清我目，流水静我耳"，为生活在繁忙都市环境中的人们提

供一方乐土，将诗中的小桥流水与画中的幽径瑶池呈现在人们眼前，以此达到天人合一与返璞归真的独特享受。

除此之外，休闲农业还要将当地的民俗风情表达出来，通过巧妙的设计将当地的民生、饮食、农耕文化融入农事活动中。游客居住在农家小院、动手做农活、吃农家饭，可以切实体会到参与农事活动的快乐与满足。农家乐还应保留自己古朴典雅的特色，在建筑风格上突出民族特点，保证美观的同时做到经济实用。

（三）地方品牌要打响

打造出知名度较高的旅游品牌非常关键，地方品牌要打响，才能招揽游客。

首先，文化旅游管理部门要充分发挥职能，帮助当地做好宣传工作，突出其资源特色，积极打造特色景区，开发出极具代表性与文化内涵的特色产品。在当前的行业发展中，特色才是提高休闲农业和乡村旅游的核心竞争力，当地商户需要深入挖掘本地文化内涵，着重表现出旅游项目与旅游产品的生态特色，向游客展示出独一无二的资源与文化，令人流连忘返。

其次，各地需要全面把握当地行业市场的需求导向，将休闲农业、景点观光、生态环保等元素巧妙地关联到一起，全方位地了解地方农民的生活需求，打造出符合自身民俗文化特色的旅游体系。

最后，提高游客和商户的自主参与度。各地农业与旅游管理部门应借助媒体、互联网以及展览活动等方式宣传当地的旅游特色，为游客尽可能多地提供旅游产品，在整个行业中形成良好的舆论氛围。相关部门还可以评选出一批有特色的优秀商户，让这些商户切实看到由休闲农业和乡村旅游所带来的社会效益和经济效益，将他们的想法从最初的"要我干"逐渐转变为"我要干"。

任务三　休闲农业和乡村旅游发展模式

《乡村振兴战略规划（2018—2022年）》中提出，合理利用村庄特色资源，发展乡村旅游和特色产业，具体发展模式可分为以下六种：

一、产业带动型

（一）适用村镇

以分布在东部沿海等经济相对兴旺地区、具有产业优势的乡村为主，此类乡村具有较好的特色产业基础，且产业化程度较高。

（二）规划要点

根据每一个乡村的具体特征，以优势产业为依托，完善相关产业链，强化产业优势，加速产业带动效应。同时，若区域确有打造旅游吸引力的基础，也可以选择导入旅游业，发展休闲农业产业。

（三）可做项目

三产融合产业园、农产品加工示范基地及其他产业化经营项目，包括经济林及设施农业种植、畜牧水产养殖等种植养殖基地项目，储藏保鲜市场、产地批发市场等流通设施项目。

（四）参考案例：江记农庄

江记农庄位于四川省阆中市栏镇，是江小白打通产业链上游的重要一环，农庄的增值服务体现了一二三产业的融合发展。农庄的主体农业为高粱种植，同时因地制宜，利用了油菜花与高粱轮番播种的属性，采用两种作物现代化轮番种植，加强技术指导，为农户提供全套农田机械化服务，推动规模化种植，增加了农田单位面积的收益。除了自有的5000亩示范基地，江小白还在周边地区开展10万亩高粱种植，促进当地农户增收，采用"企业＋基地＋农户"的订单合作种植模式，采取托底价收购高粱，既解决农民后顾之忧，又解决了土地闲置的问题。江记农庄依托自身独特的资源优势，发展农旅文化产业，通过高粱文化与艺术展示体验、情景餐饮、特色民宿、科普研学、高粱节、田园运动、春酿节、窖藏封坛仪式等主题活动，建立生态、立体、健康的农业产业经营模式，与江小白酒业的工业旅游相结合，形成一条完整的旅游产业闭环，带动当地休闲农业和乡村旅游发展。

二、生态农业型

（一）适用村镇

主要针对自然条件良好、有传统田园乡村风貌和地方特色、有丰富的水资源和森林资源等自然及人文资源优势显著的村镇。

（二）规划要点

把生态资源优势变为经济优势，构建旅游引导的农业生态示范区，同时发展生态农业旅游，放大经济效能。

（三）可做项目

生态农庄、生态农业产业园项目、生态循环农业项目、生态农业观光项目等。

（四）参考案例：微山湖旅游区

微山湖位于山东省济宁市微山县境内，北与昭阳湖、独山湖、南阳湖三湖首尾相连，水路沟通，这四湖合称南四湖。四湖中以微山湖面积最大，达660平方千米，平均水深1.5米，汛期最深为3米，京杭大运河傍湖而过。以红色渔乡微山岛、京杭大运河风情体验带、微山湖国家湿地公园为主的微山湖旅游区坐落于此，被誉为"中国荷都、北方水乡、铁道游击队故乡"。

微山湖旅游区生态资源丰富，四季风景如画。初春，湖水澄碧，鸟飞鱼跃；盛夏，一碧万顷，红荷映日；秋时，芦苇济济，水天苍苍；冬日，芦花飞雪，素裹银装。特别是盛夏时节，广袤湖面上万亩荷花，接天莲叶，蔚为壮观。

微山湖旅游区历史悠久，底蕴深厚，伏羲文化、渔家文化、红色文化等丰富的人文资源蜚声海内外，荣获国家 5A 级旅游景区、水利风景区、生态旅游示范区等荣誉称号。铁道游击队纪念园、生态荷园、国家级湿地公园等景点全面改造提升，微山湖旅游区形成了大湖生态体验、休闲渔业、中医康养、精品民宿等多样的旅游产品供给体系，文旅生态愈加丰富多彩。

三、高效农业型

（一）适用村镇

适合分布在以发展农业作物生产为主、农业基础设施完善、农业机械化程度高、农产品商品化程度高的农业主产区的村镇。

（二）规划要点

打造"零废弃"型生态农业产业示范园，提高农业规模化运营程度，增加土地产出率。

（三）可做项目

农业质量品牌提升工程、智慧农业示范区、农业开放合作示范工程等。

（四）参考案例：蘑菇小镇

"蘑菇小镇"项目位于山东省济宁市邹城市大束镇大沙河湿地北侧、京沪高铁以东，投资规模 50 亿元，规划范围 3.5 平方公里。"蘑菇小镇"建有现代菌业生产区、城镇生活服务区以及绿色生态圈，统筹生产资源、生活资源、生态资源，打造以食用菌为主导产业的特色小镇。

在邹城市，食用菌的种植已有 50 余年历史，邹城是全国食用菌十大生产基地之一。"蘑菇小镇"产业园积极运用自动机械、智慧科技对食用菌传统栽培模式进行创新改革，全部应用智能化控制系统对菇房的温、湿、水、光、氧等要素进行自动调控，使食用菌生产过程更加绿色环保。

"蘑菇小镇"产业园建有食用菌工厂化生产区、产品深加工区、食用菌研究院、科技馆、蘑菇养生体验区、蘑菇商业街、蘑菇主题公园、食用菌电子交易中心、蘑菇技术培训中心及生活配套服务区等板块，形成了融合食用菌研究、生产深加工、科技研发、教育培训、交易平台、农业体验、观光旅游于一体的产业体系。

截至 2023 年，邹城市食用菌种植面积达 2600 万平方米，年产鲜菇达 38 万吨，产值 35 亿元，占全国总产量 1/7。在邹城当地，最多的时候，每天有 1000 吨的食用菌销往全国各个城市，"蘑菇小镇"产业园带动周边 20 个村庄、1900 多户增收，户均年收入增加 4 万元，为邹城的乡村振兴增添动力。

四、休闲农牧型

（一）适用村镇

分布在沿海和淡水水网渔区、牧区及半牧区等农林牧资源兴旺的地区，以农林牧渔为主要传统产业的村镇。

（二）规划要点

根据养殖要求，因地制宜地规划科学饲养的现代化牧区、渔区等养殖基地，有条件的地区，可以以核心特色产业及区域风貌为基础，发展旅游度假产业，规划适宜接待的主题度假区。

（三）可做项目

休闲农业综合体，现代牧场、养殖基地，农牧循环示范项目，综合性海洋、农牧文化休闲度假区等。

（四）参考案例：华腾猪舍里

猪舍里位于浙江省嘉兴市桐乡市洲泉镇湘溪村周家浜东侧，依托华腾牧业绿色猪文化为创建内涵，以科技农业体验游为创建特色，经过两年多的建设投入，现已初具规模。华腾猪舍里庄园以生猪养殖加工为核心，衍生出配套产业链，立志打一张主题农业大牌。庄园是以生猪养殖为基础，集生产、加工、观光、休闲、旅游、文化为一体的生态农业庄园。核心代表建筑用来展示猪肉的加工过程和猪肉产品，并以此作为整个牧场观光的起点。牧场占地面积 320 亩，分水稻区、蔬菜区、认领区、养殖区、展示区等，形成了生态农业模式，是桐乡市第一批省级现代生态循环农业示范主体。采摘、农事认领体验区占地约 30 亩，建成各类有机水果蔬菜种植采摘区，游客可以在此采摘、品尝新鲜水果蔬菜；建设小型猪只认养区，游客可以分区域认领、饲养小猪。

五、城郊游憩型

（一）适用村镇

在一、二线城市周边的经济条件相对较好、公共基础设施相对完善的村镇。

（二）规划要点

加大城乡融合发展力度，规划以乡村优质产品和乡村旅游度假为核心依托的新型城镇化，打造城郊新田园乡村社区示范项目。

（三）可做项目

观光农庄、新农业科技开发示范园项目、田园风情度假区等。

（四）参考案例：安吉尚书圩村

尚书圩村，位于浙江省湖州市安吉县皈山乡境内，距县城18公里，是隐匿在浙皖西北交界处的一个美丽的小村落。安吉尚书圩村是创意休闲引领美丽乡村建设，从"建设乡村"到"经营乡村"的思路转变的典型案例。尚书村开创林地股份制流转机制，通过吸引投资和自筹资金两种方式，建设休闲体验项目，策划举办一系列乡村趣味节庆活动，形成了乡村的持续吸引力。目前，尚书圩村被评为国家3A级景区，每年接待游客在10万人次左右。

六、文旅资源型

（一）适用村镇

在旅游资源丰富，交通便捷，距离城市较近的适宜发展休闲农业和乡村旅游的相关村镇，及具有古村落、古建筑、古民居以及传统文化等特色人文资源的村镇。

（二）规划要点

基于区域资源条件及文化特色，以村落、郊野、田园等环境为依托，规划提升住宿、餐饮、休闲娱乐设施，并结合良好民风民俗文化以及非物质文化特色，打造乡村旅游度假区。

（三）可做项目

田园综合体、乡村度假村、休闲农庄、古村古镇、传统村落保护等项目。

（四）参考案例：安徽省黄山市黟县南屏村

南屏村是体验徽州古村民俗生活的典型村落，位于黟县县城西南5公里处，因背倚南屏山而得名。其古建制属黟县五都，故又名五都叶村。始建于元、明年间，较好地保存着8幢古祠堂，36眼水井，72条古巷，300多幢明清古民居院落。南屏村通过民居院落出租，吸引外来经营者入住，建设了众多各具特色的古村民宿，偏重向摄影艺术、文化度假方向发展。

任务四　全国乡村特色产品（三品一标）

乡村特色产品是指具有浓厚的乡土气息、鲜明的地域特色、优良的产品品质和广阔的开发潜力产品，包括特色种植产品、特色养殖产品、特色食品和特色手工产品等。

无公害农产品、绿色食品、有机农产品和农产品地理标志统称"三品一标"。"三品一标"是政府主导的安全优质农产品公共品牌，是当前和今后一个时期农产品生产消费的主导产品。纵观"三品一标"发展历程，虽有其各自产生的背景和发展基础，但都是农业发展进入新阶段的战略选择，是传统农业向现代农业转变的重要标志。

表 3.1 – 1　全国乡村特色产品目录分类及范围明细

序号	分类	范围
1	特色种植产品	主要包括特色粮薯豆、油料、蔬菜、水果、食用菌、茶、棉麻、咖啡、中药材、花卉苗木等。
2	特色养殖产品	主要包括特色畜禽产品和特色水产品。其中，特色畜禽产品包括特色食草畜、猪、禽、蜂、蚕等。特色水产品包括除青鱼、草鱼、鳙鱼、鲢鱼四大家鱼之外的特色水产品，不包括《国家重点保护野生动物名录》所列物种。
3	特色食品	主要包括经过特殊工艺加工，具有地域特点、文化内涵、独特风味的特色食品，含酱制品、豆制品、腊味、乡土卤制品和民族特色奶制品等。
4	特色手工产品	主要包括采用传统特色手工技艺生产的具有地域、民族、历史和文化特色的手工艺产品，含手工编织、剪纸、刺绣、陶艺、蜡染和雕刻等产品。

项目实施

分析休闲农业和乡村旅游中可以挖掘的特色资源。

特色资源类型	特色	优势	劣势	规划核心理念

项目拓展

请同学们列举出自己家乡的特色农产品类型，并找出其具有的特色。

项目二　休闲农业和乡村旅游的细化市场定位

案例导入

对拥有悠久历史文化的老建筑改建修缮而成的客栈民宿的目标客户进行画像分析。

年龄：35 岁以上

性别：男（以已婚男性为主要客户群体进行分析，女性家庭成员为辅助参考）

受教育程度：大学及以上

消费能力：较高

兴趣爱好：对历史、人文知识感兴趣

入住时间：2—3 天

项目描述

通过本案例对客户画像进行分析。

知识链接

一、描摹客户画像

描摹客户画像是对客户标签化及整体化的系统性概括，客户画像可以从以下几个方面概括：

1. 客户自然特征

性别、年龄、受教育程度、职业、地域来源、社交偏好。

2. 客户兴趣爱好特征

兴趣爱好及消费习惯等。

3. 客户社会特征

社交偏好及获取信息渠道的偏好等。

4. 客户来源结构

①地域来源：本地客户、就近周边客户、外地客户、外籍客户。

②渠道来源：线上、线下、熟客介绍、团客（旅行团、商务会议团、培训学习团、活动团）等。

准确定位目标客户群，进一步对客栈民宿的房型、价格、营销策略、渠道等进行定位梳理。知道了目标客户是谁，有什么行为爱好，才能够更好地为客户进行有针对性的服务。

二、目标客户群细分

客栈民宿的客户可以粗略分为两大类：假期旅游度假人群和周末休闲人群。

以大理、丽江为代表的旅游目的地，客户一般是旅游度假休闲人群，而诸如莫干山、杭州的民宿市场，客人一般是来自长三角地区的周末休闲人群。

不同于酒店，商务会议人群在客栈民宿中的占比很小，不过这是一个细分人群市场。未来的话，商务会议选择地将会倾向客栈民宿聚集地，一边度假旅游一边开会。

可以从以下几个方面对旅游度假人群进行细分。

国籍：中国旅游人群及外国旅游人群。

出行目的：毕业旅行、蜜月旅行、假日旅行、商务旅行、周末游玩等。

出行人群：情侣、闺蜜、夫妻、朋友、家庭、个人、团体。

出行方式：随团、自驾等。

出行时间：假期游（寒暑假、国庆、春节、公司假期等）、周末游等。

任务一　客源人群组成

中国现代意义上的休闲农业和乡村旅游，"始于四川，兴于湖南，精于江浙"。无论是早先的农家乐，还是后起的休闲农庄、农业公园、民宿、田园综合体、特色小镇和发展红火的乡村旅游等新业态，都有一个产业上的共同点，即以乡村和农耕文明为基础，满足城里人休憩放松、亲近自然、增进亲子关系的生活需求和精神需求。

所以，休闲农业和乡村旅游的客源多为城市居民，主要包括以下人群：城市居民、家庭游客、老年游客、学生团体、农业爱好者、商务人士、情侣和蜜月旅行者、国际游客。

1. 城市居民

城市居民是休闲农业与乡村旅游的主要客源之一。他们渴望逃离城市生活的喧嚣，寻求一种放松和亲近自然的方式。这类游客通常对体验农村生活和传统农耕文化感兴趣。

2. 家庭游客

家庭游客，尤其是有孩子的家庭，是休闲农业与乡村旅游的重要客源。他们希望通过旅游活动增进家庭成员间的互动，同时让孩子了解自然和农耕知识。

3. 老年游客

随着人口老龄化的加剧，老年人也成为休闲农业与乡村旅游的重要客源。他们向往宁静的环境、悠闲的旅游节奏，与自然亲近的机会。

4. 学生团体

学生团体，包括学校组织的学生考察、夏令营等活动，也是休闲农业与乡村旅游的客源之一。这类游客通常对生态教育、科学实践等感兴趣。

5. 农业爱好者

对于农业和园艺感兴趣的游客，他们通常对农业技术、农作物种植、畜牧养殖等方面有深入的了解和浓厚的兴趣。

6. 商务人士

商务人士在紧张的工作之余，也会选择休闲农业与乡村旅游作为放松和减压的方式。他们通常对休闲体验和个性化服务有较高的要求。

7. 情侣和蜜月旅行者

休闲农业与乡村旅游提供了一个浪漫和宁静的环境，适合情侣和蜜月旅行者。他们通常对私密性、浪漫氛围和独特体验有较高的期望。

8. 国际游客

随着国际交流的增加，国际游客也成为休闲农业与乡村旅游的一个组成部分。他们通常对了解当地文化和传统生活方式感兴趣。

了解这些客源人群的组成和特点，有助于休闲农业与乡村旅游项目更好地定位产品和服务，以满足不同游客的需求，从而提高游客满意度和市场竞争力。

任务二　做好客源地市场分析

发展现代休闲农业和乡村旅游，要不断加强对客源地旅游市场的分析，掌握新特点，把握新规律，制定新对策，应对新市场，促进可持续发展。

一、城市化、后工业化时期，乡村生态休闲度假资源成为稀缺资源

从人们的消费阶段来看，温饱生活阶段，主要解决人们的吃、穿、用问题；小康生活阶段，主要解决人们的住、行、游问题，同时对吃穿用等产生多样化追求；经济中等发达阶段，人们更多追求文、体、美等精神消费；经济发达阶段，人们更多追求多、新、奇等个性化消费。

现阶段我国经济的发展特点是融各个阶段于一体，一些贫困地区迈向小康，而珠三角、长三角、京津冀的富裕地区，正从小康迈向中等发达甚至发达阶段。我国总体上已经进入工业化发展的中后期，一些沿海发达地区和大中城市甚至已经进入后工业

化时期，这些地方的居民对追求时尚、休闲和健康生活有深度需求，周边休闲农业和乡村旅游也焕发生机。

伴随城市化发展进程，当城市进入后工业化时期，城市里出现"三有"一族，即有钱、有车、有闲暇时间的游客，他们利用周末和黄金周外出旅游成为旅游业发展的基础客源。虽然城市的物质生活水平，与多年前相比有较大提高，但城市居民的幸福指数并没有增加多少。城市里工作与生活的许多人在周末和假期就有逃离城市、到周边和更远地方休闲和度假的需求。

发展现代休闲农业、乡村旅游，说到底就是营造"山水画、田园诗、民俗风、文化歌、生活曲、梦幻情"的意境和氛围。这里有城里人梦寐以求的对幸福的渴望和向往，这里有城里人的"诗和远方"。特别是在经济较发达地区的大中城市，周边休闲农业和乡村旅游资源就成了稀缺资源。

二、几种客源市场分析

（一）亲子游市场

亲子游是家长和孩子一起进行的旅游。亲子教育旅游作为一种新兴的旅游形式，是现代社会倡导的一种积极的生活方式和有效的家庭教育方式，通过旅游的形式教育孩子，让他们在途中感受自然、体验新知，培养他们的探索发现能力，有利于更好地实施素质教育。亲子在自然环境中游玩，可以增进亲子关系，促进儿童身心健康；户外充足的阳光，适宜的空气温度、湿度和流动速度能提高人体组织代谢的速度和内脏器官功能，减少呼吸道疾病，还可以促进钙吸收，对肌肉、骨骼、呼吸等人体系统发育都有良好作用，从而提高儿童对外界环境的适应能力。

儿童的健康成长关系到国家未来的强盛，"望子成龙，望女成凤""孩子成长才是普天下父母的愿望"，也是推动教育消费的主要动力，舍得在孩子身上花钱的观念是亲子游欣欣向荣的主要动力。

亲子农业是发展亲子教育较好的方式之一，亲子教育与休闲农业相结合，是发展潜力巨大的旅游市场。亲子游的重点不是"游"而是亲子互动，亲子农业让家长和孩子回归大自然，原生态的环境、非城市化的设施和玩具让孩子欢乐、让家长放心，深受人们的喜爱。同时，由于亲子农业拥有低成本的盈利模式和高消费的目标客户群，发展潜力巨大。

（二）自驾游市场

随着客源地有车、有闲一族人员数量的剧增，交通设施的大力改善，国家法定假日增多和带薪休假制度的实施，加之倡导消费拉动经济的政策出台，自驾车旅游已形成规模巨大、"车流滚滚"的局面，为乡村旅游带来了巨大的商机。

自驾游是观光、休闲、度假的结合体。一种是独立式家庭成员组合的自驾游，以

200 千米内的短途旅游居多，一般只追求大体上的目标，旅游动机呈随机性，旅游者走走停停，自由活动度高。另一种是召集式自驾游，多是亲朋好友结伴，范围一般在 500 千米以内，相对有计划性。还有一种是组织式自驾游，范围在 1000 千米以内，计划周密，时间十天、半个月或更长。

自驾游潜力巨大，如同涌来的"潮水"，激发休闲农业和乡村旅游做大做强。旅游目的地的自驾车旅游服务到位了，自驾车游客的回头率就会提高。

近年来，自驾车旅游产业通过车主俱乐部或车友会，采取网站组织、临时组织、自我组织以及旅行社组织等方式，以多种盈利模式来应对自驾车旅游市场。旅游目的地既要重视自驾车旅游服务链的营造，也要加强汽车服务体系的建设，加强社会治安、交通安全、食品安全和事故应急处置等，注重细节和人文关怀，促进自驾车旅游市场的健康发展。

（三）休闲度假旅游市场

随着城市化加快，很多人在感受城市化带来的方便和新奇之外，也承受了较大的工作和生活压力，休闲作为人们缓解压力和调节放松心情的一种生活方式，正进入城市人的生活，旅游是实现休闲活动的重要途径和表现形式。休闲产业是一个完整的系统，由休闲旅游产业、休闲体育产业、休闲文化产业构成。随着全域旅游发展模式的建立，农业、林业、渔业、商业、房地产业、工业、信息业、中介业等产业也加入休闲产业，形成完整的休闲产业体系。

休闲包括"小休闲"，即日常休闲；"中休闲"，即双休日休闲；"大休闲"，即黄金周假日休闲。休闲和度假紧密联系一起，包括海滨游（享受海水、阳光、沙滩等）、森林游（享受森林浴、天然氧吧等）、温泉游、山地游（享受自然、健身、怀乡等）、乡村度假游等。休闲度假设施包括度假区、度假酒店、度假村、度假屋等。

在乡村旅游中，精品民宿是一个巨大的乡村休闲度假市场。休闲度假旅游的重要特点是回头客很多、忠诚度高。做好休闲农业和乡村旅游市场，要抢抓休闲度假旅游机遇，做好以下几点：

一是做好旅游产品。产品要多样化、国际化、层次化、特定化，以满足消费者差异化的需求。

二是做好营销工作。从旅游的客源地到目的地，对消费者做到精准营销，准确传递旅游的流程、安排等信息，提高旅游过程中的服务水平。

三是用好价格策略。用好旅游地的品牌效应，根据客户的旅游时间长短、旅游需求和路线，制定合理的旅游套餐价格。

（四）中小学生农事基地游和专业旅游市场

1. 采摘体验和农事实践基地游

劳动实践基地游是以中小学生为主体游客，培养学生亲近自然、热爱自然、热爱劳动的好习惯，接触体验乡村古朴的农耕文化的特种旅游。在学生求知求新的文化教育和国家大力培养学生动手动脑能力的大环境下，农事实践基地游成为新的需求，采摘体验游和基地操作是其主要组成部分。劳动教育实践基地游，可以让学生在享受自然田园风光的同时，近距离感受和学习乡村的风土人情、文化，接受农事教育，在旅游中拓宽视野、增长见识、怡情益智、追古思今，培养学生们的意志力和吃苦耐劳精神。

劳动实践基地游要根据中小学生身心健康发展规律和特点，在规划、设计、建设时要充分考虑中小学生的需求：将学生安全放在重中之重；将趣味性与知识性紧密结合；旅游目的地要靠近主要客源地；符合教育部门、农业部门、旅游部门的特定规范和要求；利用互联网手段在目标客户群及相关群体中做好精准营销；与亲子游、休闲农业认购订单旅游紧密结合，联动推进；等等。

2. 特殊旅游（专业旅游）市场

投身特殊旅游的人往往都有特殊偏好，而且这种偏好会集中在若干兴奋点上。特殊旅游的典型产品包括登山、探险、狩猎、观察、垂钓、考古、丛林拉力赛、越野赛、野营、自驾车体验游、自行车运动、骑马、攀岩、滑翔飞行、水上运动等等。专业旅游有需求偏好突出、兴奋点集中、娱乐性要求高、参与性强、圈子化、有消费定式、消费程度高等特点，是"专业玩家"偏好的市场。

特殊旅游（专业旅游）市场相对稳定集中，复游率较高，竞争性较强，市场开发难度较大。有资料显示，旅游产品大致分为观光旅游、休闲度假旅游、商务旅游和特殊旅游四类，参与观光旅游的人数基本占一半，参与休闲度假和商务旅游的人数各占20%，参与特殊旅游的人数只占10%。特殊旅游是旅游的高级形态，旅游产品对区位、垄断性、新奇性、安全性、保障性、和谐性、特殊性等有较高要求。特色资源优势突出的乡村，特殊旅游可能是当地旅游产业的主流业态。

游客选择休闲农业和乡村旅游，是为了追求更深层次的参与体验和乐趣，亲自参与种植采摘、学习手工艺、烹饪乡土菜肴、参加垂钓、划船和当地民俗节庆活动。在享受大自然的过程中，他们尊重大自然、保护大自然的责任心和爱心被培养与激发出来了。

项目实施

描述客户画像并对其进行有效分析。

项目拓展

通过分析本地休闲农业和乡村旅游，定位目标客户群并描摹客户画像，分析客源，定位市场。

项目三 确定休闲农业和乡村旅游主题定位

案例导入

龙湾湖乡村振兴示范区位于山东省济宁市泗水县中南部,依托优美的自然资源和丰富的人文资源,把传统农耕文明、乡土文化与现代文化艺术、旅游产业相结合,以文化创意为引领,以搭建"共赢共享平台"为着力点,以新型合伙人模式为运营机制,激活文旅新业态,打通产业生态链条,打造文化与艺术载体,创新、创造、衍生出相关艺术产品,聚合文化旅游、展览演出、影视制作、文创研学、教育写生、花卉农耕、艺术品农产品包装销售等多种业态。在龙湾湖艺术小镇,非遗文创、手作、服饰、花卉、美食小吃等年味好物琳琅满目,糖画、面人、根雕、葫芦、陶艺、泥塑、剪纸等手造产品,应有尽有;陶立方、砭石记、编天下、农创盒子文创房与广大民众"零距离"接触……

根据不同主题设置等闲谷艺术粮仓片区粮舍山居民宿、乡村多功能活动中心、乡村振兴博物馆等空间,以满足游客不同需求。阅湖尚儒研学基地的村史馆、龙湾书房、鲁班记忆木工作坊、陶朱工坊体验中心、陶艺研发工作室、艺舍艺术工作室、桑蚕体验中心、方寸园手工作坊、户外拓展基地、七间民宿等,可满足游客陶艺体验、手工制作、绘画写生、拓展训练等课程需要。

徜徉龙湾湖文创商业街区,文创工坊、砭石小院、川上咖啡、音乐餐厅、农特小院及当地各类特色美食汇集在此。目前,各大板块产业布局、产业单元已完成整体建构,新业态项目逐步落地运营,集"研、学、游、吃、住、行"于一体的产业闭环已经形成,龙湾湖项目正被打造成国内一流乡村民俗文化体验和乡村休闲度假旅游目的地。

"乡村振兴合伙人模式"成为龙湾湖乡村振兴示范区建设的重要举措之一。目前探索形成了"合伙人招合伙人,合伙人招项目,项目招合伙人,项目衍生项目"的人才与产业联动机制,该机制全面激活乡村人才集聚体制,吸引外部合伙人 33 人,落地业态 20 余个,为当地筹集各类资金 2.5 亿元,积极引导农户参与产品孵化。同时,在产业业态上提出"乡村振兴合伙人共融共建"创新概念,以专人与专业为本,结合本土特色人文历史资源，衍生相关的文创与产品设计，包装及输出，走产学研娱购闲一体化道路。目前，园区已链接了20余个高校智库和人才资源团队。例如，清华大学在示范区建设了清华大学乡村振兴（泗水）站。研学拓展、文化创意、餐饮住宿、生态农业、医养康养等业态纷纷落地，充分激活了民间力量，唤醒农户在传统文化、民俗文化的导向意识，一个平台集群式发展与农村高技人才高效的互动模式已初步形成。

项目描述

通过本案例了解如何确定休闲农业和乡村旅游的主题定位。

知识链接

乡村旅游是以旅游度假为宗旨，以村庄野外为空间，以人文无干扰、生态无破坏、游居和野行为特色的村野旅游形式。

随着乡村旅游的迅速发展，近几年围绕乡村旅游提出很多创新概念和理论，如：游居、野行、居游、诗意栖居、第二居所、轻建设、场景时代等，新概念和新理论的提出使乡村旅游内容丰富化、形式多元化，有效缓解了乡村旅游同质化严重的问题。

任务一　休闲农业和乡村旅游的类型

从活动类型、发展形成过程、开发形式等不同分类方法出发，休闲农业和乡村旅游的类型也各不相同，根据行业内旅游规划项目中的经验，从游客的角度，按照乡村旅游活动类型将乡村旅游分为以下六个类型。

一、观光型乡村旅游

观光型乡村旅游以良田、特色蔬菜、花卉苗木、乡村农舍、溪流河岸、园艺场地、绿化地带、产业化农业园区、特种养殖业基地等自然、人文景观为主要内容，主要满足游客回归自然，感受大自然的原始美、天然美，在山清水秀的自然风光和多彩多姿的民俗风情中放松自己的需求，从而使他们获得心灵上的愉悦感。

表 3.3-1　观光型乡村旅游的类型和项目举例

序号	类型名称	项目举例
1	田园观光	花海、稻田、梯田、果园、菜园
2	水上观光	荷塘、鸟类、水上农田
3	遗址观光	名人旧居、旧工厂作坊、早期人类遗址

序号	类型名称	项目举例
4	生产观光	传统农业生产观光、畜牧养殖场观光
5	农业观光	立体种植、容器种植、温室栽培
6	文化观光	民俗博物馆、历史展览馆、工艺展览馆
7	手工观光	刺绣、织布、制陶、酿酒、竹编、榨菜

二、休闲型乡村旅游

休闲型乡村旅游以乡村风景为背景，以宁静、松散的乡村氛围为依托，提供棋牌、歌舞、观光采风等休闲娱乐活动服务。也有人将乡村居民的生产、生活场景、器皿工具、房屋建筑、屋内陈设、饮食、服饰、礼仪、节庆活动、婚恋习俗以及民族歌舞和语言等方面的传统特色纳入休闲型乡村旅游中。

表 3.3 - 2　休闲型乡村旅游的类型和项目举例

序号	类型名称	项目举例
1	水上休闲	垂钓、泛舟、漂流、游泳、湿地游
2	田园休闲	放风筝、露天影院、星空营地
3	乡村休闲	农家乐、围棋社、工艺室
4	休闲活动	写生、摄影、赏景、手工

三、度假型乡村旅游

度假型乡村旅游利用乡村"蓝色的"天空、"清新的"空气，让游客乘着习习凉风、呼吸着清新的空气，听着泉水韵律、望着流星明月，感受"天人合一"的审美境界。乡间散步、爬山、滑雪、骑马、划船、漂流等乡村度假健身、娱乐活动也属于这一类型。

表 3.3 - 3　度假型乡村旅游类型和项目举例

序号	类型名称	项目举例
1	特色住宿	渔庄、果庄、树屋、船屋、窑洞、木屋、竹屋、石屋、帐篷
2	健康饮食	农家生态作物、点心、特产
3	乡村养生	温泉、中医理疗、药膳、园艺、茶道
4	健身运动	生态运动赛事

四、体验型乡村旅游

体验型（参与型）乡村旅游主要与当地的民俗文化、农业生产相结合，游客通过种花栽树、修剪花草、除草施肥、挖地种菜、采摘瓜果蔬菜、捕鱼捞虾、放养动物、使用水磨磨米面、使用水车灌溉、用石臼春米、学做乡村风味小吃、用木机织布、学习手工刺绣、学习简单农具制作、参与陶制品制作等活动体验乡村生活的质朴淡雅，体验耕种收获的喜悦，是一种"房归你住，田归你种，牛归你放，鱼归你养，帮你山野安个家"的整体体验方式。此外，游客还可以品尝到用花卉、花粉、野生植物、水果等制作的食品，特色风味小吃、禽畜、水产佳肴等乡村土特产。

表 3.3-4　体验型乡村旅游类型和项目举例

序号	类型名称	项目举例
1	文化体验	民俗文化节、乡村音乐会
2	农事体验	农耕体验、养殖体验、种植体验
3	手工体验	磨豆腐、打铁、手工编织、刺绣
4	竞技赛事	赛龙舟、扎稻草人、搬运粮食
5	乡间文艺	扭秧歌、花灯节、踩高跷
6	亲子活动	亲子滑草、亲子烹饪、小蝌蚪找妈妈
7	儿童活动	寻宝游戏、迷宫挑战、放生活动

五、求知型乡村旅游

求知型乡村旅游一方面以长期生活在城市的人们，特别是少年儿童为参与对象，向他们普及农业科学知识，使他们了解乡村的民风与民俗，如广州番禺一带的科技农场、沈阳新市民的中小学生实践基地，它们或是企业投资建成，成为青少年科普教育基地；或是教育系统自行投资建设，作为中小学生农业和自然实习基地。另一方面，求知型乡村旅游以学习农业知识的人为参与对象，以考察研究先进农业、特色农业或农业文化、学习农业技艺为主，通过农村游学、参观考察、教育培训等多种形式，开展农业文化考察、特色农业考察、农业技术培训、花木栽培装饰培训、工艺品制作培训、农业知识学习等研修型乡村旅游活动，发挥乡村农业的教育功能。

表 3.3-5　求知型乡村旅游类型和项目举例

序号	类型名称	项目举例
1	生物认知	认识蔬菜、果树、家禽、昆虫、杂草等
2	农业科技馆	组培室、育苗室、育种室
3	自然教室	学习自然生物常识
4	绿色教室	田园课堂

六、购物型乡村旅游

购物型乡村旅游是以洁净新鲜的特色蔬菜瓜果、绿色有机禽畜和水产、美丽花卉、别致的盆景、风味独特的土特产、工艺精湛的手工艺品、古朴雅致的农民书画、设计独特的旅游纪念品为资源而开展的旅游活动。

表 3.3 - 6　购物型乡村旅游和项目举例

序号	类型名称	项目举例
1	民间艺术工坊	土特产、民俗工艺品街
2	农产品展	庙会、乡村画展、乡村集市

▪▫ 任务二　休闲农业和乡村旅游的主要功能 ▫▪

一、生产观光功能

生产观光功能主要是指提供乡村旅游的场所进行各种经济作物的生产和开展各种农业观光的活动。例如，农场向游客展示果品、花卉、蔬菜、茶叶等的栽培技术和生产过程，同时让游客参与摘果、拔菜、赏花、采茶等活动。生产观光是农业旅游项目的最基本功能。

二、娱乐休闲功能

娱乐休闲功能是指农场为游客提供运动健身、娱乐休憩、修身养性的场所及相关服务。例如，凸显乡间宁静淡泊生活的河畔下棋、潭边垂钓、竹溪品茗等活动；满足游客渔业旅游乐趣的泛舟、采莲、踏浪等活动。此外农场还可以提供各类健身器材、游乐设施等。娱乐休闲功能是旅游项目的基本功能。

三、度假功能

度假功能主要指的是农场为游客提供各种餐饮和住宿服务，让游客吃在农家、住在农家。这也是休闲农场的一项基本功能。

四、农事体验功能

农事体验功能是依据农业生产而开发的一些简单轻松的农业劳作活动和民俗活动，为游客提供诸如水稻种植、果蔬采摘、养蜂酿蜜、田园织耕、药圃采药等体验功能，让游客体验具有趣味性的农事活动，满足人们的猎奇心。农事体验功能一般是附加在生产观光项目之中的功能。

五、科普教育功能

科普教育功能是指农场向游客传递当地农业和民俗知识。例如，游客可以了解各种作物、劳作工具及其使用方法，了解无公害蔬菜的好处、怎样辨别水果或蔬菜是否用了催熟剂、怎样清洗水果蔬菜才能减少维生素的流失、如何搭配食用水果蔬菜才有营养等生活常识。随着人们生活水平的提高，科普教育功能越来越受到游客的重视。

六、购物消费功能

购物消费功能是指农场直接销售农产品给游客。游客可在农场购买到土特产、手工艺品、旅游纪念品等。游客可以在农场充分体验吃、喝、游、住等多种消费功能。

▪▪ 任务三 休闲农业和乡村旅游的定位前提 ▪▪

根据农场的自然资源和地理条件，综合考虑市场需求、人文环境等因素，先对其进行主体功能定位，再进行功能分区定位。例如，可以依据功能将休闲农业和乡村旅游分为生产观光区、农事体验区、娱乐休闲区、科普教育区、健身疗养区等。分区的目的是为项目选择提供导向作用。

一、突出资源特色

特色是旅游项目具有吸引力、竞争力和生命力的源泉，只有根据旅游地的资源特色才能确定景区开发的主题。对旅游资源的分析要从资源类型、资源品位、资源的数量与规模以及不同类型资源的分布与组合等方面进行，把注意力集中在对抽象人文要素的发掘与整理上，力求从整体上把握资源特色。

二、适应旅游市场需求

要想了解旅游市场的需求状况应该从分析旅游供给市场和需求市场入手。

（一）旅游供给市场

对旅游供给市场的研究是为了使旅游景区形成差异化的形象定位，突出景区的个性化形象，令景区在同一区域内产生"形象叠加"的效果，在该区域内吸引力倍增。

（二）旅游需求市场

旅游需求市场主要分析旅游者的旅游动机和旅游目的，有针对性地选择客源种类，在资金有限、区域条件不理想等不利条件下，使旅游景区快速形成特色。

▪▪ 任务四 休闲农业和乡村旅游主题定位时的常见问题 ▪▪

在对休闲农业和乡村旅游主题进行定位时，常常会出现以下几方面的问题：

1. 缺乏明确的主题定位

很多休闲农业和乡村旅游项目在开发初期缺乏明确的定位，导致产品和服务缺乏特色和吸引力。这使得项目难以在激烈的市场竞争中脱颖而出。

2. 忽视当地文化和自然资源

一些项目在开发过程中忽视了当地的文化和自然资源，未能充分利用这些独特的优势。这使得项目缺乏地方特色，难以吸引游客。

3. 过度商业化

一些项目过度追求商业利益，忽视了休闲农业和乡村旅游的本质。这可能导致游客体验不佳，对当地环境和社区产生负面影响。

4. 忽视环境保护

在开发过程中，一些项目忽视了环境保护的重要性，可能导致生态破坏和环境污染。这不仅影响游客体验，还可能引发社会和政府的不满。

5. 缺乏有效的市场营销策略

一些项目在市场营销方面存在问题，如市场定位不明确、宣传手段单一等。这使得项目难以吸引目标客户群体，影响经济效益。

6. 缺乏持续的创新和更新

休闲农业和乡村旅游市场变化迅速，一些项目未能及时进行创新和更新，导致产品和服务过时，失去市场竞争力。

7. 忽视游客体验

一些项目在规划和运营过程中忽视了游客体验的重要性，导致游客满意度低，口碑不佳。

8. 缺乏有效的利益分配机制

在休闲农业和乡村旅游项目中，利益分配机制不明确或不合理，可能导致当地居民和企业的利益受损，影响项目的可持续发展。

通过识别和解决这些问题，可以提高休闲农业和乡村旅游项目的成功率，为游客提供更优质的服务，同时促进当地经济和社会的可持续发展。

项目实施

分析休闲农业和乡村旅游应该如何进行主题定位。

项目拓展

请同学们根据家乡的实际情况，为当地休闲农业和乡村旅游资源进行主题定位。

模块四　创新业态制定旅游线路

模块描述

党的二十大报告指出，"加快建设农业强国，扎实推动乡村产业、人才、文化、生态、组织振兴"。乡村旅游作为乡村产业的重要业态，成为全面推进乡村振兴的重要着力点。

2023年7月，农业农村部举办2023中国美丽乡村休闲旅游行（夏季）推介活动，现场发布了53条夏季精品线路以及175个精品景点。打好乡村休闲线路、乡村景点的"精品牌"，充分借助媒体及各种宣介平台，让获得精品推介的线路、景点大大方方"走出去"，以获得美丽乡村休闲旅游精品线路及景点为契机，提升乡村旅游线路、景点的精细化运维能力，让精品不再满足于"精"、更要凸显出"优"和"特"，激活并带火乡村文旅产业。

打造乡村旅游精品线路，要从以下几方面着手：一是要把"兴文化、强产业、美环境"作为提升内涵品质的重要抓手，因地制宜、分类施策，全力打造文化特色鲜明、产业带动明显、基础配套完善的精品特色美丽乡村。二是严格实行先规划、后许可、再建设，不规划不建设，不设计不施工。规划设计要突出控制性、约束性；保留乡村印记、乡村记忆；突出地域特色，坚持"一盘棋"谋划、"一张蓝图"绘到底。三是在打造乡村旅游精品线路中，要把美好生态、美丽乡村、美丽田园、美味农品、善美人家有机结合起来，让田园变公园、农房变客房、劳作变体验、村庄变景区，使元素更加丰富、形态更加多样、功能更加健全。

此外，各地还要注重将节庆活动与乡村旅游相结合，聚集提升旅游人气；利用传统媒体和新兴媒体，多渠道、多层次、多角度宣传旅游特色资源，讲好乡村故事，传播美丽乡村好声音。

总之，要以规划先行、有序建设、规范管理、产业培育为原则，将一批业态功能多元、主题特色明显、配套服务良好、交通条件便利的乡村旅游点打造成为乡村旅游精品线路，让更多农民吃上"旅游饭"。

学习目标

知识目标：

1. 了解休闲农业和乡村旅游的创新业态开发；
2. 了解休闲农业和乡村旅游的精品线路设计；
3. 了解休闲农业和乡村旅游的线路设计原则。

技能目标：

1. 设计乡村休闲旅游精品线路；
2. 创意开发乡村休闲旅游业态。

素养目标：

学生能够因地制宜、突出资源特色、整合乡村资源，提升创新创业的意识与服务"三农"的能力，培养大国"三农"情怀。

项目书

村庄通过分析客源，细分市场，为村庄进行了主题定位，学习如何依据优势资源特色，制定乡村休闲旅游线路。

项目一　休闲农业和乡村旅游的创新业态开发

案例导入

五四村，位于浙江省湖州市德清县阜溪街道西北部，这里有国家级风景名胜区——莫干山麓，村庄山清水秀，自然环境非常优美。五四村结合村庄实际，围绕自然生态、花卉苗木基地等具有地方特色的产业，积极调整产业结构，培育出了花花世界亲子游、国香兰花园、荣泽水果采摘园和瓷之源体验馆等一批乡村休闲旅游景点，将农事活动、农业观光等参与性强的项目融合到农家乐休闲旅游中去，培育了树野、陌野、香樟树下等一批精品民宿，不断拓展休闲旅游项目，吸引城镇居民来休闲观光度假。

项 目 描 述

通过本案例分析休闲农业和乡村旅游业态是如何创新开发的。

▪▪ 任务一　旅游业态的创新路径 ▪▪

旅游业态不断更新升级和转型，与此同时旅游消费者的需求也在不断变化，在业态和需求的相互作用下，业态的供需矛盾日益突出。

针对旅游业态存在的问题，创新是实现旅游产业升级，解决供需矛盾的有效途径，是未来旅游发展的不竭动力和内在需求。

"绿维文旅规划设计"（绿维文旅是一家致力于泛旅游综合开发的全程服务商，在旅游创新方面有很多独创的见解）提出旅游业态创新的 5 个层面、5 大手法和 16 个要素体系。

5 个层面包括产业发展层面的创新、新技术整合层面的创新、时间整合层面的创新、空间整合层面的创新和制度管理层面的创新。

5 大手法包括新技术创新、新需求创新、新理念创新、新使用创新和新事物创新。

16 个要素创新体系主要是将休闲消费业态化，结构要素涵盖新旅游"12 个要素"和绿维拓展 4 个要素，即食、住、行、游、购、娱、商、养、学、闲、情、奇、体、宗、创、村。

▪▪ 任务二　业态创新的五个层面 ▪▪

随着新消费需求的不断涌现，旅游供给侧改革的推进，业态创新成为旅游转型升级的有力武器，成为培育旅游经济新增长点的重要途径。

一、基于产业发展的创新

产业发展创新的重点是推进旅游新旧要素之间、不同业态之间的融合。一是拓宽旅游要素的"外延"，将"商、养、学、闲、情、奇"作为新的旅游要素，积极推进这些新要素与原有的"吃、住、行、游、购、娱"要素进行跨界融合，打造融合型旅游新产品。二是拓宽旅游产业边界，将有可能为旅游做出"贡献"的资源，均作为旅游资源进行优化配置和相互融合。例如在条件适宜地区开展分时度假旅游，不但能更多地满足旅游需求，还能部分解决房地产"去库存"问题。三是积极推进不同旅游业态的交叉融合，探索跨要素、跨行业、跨区域、跨时空融合旅游资源和延长旅游产业链的新模式，构建丰富旅游供给的立体式网状产业链。

二、基于新技术整合的创新

技术创新是产业和企业发展的重要力量，也是全域旅游新业态出现的刺激因素。无论是旅游自身技术的发明创造，还是其他行业技术的应用，都会对旅游产生较大的推动，促进自身业态的发展。特别是重大技术在应用过程中往往会催生一系列新的业态。

例如旅游业引入信息技术和网络技术，引发了旅游战略、运营方式和产业格局的变革，催生了新一代互联网产业的兴起以及大量与之相关联的新兴业态的出现。另外，虚拟现实和增强现实（以下简称 VR，AR）技术的应用，使旅游打破了空间和时间的限制，从内容展现形式、游客体验方式和目的地营销方式上优化了传统旅游，产生了VR 酒店预订、AR 旅游目的地、VR 主题公园、VR 旅游演艺等新形态。

三、基于时间整合的创新

时间整合是指根据某一时间段内消费者的需求，将旅游业态和产品进行主题整合，进而形成新的业态和产品。这里涉及"四季全时"的理念，四季是指春赏花、夏纳凉、秋观叶、冬戏雪。全时即"白天＋夜晚"，把目光聚焦在研学旅行、老年旅游、会议旅游三个黄金潜力市场，寻求工作日旅游最佳解决方案的突破点。同时通过夜间造景、民俗节庆、商街夜市和旅游演艺等方式，打造夜间旅游吸引力，在一定程度上突破并改善旅游季节性的限制，使淡季不淡、旺季更旺。

四、基于智慧交通开发的创新

随着旅游活动从以赶景点为目标的"苦行游"，向包含文化内涵的以休假与游览结合为主的"康乐游""享乐游""休闲游"等方向转化，交通的地位与作用愈发明显，交通便利与否影响旅游活动的方面诸多。旅游交通的开发，首先要整合旅游交通资源，开展旅游交通综合运行分析；加强交通、旅游等部门间信息双、多向整合应用，推动执法信息互联互通。同时，推动重点景区和周边路网动态运行监测数据跨部门共享，综合利用互联网等社会数据资源；依托市场力量，开展旅游交通特征分析，根据旅游特征、节庆活动安排、交通拥堵规律等情况，开发特色交通旅游增值服务产品，创新运用北斗卫星导航系统、大数据分析工具等，实现精准服务。将自驾车、自行车、游船等交通方式与步行、慢跑等相结合，将周边的景点（景区）、景观节点、服务设施等整合，就是一种线路串联式的创新业态手法。

五、基于制度及管理的创新

制度及管理创新虽然不能直接产生业态创新，但却是推动业态创新的重要因素。业态创新，必须依赖于宽松、完善、规范、包容，有利于自由潜力发挥、展现自身活力的环境与制度。制度及管理创新包括产权制度创新、管理体制创新和运行体制创新三方面。另外各级政府还应该出台系列扶持政策，除了给予资金扶持外，做好协调不同部门、不同行业之间的协作的工作，并在市场消费数据的获取上给予支持。

旅游业态的发展是一个动态的、不断创新的过程。随着旅游产业向纵深发展，产业内各要素本身处在不断迭代升级过程中，各要素重新升级与组合形成衍生分化的新业态。在政策驱动以及旅游业不断转型升级的背景下，未来还会拓展出更多、更新的旅游发展要素，这些要素会给旅游业蓬勃发展注入新活力。

▪∷ 任务三　业态创新的五个手法 ∷▪

一、导入高科技业态

在新兴科技手段不断发展的背景下，旅游业正在向网络化、数字化、智能化的方向发展。新技术应用于旅游活动中，催生出大量创新业态。

例如，借助地面下的滚珠轴承，旋转餐厅创新的用餐形式为游客带来新鲜体验；VR 主题公园运用无限空间定位技术和光学空间定位系统，让游客在大空间内自由进行虚拟体验。技术创新催生出的新业态，为行业发展带来新动能，技术创新不仅升级了消费者的旅游体验，也将成为未来经济发展的新引擎。

二、新需求滋生新业态

随着社会经济的不断发展，人们消费能力的提高，越来越多的游客对旅游产品的关注点已从价格逐步转变为品质，人们开始注重差异化的体验和精神层面的满足。个性、自主、深度互动参与的体验式旅游越来越受到人们的青睐，融入旅游目的地的生活，体验当地文化成为人们旅游的主要目的。

基于游客的消费能力、闲暇时间、游览喜好等多方面因素，定制化、主题化、深度化的新需求产品应运而生，如主题营地、研学旅行、国际游学等。

把握游客需求，了解游客痛点，设计出解决痛点、满足需求的业态，这样的业态才具有真正的市场生命力。

三、迎合消费理念，做好分众业态

新技术和新需求的出现，带来新理念的创新，如共享理念、有机理念、慢生活理念等。以共享经济为例，互联网的发展不但带来了新的营销方式的改变，还为服务和商品提供了良好的交换平台，共享经济正是通过网络实现社会资源的高效利用。

传统旅游方式下，人们只能住在标准化管理的酒店，而共享经济催生了非标准化住宿的快速发展，人们可以根据自身需求入住个性化的民宿客栈，这不仅丰富了旅游体验，还充分利用了闲置资源，带动当地经济的发展。

四、旧物新用，开发业态新盈利方向

新使用创新是指原有场所、工具、项目等的使用范围被扩大和延伸。例如，低空飞行一般用于伞降、空投、侦查、农林管理等作业，而如今部分地区已开始发展低空飞行旅游项目。通过低空飞行带领游客进行城市观光和景区观光，观光旅游路线包括从城市到景点、景点到景点。又如，邮轮原本是工业上用于海洋运输的交通工具，随着航空业的飞速发展，邮轮工业运输逐渐退出了历史舞台，如今的邮轮多用于旅游行业，豪华邮轮观光成为广受追捧的新兴旅游业态。

五、巧妙打造网红业态

互联网经济背景下，越来越多的新事物催生业态创新。例如，随着直播、短视频的兴起，网红经济应运而生，网络主播成为一种新兴职业。网红旅游产品项目也层出不穷，滑道、玻璃栈道……各种具有爆发式带动作用的项目，投资成本各异，成为旅游目的地发展旅游业态与产品的新目标。

项目实施

分析休闲农业和乡村旅游业态的创新类型。

项目拓展

请同学们调研自己家乡的休闲农业和乡村旅游的业态，思考如何创新业态。

项目二 休闲农业和乡村旅游的线路设计

案例导入

菏泽牡丹花开踏青游

一、线路简介

菏泽古称曹州，是中国牡丹的主要发祥地之一，牡丹栽植始于隋唐，盛于明清，距今已有 1400 余年的栽培历史。菏泽现有九大色系、十大花型的牡丹，1300 多个品种，是牡丹生产、科研、出口和观赏基地。

二、行程路线

第一日：中国牡丹园（含野生动物园）—尧舜牡丹产业园—小留镇"乐活小镇"（可午餐）—黄堽镇王庄冠宇牡丹园—三馆一中心—住市区

第二日：高庄镇吕集驴聪聪亲子农场（可午餐）—李村镇黄河大堤风情—返程

三、最佳旅游时间

4 月下旬

四、主要乡村旅游点

中国牡丹园：位于山东省菏泽市牡丹区牡丹街道办事处，是国家 3A 级旅游景区，以菏泽龙湖花园旧址为基础，占地 1200 亩，是一处集牡丹品种保护、繁育、观赏、踏青、亲子游玩于一体的牡丹主题公园。

三馆一中心：位于七里河湿地公园内，包含当代名人艺术馆和书画频道艺术中心。

小留镇康庄"乡村记忆馆"：主要由两部分组成，一是乡村记忆房，按照年代顺序建造了四代房；二是康庄村史长廊。"乡村记忆馆"旨在营造清新、舒适、宜人的乡村生活氛围，唤起参观者对过往生活的重温和怀念。

驴聪聪亲子农场：位于山东省菏泽市牡丹区高庄镇吕集村，占地面积 1000 余亩，秉承"生态农业 创意教学 自然教育"理念，依托原生态的农业环境，探索"农耕 ＋ 研学 ＋ 亲子"多产融合发展模式，致力于打造一个有玩有学、自然健康的乡野乐园。

"花开盛世，多彩非遗"特色展演：以展、演的形式为主共有 5 个大项目，10 多个小项，50 余人参加展演，集结了各乡镇街道办事处推选优秀非遗项目。非遗展演项目主要有刻瓷、剪纸、泥塑、面塑、菏泽斗羊等。

五、特色美食和创意产品推荐

1. 特色美食

小留烧鸡：外形美观、色泽诱人、熟烂脱骨、香透骨髓，突出特点是鲜、香、嫩、烂，味道里外一致，口感香美。

小留羊肉汤：是小留镇地方特色美食之一，制作原料主要有羊肉、辣椒油、胡椒面、盐等，汤汁发白，肥而不腻，不腥不膻，香醇不腻，味道鲜美，回味悠长。

菏泽烧饼：用小麦精粉，经过和、盘、揉、摔等多道工序烤制而成。烤成的烧饼表面黄中透红，用手揭开，底儿、盖儿、芯儿层层分离，香气扑鼻，外酥里嫩，不硬不粘，老少皆宜。

水煎包：有荤素两类，十几个品种。荤包，多以猪肉、羊肉、虾仁、海参、大白菜等为主馅；素包，多以韭菜、粉条、煎豆腐、野菜、胡萝卜等为主馅。外酥里鲜，口感甚佳。

菏泽凉皮：以"白、薄、光、软、筋、香"而闻名，凸显"筋""薄""细""穰"四大特色。"筋"，是说劲道，有嚼头；"薄"，是说蒸得薄；"细"，是说切得细；"穰"，是说柔软。

羊羔肉：菏泽地方风味名吃，羊羔肉味鲜，肥而不腻，瘦而不柴，非常可口。羊羔肉做法较多，菏泽以生炒做法较为普遍。生炒羊羔肉，色泽金红，细嫩溢香，味道美爽。

糖糕：糖糕是菏泽一带的地方小吃，是一种以面粉、白糖、红糖为材料制作的特色传统小吃，菏泽糖糕以表皮松脆掉屑，内层白糖馅甜而不腻而著名。

2. 创意产品

牡丹籽油：又称牡丹油，以牡丹籽仁为原料，其营养价值越来越受到大众的认可，是一种新的木本油料资源。

牡丹花蕊茶：选取花蕾的部分，经采摘、挑选、低温干燥、筛粉等十余道工序纯手工生产，口味天然纯正，冲泡出的茶水色泽金黄、清香绵软、淡雅可人。

曹州木雕：历史悠久，文化底蕴深厚，发源于菏泽。曹州木雕技艺精湛，图案纹样构思巧妙，用刀干净利落、图案唯美动人。从表现形式来分，有镂空雕刻、浮雕、浅雕、立体圆雕、镂空贴花等。曹州木雕主要对人物、动物、花卉、山水等予以刻画，用于装饰建筑、家具、农耕用具等，具有鲜明的实用性，折射出菏泽人独特的审美情趣和浓郁的吉祥文化色彩。

曹州刻瓷：曹州刻瓷将中国书法、绘画等多门艺术与刻瓷技艺相融合，色彩上一改早期的单色刻瓷，创造了彩色刻瓷，其花色、种类繁多，有纯欣赏性的，造型各异、型号不一的瓷板、盘、瓶，还有欣赏与实用相结合的餐具、茶具、文房用品、果盒等。曹州刻瓷题材广泛、内容积极向上，特别是刻瓷牡丹，能够充分突显出牡丹文化与菏泽地域特色，具有极高的艺术欣赏和实用价值，受到国内外友人的好评。

项目描述

通过本案例思考设计旅游线路需要关注哪些问题。

知识链接

乡村旅游线路的设计使旅游者能够根据自身条件与爱好，合理支配时间与费用，有区别地选择自己喜爱的旅游产品。专线旅游使旅游者相对集中在既定的旅游线路上，方便服务与管理，也有利于旅游产品的优化与组合。

一条好的乡村旅游线路可以对乡村旅游资源和特色服务项目进行有效的整合，从而推动乡村旅游的可持续发展，促进新农村建设。

▪ 任务一　旅游线路设计的概念和主要内容 ▪

旅游线路设计，简而言之，就是策划和规划一次旅行的具体行程。这个过程不是简单的地点串联，而是一个深入挖掘旅游资源、精心安排旅行体验的创造性的工作。旅游线路设计是旅游业中的一个重要环节，它包括为旅游者提供一系列有序的旅游活动和服务。一条设计得较好的旅游线路应该能够满足旅游者的需求，同时也要考虑到旅游目的地的可持续发展。

一、概念

旅游线路设计是指专业人员根据旅游者的兴趣、需求、时间和经济条件，结合旅游目的地的资源特点、文化内涵和服务设施，精心规划和组织的一系列旅游活动。它不仅仅是一条从起点到终点的路径，更是一个包含吃、住、行、游、购、娱等多方面内容的综合服务方案。

二、主要内容

（一）市场调研与分析

在设计旅游线路之前，首先要对目标市场进行深入调研，了解潜在旅游者的偏好、消费习惯、旅行目的等。这一步骤包括收集和分析数据，以便为后续的线路设计提供依据。

（二）确定旅游目的地

根据市场调研结果，选择具有吸引力的旅游目的地。这些目的地可能因为自然风光、历史文化、民俗风情等因素而受到旅游者的青睐。确定目的地时要充分考虑其独特性、可达性和接待能力。

（三）设计旅游活动

围绕旅游目的地，设计一系列具体的旅游活动。这些活动应包括参观景点、体验当地生活、品尝特色美食、参与节庆活动等。设计时需注意活动的丰富性、趣味性和教育意义。

（四）安排交通和住宿

合理规划旅游线路中的交通方式（如飞机、火车、汽车、游船等）和住宿地点（如酒店、民宿、度假村等）。交通和住宿的安排要确保旅游者的舒适度和安全性。

（五）考虑时间和节奏

旅游线路的时间安排要合理，避免行程过于紧张或松散。同时，要考虑旅游者的体力和心理承受能力，适当安排休息和自由活动时间。

（六）预算控制

在旅游线路设计过程中，要充分考虑成本因素，合理控制旅游者的总体花费。预算控制包括景点门票、交通、住宿、餐饮、导游服务等各项费用。

（七）线路优化与评估

在初步设计完成后，要对旅游线路进行多次优化和调整，以确保线路的合理性和吸引力。此外，通过收集旅游者的反馈意见，对线路进行评估和改进。总之，旅游线路设计是一项对系统性、创新性和实践性要求都很强的工作，它要求设计者具备丰富的知识储备、敏锐的市场洞察力和高超的策划能力。通过精心设计的旅游线路，可以提升旅游体验，满足旅游者的需求，同时促进旅游业的健康发展。

任务二　游线设计的原则、要点和游线类型

一、游线设计的原则

（一）体现人本主义精神，满足旅游者对乡村的体验需求

设计具体线路时要以游客的实际需要为出发点，关注游客需求的变化，开发出合适的旅游线路。乡村生态景观的多样性和民俗文化的丰富性为旅游者体验乡村提供了丰富多彩的"场景"，通过对这些资源的个性化整合，让旅游者产生欣喜、惊奇等情感方面的体验，从而引发游客的情感共鸣。

（二）注重赋予乡村旅游线路文化内涵

乡村旅游者的目的不仅是获得一段暂时的休憩，还包括感受不同于自身日常生活所在地的独特文化氛围，是一种满足精神需求的文化审美活动。充分挖掘民族文化中丰富的营养，赋予乡村旅游线路一定的文化内涵，能为旅游者带来精神层面的享受，同时提升乡村旅游的档次，可以提升旅游产品竞争力。

（三）旅游线路以时间短、距离近为宜

大多数农村的硬件生活设施、卫生条件和夜生活的单调乏味对于习惯了城市生活的旅游者尤其是青年旅游者来讲，满足不了他们长时间的旅游生活需要，所以乡村旅游线路的设计应以时间短、距离近为宜。

（四）主题突出、特色鲜明

农村旅游景区大多山清水秀，自然资源相似度高，但是各地旅游资源的丰厚度、特色度、组合度及区位条件是不同的，突出各线路的主题不仅现实而且必要。一要突出乡村自然景观优势，二要突出乡村的传统文化优势，三要突出体现民族特色。

二、游线设计的要点

（一）旅游点结构合理

避免重复经过同一旅游点，各旅游点间距离要适中，注意"劳逸结合"，不一味追求景点多。

（二）交通安排合理

尽量避免走回头路，注意交通工具的选择与线路主题合理结合。

（三）服务设施有保障

目前有些乡村旅游服务接待设施相对不足，在线路编排时尤其要考虑旅游地的住宿、餐饮、临时休息场所等主要服务设施的保障程度。

（四）旅游速度把握

旅游速度的制定要综合考虑游客的身体状况和旅游线上各景点实际情况。如旅速游缓、旅缓游缓、旅缓游速等，这些方式都是进行编排线路时需要重点把握的。

三、游线类型

根据不同的分类标准，旅游线路有不同的类型。下面从受众人群、线路设计和活动建议三个维度重点介绍六种旅游线路：神秘探险线路、运动健身线路、养生度假线路、科普教育线路、家庭亲子线路、特色文化线路。

（一）神秘探险线路

受众人群：喜欢探险、热爱徒步、爱好极限运动的人群。

线路设计：首先保证安全问题，根据场地因地制宜设置相应的活动。

活动建议：

空中项目有悬挂式滑翔机、跳伞、乘热气球、蹦极等。

陆上项目有登山、攀岩、探洞、狩猎旅行、穿越丛林、滑雪等。

水上项目有漂流、潜水、帆船航行、筏运、划木舟、冲浪等。

（二）运动健身线路

受众人群：喜欢健身、热爱运动的人群。

线路设计：整个游线需连贯，地势应平缓，游线之中景点和补给点合理布置。

活动建议：登山、骑马、慢跑、骑行、滑板、瑜伽、团队拓展、户外健身等。

（三）养生度假线路

受众人群：注重养生的中老年、需要度假的中产阶级。

线路设计：游线的整体基调偏幽静，避免其他吵闹的活动穿插其中。

活动建议：钓鱼、摄影写生、练瑜伽、品茶、冥想、散步、采摘、打太极、泡温泉等。

（四）科普教育线路

受众人群：成长中的青少年、对科普知识感兴趣的人群。

线路设计：整个线路要有一套详细的标识系统，最好配备解说员。线路遵循由简单到困难的模式，循序渐进，其中也需要合理布置视觉兴奋点。

活动建议：看、听、闻、触摸等多种体验；有奖问答、手工 DIY 等。

（五）家庭亲子线路

受众人群：以家庭为单位出行的人群。

线路设计：整个线路需切合家庭出游的需求，串联的节点需具备参与性和体验性。

活动建议：定向寻野、露营、观鸟、观星、野炊、采摘、观察昆虫等。

（六）特色文化线路

受众人群：希望了解当地风土人情、喜欢当地特色文化的人群。

线路设计：整个线路的景点必须有当地文化特色的风格，可以设置服务点供游人留念和购买纪念品。

活动建议：观摩特色风貌的历史建筑、体验民俗活动、参加节日庆典、戏台表演等。

项目实施

总结休闲农业和乡村旅游线路的类型。

线路类型	受众人群	线路设计	活动建议
神秘探险线路			
运动健身线路			
养生度假线路			
科普教育线路			
家庭亲子线路			
特色文化线路			

项目拓展

请同学们根据自己家乡的乡村休闲旅游特色，合理设计旅游线路。

项目三　乡村休闲旅游精品线路的评定

案例导入

农业农村部在浙江长兴举办 2024 中国美丽乡村休闲旅游行（春季）推介活动，现场发布浙江长兴访茶观花和美乡村游、陕西西安长安踏春赏花游等 60 条春季精品线路，以及安源十里花溪、木兰花乡等 185 个精品景点。

本次活动是贯彻 2024 年中央一号文件精神，学习运用"千万工程"经验的具体行动，旨在展示美丽乡村新风貌、农耕文化新风尚、休闲农业新发展，促进农文旅融合，激发乡村休闲消费潜能。活动聚焦"春观花走进万千美丽乡村"主题，通过民族乐器表演、传统茶文化展示、民俗非遗展演等多种形式，现场推介了一批赏春花、品春茗、享民俗、忆乡愁的乡村休闲农业精品景点线路，为广大游客提供畅游烂漫花海、亲近田园乡村的指南。

近年来，农业农村部大力实施休闲农业精品工程，注重把乡村的资源优势、生态优势、文化优势转化为产品优势、产业优势，推动乡村休闲产业提质增效。在 2023 年休闲农业恢复发展关键时期，各级农业农村部门多措并举推动行业高质量发展，全年休闲农业营业收入达到 8400 亿元，成为旅游业表现亮眼的领域。

项目描述

休闲农业精品线路由若干个休闲农业和乡村旅游园区、村庄、体验点等组成，重点覆盖全国休闲农业和乡村旅游示范点、中国重要农业文化遗产、省旅游风情小镇、休闲农业星级企业、全省休闲农业和乡村旅游示范乡镇和示范点、农家乐集聚村、美丽田园等休闲农业体验点，能充分展示当地特色产业、特色自然与生态资源、特色农产品（菜肴）、优秀农耕文化等。

搜索农业农村部所列 2024 中国美丽乡村休闲旅游行（春季）精品线路中的典型案例，归纳总结乡村休闲旅游精品线路设计的特点。

任务一　中国美丽休闲乡村、全国休闲农业精品园区、休闲农业和乡村旅游精品的推介要求

一、农业农村部下发的中国美丽休闲乡村的推介要求

为落实 2018 年中央一号文件和中共中央、国务院印发的《乡村振兴战略规划（2018—2022）》关于实施休闲农业和乡村旅游精品工程的决策部署和有关要求，农业农村部决定向社会推介一批中国美丽休闲乡村和全国休闲农业精品园区（农庄）。现将有关事项通知如下。

（一）目标要求

全面贯彻落实党的十九大精神，以习近平总书记"三农"思想为指导，牢固树立创新、协调、绿色、开放、共享发展理念，按照"政府引导、市场主导，以农为本、联农带农，城乡互动、融合发展"的原则，以促进农民就业增收、满足人民美好生活需要、建设美丽宜居乡村为目标，培育推介一批天蓝、地绿、水净、安居、乐业的中国美丽休闲乡村和功能科学、布局合理、设施完善、机制健全、带动力强的全国休闲农业精品园区（农庄），加大宣传推介，树立服务质量和市场反响良好，经济、社会、文化、生态效益显著的行业样板，不断挖掘农业特色、传承农耕文明、展示民俗文化、带动农民增收，提升休闲农业和乡村旅游中高端产品供应能力，提高知名度、美誉度和影响力，促进休闲农业和乡村旅游精品工程实施。

（二）基本条件

1. 中国美丽休闲乡村。推介主体为行政村，有产业发展特色的乡镇也可参加。推介主体要以休闲农业和乡村旅游为主要产业。

2. 全国休闲农业精品园区（农庄）。推介主体为具备独立法人资格的休闲农业和乡村旅游企业或农民合作组织，各项经营证照齐全。

（三）推介程序

此次推介不收取任何费用。采取自下而上方式，由各地休闲农业主管部门推荐，农业农村部汇总后，遴选确定最终推介名单。

1. 主体申请。申请主体对照具体推荐条件，在进行自我评估的基础上，填写《中国美丽休闲乡村申请表》或《全国休闲农业精品园区（农庄）申请表》，并附相关证明材料，提交至县级农业农村主管部门。

2. 县级审核。县级农业农村主管部门负责对本县申请主体进行审核，符合条件的向省级农业农村主管部门推荐。

3. 省级推荐。省级农业农村主管部门审核后择优向农业农村部农产品加工局推荐拟列入推介的乡村和休闲农业园区（农庄）。每省（区、市）可推荐6个美丽休闲乡村和6个休闲农业精品园区（农庄），新疆生产建设兵团可分别推荐3个，计划单列市可分别推荐3个，黑龙江省农垦总局和广东省农垦总局可分别推荐2个。请省级农业农村主管部门将确定推荐名单排序后，报送农产品加工局（包括纸质推荐材料和电子版推荐材料）。

4. 截止时间。2018年度各地向农业农村部推荐名单的截止时间为2018年8月10日。

（四）推介管理

1. 专家审核。我部将各地提交的推荐材料送休闲农业专家委员会进行审核，遴选确定一批拟推介的中国美丽休闲乡村和全国休闲农业精品园区（农庄）。

2. 网上公示。经我部复核后，对拟推介的中国美丽休闲乡村和全国休闲农业精品园区（农庄）在农业农村部官网上公示5个工作日。

3. 正式推介。公示无异议后，形成名录，农业农村部将利用各种媒体公开向社会宣传推介。

4. 动态管理。农业农村部对推介的中国美丽休闲乡村和全国休闲农业精品园区（农庄）实行动态管理。各项工作进展良好的经营主体拟推荐为全国休闲农业和乡村旅游发展评价体系成员单位；对违反国家法律法规、侵害消费者权益、危害农民利益、发生重大安全事故且不按时整改的，将给予警告直至取消推介。

（五）保障措施

各级休闲农业主管部门要精心组织安排，创新机制，按照条件优中选优，从严控制数量，确保推荐的单位具有良好的示范带动作用。要以此次精品推介工作为契机，增强服务意识，完善服务体系，拓展服务领域，加大奖补力度，明确扶持措施，有效推动休闲农业和乡村旅游高质量发展，培育建设一批休闲农业和乡村旅游精品。要加大宣传力度，通过精品推介工作，树立一批典型，探索一批模式，推动一方发展，营造休闲农业和乡村旅游升级发展的良好舆论和社会氛围。

知识链接

全国休闲农业精品园区（农庄）推荐条件

全国休闲农业精品园区（农庄）应具有良好的农业主导产业，能坚持绿色发展理念，主题突出、特色鲜明、布局合理，配套设施完善、经营服务规范、文化内涵丰富、农民利益联结机制完善，具有良好的典型带动作用。

一、主题特色突出。一有主导产业。现代农业高水平发展，传统农业特色突出，形成独有的发展特色。二有特色主题。园区（农庄）定位清晰，能立足主导产业和特色文化拓展功能，深挖文创潜力，在经营内容上突出差异化，形成系列主题突出的特色休闲体验项目。三有特色产品。园区（农庄）有自产或引入的新、奇、特、优农业资源，自身建筑、美食、工艺等独具特色，能够依托主题元素开发系列特色伴手礼。四有品牌认证。经营产品达到"三品一标"认证，或产品已完成品牌注册。已形成区域品牌、知名商标、驰名商标的优先推荐。

二、规划布局合理。具有统一科学的规划布局，各类功能板块能统筹衔接，园区（农庄）建设与产业特色、发展潜力、地理区位、村落民居、周边环境和资源承载力匹配协调。具有科学划分的核心区、农业生产经营区或辐射带动区。原则上核心区面积不小于50亩，农业生产经营区或辐射带动区面积不低于800亩。近2年形成发展规划或建设规划的优先推荐。

三、消费项目多样。项目设计有吸引力，既能突出传统元素，又能与体验式、互动式设计相结合。具有可供非节假日、旅游淡季运营的创意创新项目，有效延长消费时间，增加消费次数。能根据不同消费群体需求进行垂直化、个性化、分众化开发，形成亲子、科普、养生、养老等多种产品和项目。

四、文化传播有力。能利用当地农业文化遗产或传统村落、民居、农具、博物馆等，传承弘扬传统农耕文明；利用节庆活动、项目设计、展览展示、名人逸事等多种手段挖掘地方民俗文化，为游客植入文化记忆；利用文化墙、宣传栏、多媒体等方式，宣传社会主义核心价值观，引导社会群众讲奉献、讲公德、讲团结。

五、产业融合发展。能有效推进农业与旅游、科技、教育、文化、健康、体育等产业深度融合，有效发展开心农场、果树认养、生产托管等业务，研发加工产品，推进商品化处理、物流配送、产销对接等，延长农业产业链，提高产品附加值。能利用"互联网＋"，采用溯源监管、实时监测、电商营销、3D打印、公众号推广等多种手段，推动科技人文元素融入农业。

六、经营效益良好。年营业收入达800万元以上，农业及农产品加工品等涉农经营收入占比不低于50%，有充足的流动资金，保障持续发展，经营效益好的优先推荐。

七、带农作用显著。联农带农机制完善，能通过土地流转、劳动聘用、股份合作、利润分成等模式，建立与当地农户、农民合作社的利益联结关系，让农民分享产业增值收益。能提供较多就业岗位，直接吸纳劳动就业人数多，农民占全部用工的60%以上，且无拖欠工资或侵犯农民利益的现象。带动农民增收效果明显，从业农民可支配收入每年增加高于自行从事农业生产经营收入。

八、生态美丽宜居。自然风貌与产品开发协调统筹，经营产品、生产方式和管理模式均能体现绿色发展理念。田园景观优美，设施和建筑物体量、高度、色彩、造型与景观环境相协调，主体建筑设计精心，景观小品造型别致，花草植物绿化配置得当。空气质量优、卫生条件好、环境干净整洁，无污水、污物，无乱建、乱堆、乱放现象，建筑物及各种设施设备无剥落、无污垢、无异味。

九、服务设施完善。园区实现通水、通电、通路、通气、通信、通邮"六通"，鼓励无线局域网（Wi-Fi）全覆盖。道路网设计能满足农业生产、农产品观光采摘、项目体验、游览购物、环境保护及员工生产、生活等多方面需求。建有游客中心、停车场、娱乐设施和农耕博物馆、文化舞台、展览馆、医务室等场所，消防设施、厕所、垃圾污水处理及消毒杀菌设施设备完备。指引牌标识、说明介绍配备完善，水面、山体等地有防护设施和警示标识，并有专人巡查。

十、服务管理规范。有完善的经营管理制度，经营、服务、安全等管理水平较高。员工做到持证上岗，注重培训教育和素质提升。导游员（讲解员）熟悉了解情况，普通话达标，能满足游客需要。重视质量管理和品牌信誉，在当地有一定知名度、信誉度和影响力，产品和项目能定期监管检查，无售假或强行兜售现象，建立游客投诉制度，档案记录完整。

二、农业农村部下发的休闲农业和乡村旅游精品推介活动的要求

根据《农业农村部办公厅关于开展 2019 年休闲农业和乡村旅游精品推介活动的通知》，为深入实施休闲农业和乡村旅游精品工程，推介一批休闲农业和乡村旅游精品景点线路，提供高品质休闲旅游服务，农业农村部组织开展 2019 年休闲农业和乡村旅游精品推介活动。现就有关事宜通知如下。

（一）推介内容

1. 精品景点线路。根据春夏秋冬四季特点和节假日时点分布，以全国休闲农业和乡村旅游示范县、中国美丽休闲乡村、中国美丽田园、全国休闲农业和乡村旅游星级企业（园区）及地方品牌和农事节庆活动为重点，推介精品景点线路（见附件）和农事节庆活动。

2. 影像资料制作。根据各省（区、市）推介的精品景点线路，推介可以制作宣传影像的拍摄地点，由中国农业电影电视中心（CCTV—7）拍摄美食、美景、特产、民俗、文化等影像资料，制作《全国休闲农业精品地图》系列节目，并在 CCTV—7《乡土》栏目播出，每集播出时长 30 分钟。

（二）推介方式

1. 线下推介。通过举办休闲农业和乡村旅游精品推介等活动，大力宣传旅游精品景点线路，提升影响力和关注度。

2. 线上推介。在发挥好报纸、杂志、电视等传统媒体作用的同时，充分利用网站、

"中国休闲农业"微信公众号等新媒体平台，加强宣传，扩大影响。

（三）有关要求

每省（区、市）推荐的精品景点线路10条以内，农事节庆活动5个以内，于3月10日前汇总发送至指定邮箱。同时，配合做好影像资料的拍摄工作。

附件

＿＿＿＿＿＿省（区、市）
休闲农业和乡村旅游精品景点线路推荐表

线路名称	
所属季节	春□　　夏□　　秋□　　冬□
线路图	＊＊市区→精品点1（距离＊公里）→精品点2（距离＊公里）……
推荐行程	＊天
精品点基本情况介绍	精品点1名称 园区介绍： 休闲特色： 年货产品： 特色餐饮： 人均消费： 休闲时间： 门票情况： 住宿条件： 周边景点情况： 行车及交通路线和示意图： 地址： 联系电话： 精品点2名称 ……

任务二　省农业农村厅对中国美丽乡村休闲旅游行精品景点线路的推介要求

以云南省为例：

根据《云南省农业农村厅办公室关于征集 2024 中国美丽乡村休闲旅游（春、夏季）精品景点线路的通知》，我们了解一下省农业农村厅对中国美丽乡村休闲旅游行精品景点线路的推介条件。

为深入贯彻中央农村工作会议精神，推动"千万工程"经验的学习运用，按照农业农村部乡村产业发展司《关于征集 2024 中国美丽乡村休闲旅游行（春、夏季）精品景点线路的函》要求，决定继续开展中国美丽乡村休闲旅游精品景点线路推介活动。现将春、夏季精品景点线路征集事项通知如下：

一、征集内容

（一）精品景点线路。分别以"春观花、夏纳凉"为主题围绕乡村休闲、农耕文明、乡土美食、乡风民俗等内容，以美丽休闲乡村、农家乐、休闲农园等为重点，突出乡土文化传承生态价值转换，推荐富有特色、条件成熟、深受欢迎的精品景点线路。

（二）图片视频素材。结合春、夏季节特点，请各地收集整理能够充分反映农耕文化、农事体验、科普教育、特色农事节庆、生态康养等活动内容，展示乡土美食、乡村民宿、田园景观、丰收景象、民俗文化等特色的图片视频素材。

（三）现场推介方案。以推介的春、夏季精品景点线路所在县（市、区）为主体，结合当地实际制定精品景点线路推介方案。春季方案应体现赏花观景乐趣、农耕文明韵味；夏季方案应体现消夏避暑特色、乡村休闲体验。推介形式力求新颖、丰富多彩。

（四）活动承办方案。各地可分别结合春、夏季活动主题及本地实际情况自愿申请承办。活动内容主要包括现场展示推介和实地考察观摩，可结合当地农事节庆活动举办乡土美食品鉴、乡村厨艺展示、民俗手工艺品展示、非遗文化展示、农特产品展示等。在制定现场承办方案时，应创新活动形式、丰富活动内容，充分展示休闲农业发展成效。

二、有关要求

（一）请各州（市）农业农村局围绕活动主题分别推荐 1－2 条春、夏季精品景点线路（详见附件）。

（二）图片视频素材应符合春、夏季精品线路专题和宣传视频等内容制作的有关条件（详见附件 2）。每条景点线路提供富有乡村特色的休闲农业和乡村旅游精品景点图片 10 张以上、视频 2 个以上，每张图片不小于 5MB，视频为未经剪辑编辑原版素材，无水印无字幕。

（三）现场推介方案每省最多精选推荐 1 个，并按照要求填写相关内容（详见附件 3）。

（四）请州（市）农业农村部门对推介材料严格把关，确保真实、准确，而且不涉及版权纠纷等问题，春、夏季活动材料电子版分别于 1 月 25 日和 5 月底前发送至电子邮箱。

附件

州（市）休闲农业和乡村旅游精品景点线路推荐表

线路名称	
所属季节	春□　　夏□
最佳游览时间	＊月—＊月
行程路线	＊＊市区→精品点 1→精品点 2→精品点 3……
推荐行程	＊天
是否涉及脱贫县（市、区）	是□　否□
线路及精品点基本情况介绍	线路特色简介： 线路中各精品点介绍： 精品点 1 名称 （一）情况概述 （二）休闲特色 1. 田园景观： 2. 农耕文化： 3. 农事体验： 4. 乡村美食： 5. 科普教育： 6. 民俗文化： 7. 运动休闲： 8. 文化创意： 9. 露营团建： 10. 红色旅游： 11. 乡村夜经济： （三）其他 1. 人均消费： 2. 适宜时间：例如 3－10 月。 3. 门票价格： 4. 住宿条件： 5. 周边景点情况： 6. 行车及交通路线和示意图： 7. 地址： 8. 联系电话：

任务三　中国美丽乡村休闲旅游行
精品景点线路的典型案例

2024 年夏季，为丰富暑期优质文化和旅游产品供给，文化和旅游部遴选推出 82 条"营造之美 自在乡村"全国乡村旅游精品线路，带游客看古建、访遗迹，寻根脉、品文化。"营造之美 自在乡村"全国乡村旅游精品线路专题已在文化和旅游部官网首页上线。文化和旅游部还将通过相关媒体和市场平台加强宣传推广，立体呈现营造之美、古建之妙，丰富群众精神文化生活。

精品线路：山东·探寻古州风韵 漫游青山古村

一、线路简介

"面山负海古诸侯，信美东方第一州"。作为古九州之一的青州，历史底蕴深厚，生态环境优美，乡村旅游资源丰富。青州厚重的文化历史、多元的建筑风貌和传统的市井民俗风情，可以让游客从不同角度了解、体会"古城青州"的历史文化内涵。

线路所在地：山东省潍坊市青州市

行程路线：青州古城景区—青州不夜城—云门引民宿—云门山景区—井塘古民居建筑群

交通方式

自驾：青州古城景区位于青州市中心；青州不夜城距市区车程约 20 分钟，云门山风景区、云门引艺术民宿距市区车程约 10 分钟，井塘古民居建筑群距市区车程约 30 分钟。

公共交通：青州古城景区距高铁站约 25 分钟，距高铁北站约 45 分钟；青州古城景区距潍坊机场约 1 小时 19 分钟，距济南遥墙国际机场约 1 小时 42 分钟，距青岛胶东国际机场约 2 小时 5 分钟；可乘坐 1 路、2 路、6 路、7 路、9 路公交车到达青州古城景区。

二、线路亮点介绍

青州古城是罕见的、至今保存完好的、山水城一体的明清古城，内含大量衙署建筑遗存、100 多条明清古街巷、遍布古街的牌坊和传统民居，以及偶园、阜财门、青州府贡院等上百处鳞次栉比、肌理完好的建筑，涵盖了青州作为"东方古州、海岱都会"的历史文化的各个层面。游客可以登云门山，拜天下第一"寿"，感受"人无寸高"的奇妙意境。

井塘古民居建筑群始建于 1456 年，依托衡王府院落，形成了既有明代建筑风格，又有西部山区居住特色的古建筑群。明朝修建的"仪凤桥""兴隆桥"、距今 500 余年的孙家碾坊、民国时期的炮楼等建筑都保存完整，吴家大院、孙家大院、张家大院、四合院、下沉院、石楼大院、天然的石板天井院等院落建筑承载着自明朝以来的历史过往，讲述着精彩厚重的历史故事，展现出古人在村落规划、庭院布局、房屋建设中的智慧和朴素的价值观。井塘村石砌房民居建筑技艺是山东省省级非物质文化遗产。

三、周边产品推荐

云门引艺术民宿坐落于云门山森林公园内，倡导"艺术更生活"的价值理念，空间布置精巧细致，妙趣横生，艺术气息浓郁，犹如"桃花源"。

青州不夜城是以国潮文化为主线，结合齐鲁民俗风情打造的沉浸式文旅步行街区。街区产品涵盖传统小吃、网红美食及娱乐文创等110余个特色品类，近200名专业演员每天在不同地点、不同时段为游客奉献80余场次演艺盛宴。

九龙峪景区是国家4A级旅游景区，景区植被覆盖率90%以上，堪称天然氧吧，景区内旅游资源丰富，集山岳景观、森林景观、瀑布景观、人文景观于一体，可谓"有山、有水、有故事，可游、可居、可体验"。

桐峪里民宿以"观山水之景、亲田园之乐、享人生之趣"为设计理念，融合乡村文化元素，是建在半山腰的花园式精品民宿，风格古朴、优雅。

四、特色美食和创意产品

特色美食：隆盛糕点、特色烤全羊、庙子全羊、郑母烧饼、回族糇糕、东台头豆腐干、牛肉煎包、牛肉锅贴、煊饼、杠子头。

土特产：青州柿饼、青州蜜桃、弥河银瓜、敞口山楂、洋槐蜂蜜、庙子小米、笨鸡蛋。

创意产品：青州剪刀、铝艺工艺品、猫宝宝系列文创产品、状元系列文创产品、草编制品。

项目实施

总结乡村休闲旅游精品线路的评定标准。

项目拓展

请同学们依据自己家乡的乡村休闲旅游特色，合理设计旅游线路。

模块五　分析客源准确产品定位

模块描述

随着旅游业的发展，休闲度假旅游产品的打造越来越受重视。早在 2015 年，《国务院办公厅关于进一步促进旅游投资和消费的若干意见》提出，"大力开发休闲度假旅游产品""重点依托现有旅游设施和旅游资源，建设一批高水平旅游度假产品和满足多层次多样化休闲度假需求的国民度假地"。

2024 年中央一号文件以学习运用"千村示范·万村整治"工程经验为指导思想，从六个方面对推进乡村振兴进行有效部署。其中，在提升乡村产业发展水平方面，提出"实施乡村文旅深度融合工程，推进乡村旅游集聚区（村）建设，培育生态旅游、森林康养、休闲露营等新业态，推进乡村民宿规范发展、提升品质"。

推进乡村民宿规范发展、提升品质，让"头回客"变为"回头客"，就在于"特色"二字。乡村休闲旅游不仅可以说走就走，还能反复前往，依靠特色产品吸引游客回头十分可行。认真分析客源，依据特色资源，准确产品定位，打造精品工程。不过，发展"特色产品"绝非建几座木桥、竖几排栅栏、铺几条步道，必须突出地域特点，防止"千村一面"。

2024 年，文化和旅游部推出"岁时节令 自在乡村"82 条精品线路开启"乡村四时好风光"，带游客走进不同时节的乡土家园，感悟历久弥新的文化魅力，领略四季更迭的生活美学。

如今的乡村休闲旅游，不再是农家乐、采摘园等单一业态，而是餐饮住宿、特色农产品销售等多业态运营；不只包含行走观光、休闲度假，还兼顾文化体验、生态涵养、健康养生等。多下功夫打造"精品"工程，创意设计产品，更好地满足广大游客个性化、多样化的消费需求，让农民更多分享发展红利，为乡村振兴注入新的活力。

学习目标

知识目标：

1. 识记休闲农业和乡村旅游产品的概念、特征；

2. 理解休闲农业和乡村旅游产品的类型；

3. 理解休闲农业和乡村旅游产品的创意。

技能目标：

1. 设计休闲农业和乡村旅游产品；

2. 体会休闲农业和乡村旅游产品的设计创意。

素养目标：

培养学生对休闲农业和乡村旅游产品的创意研发能力，既要培养他们精益求精的"工匠精神"，也要培养他们资源有限、创意无限的"创新精神"。

项 目 书

通过分析客源、细分市场，为村庄确定了主题定位，如何依据优势资源特色，设计休闲农业和乡村旅游产品。

项目一 休闲农业和乡村旅游产品概念

案 例 导 入

计家墩村位于江苏省昆山市，这个江南小村落以其优美的自然风光、丰富的农产品和独特的传统文化而闻名。计家墩村以"农文旅"为抓手，依托民宿集群，整合周边生态资源，大力衍生周边业态。通过与多方合作运营，撬动社会工商资本投入乡村建设。

计家墩村采用"1＋X"的联动发展模式，"1"是指以民宿为带动引擎，将打造民宿集群作为发展计家墩乡村产业的一大重点。在布局民宿业态的同时，注重对"X"即乡村文旅发展的特色主题方向的植入，将特色餐饮、生态农业、艺术展演、文创会展、自然教育、休闲体验等不同业态引入计家墩。计家墩村主打"乡村生活共创集群"概念，有各类业态30余个，其中特色民宿20余个。村内民宿由来自五湖四海的投资者建设、运营，采用"民宿＋"的运营模式，即在住宿的基础上，开发"吃、喝、玩、乐"等多种游客体验项目，如"民宿＋特色餐厅""民宿＋农场""民宿＋手工体验""民宿＋亲子休闲"等，为游客带来沉浸式乡村体验。

计家墩村通过结构化整合重新激活农村宅基地，以"乡村生活共创集群"为总体定位，以创新创客的民宿集群为载体，广聚人才、汇集资源，在保存村落原生风貌的基础上，以优美的田园风光和江南水乡为旅游资源，植入符合乡村业态的特色产业，规划实施计家墩理想村项目，围绕"乡村＋旅游""乡村＋农业""乡村＋民宿""乡村＋体育""乡村＋亲子""乡村＋康养"六大模式发展主导产业、特色产业及配套产业，涵盖30余类业态，形成融合民宿集群、特色餐饮、展览文化、手工体验等多种业态的乡村旅游综合体。

项 目 描 述

通过本案例，分析休闲农业和乡村旅游产品的特征和发展趋势。

知 识 链 接

休闲农业和乡村旅游产品是指旅游者在乡村旅游过程中，所能够购买或体验的一切有形的商品和无形的精神感受。

休闲农业和乡村旅游产品因旅游者在乡村旅游活动中的需求产生，是休闲农业和乡村旅游资源整合开发的结果。其本质特征是乡村性，具有休闲农业和乡村旅游资源"乡""土""农"的特点，体现在乡村区位、乡村空间、乡村生活和农业生产等方面。

任务一　休闲农业和乡村旅游产品的概念与特征

一、休闲农业和乡村旅游产品概念

休闲农业和乡村旅游产品是指旅游者在乡村旅游过程中，能够购买或体验的一切有形的商品和无形的精神感受。这一概念不仅涵盖了旅游者在乡村旅游过程中所接触和消费的所有内容，还包括了他们在乡村旅游过程中所获得的独特的、富有意义的体验。

（一）有形商品

有形商品是指旅游者可以直接购买和带回家的商品，如当地特色农产品（水果、蔬菜、肉类、手工艺品等）、纪念品、土特产等。这些商品通常具有地方特色，能够作为旅游体验的一部分，带给旅游者独特的回忆和体验。这些商品不仅是旅游者购买的对象，也是他们体验当地文化、了解当地生活方式的重要途径。

1. 当地特色农产品

当地特色农产品可以是当地生产的高品质有机蔬菜、水果和茶叶等。游客可以购买这些农产品作为纪念品或带回家享用。

2. 手工艺品

手工艺品指当地居民擅长制作的传统手工艺品，如陶瓷、编织品等。这些手工艺品展示了当地的文化特色，吸引游客购买。

（二）无形的精神感受

无形的精神感受指的是旅游者在乡村旅游过程中所获得的精神享受和体验，如欣赏乡村的自然风光、参与农事体验、体验乡村生活方式、了解当地文化和传统、享受乡村的宁静和悠闲等。对于旅游者来说，这些体验往往比有形的商品更有价值，它们能够留给旅游者深刻的印象和美好的回忆。这些精神感受是休闲农业和乡村旅游产品中最为核心的部分，也是吸引旅游者的重要因素。

1. 自然风光

自然风光是指游客可以欣赏到的美丽的乡村风光，如绿油油的田野、清澈的溪流和郁郁葱葱的森林。

2. 农事体验

农事体验是指游客可以参与种植、收割、养殖等农事活动，体验传统的农耕生活，了解农业知识。

3. 文化体验

文化体验是指游客可以参观当地的文化遗址，如古村落、庙宇等，了解当地的历史和文化。

4. 休闲娱乐

休闲娱乐是指乡村能够提供的钓鱼、骑马、采摘水果等休闲娱乐活动，让游客放松身心，享受乡村生活的乐趣。

5. 健康养生

健康养生是指游客可以品尝当地的有机食品，享受温泉疗养、瑜伽和冥想等活动，促进身心健康。

6. 教育和学习

教育和学习是指乡村所提供的生态教育、农耕知识学习等活动，通过这些活动让游客了解自然和农业的重要性。

游客们通过体验这些有形的商品和无形的精神感受，成为休闲农业和乡村旅游的消费者。休闲农业和乡村旅游带动了当地的经济收入，同时也保护和传承了当地的传统文化。

总的来说，休闲农业和乡村旅游产品不仅仅是指那些可以购买的商品，更重要的是提供给旅游者一种独特的、富有意义的体验，这些体验让他们在旅游过程中能够放松身心、体验不同的生活方式和文化，留下美好的回忆。这些体验和感受是旅游者最为珍视的，也是休闲农业和乡村旅游产品最具有价值的部分。

二、休闲农业和乡村旅游产品特征

（一）鲜明的乡村特色性

所谓乡村特色，是相对于城市特色而言的，指人们在乡村地域内，能够感知和体验到的，和城市有明显区别的所有自然和人文的元素。

和城市旅游产品相比，休闲农业和乡村旅游产品具有诸多差异性、独特性，能够让游客产生更多的旅游需求。城乡之间的这些差异包括地理差异、历史差异、文化差异，城乡两个地域仿佛磁铁的两极，存在相互吸引的能量。这种能量正是"乡村特色"，这种强烈和永久的能量，吸引城市人进入乡村，乡村人进入城市，两个区域内人口双向互动。

休闲农业和乡村旅游产品的这一特点，决定了并非所有的乡村都能够发展乡村旅游，"乡村特色"不明显的乡村，不能依靠人造景观开发乡村旅游。只有那些自然或人文特性突出的乡村才具有开发乡村旅游产品的基础条件。

（二）投资和消费的低门槛进入性

休闲农业和乡村旅游产品要能客观、真实地反映自然乡村世界的本来面目，强调返璞归真，回归自然。因此，从旅游投资的角度看，休闲农业和乡村旅游产品也不宜大兴土木培植人造景观，比如，在乡村地域内建造的主题公园并不属于休闲农业和乡村旅游产品，因此，休闲农业和乡村旅游产品应该是开发投入成本少，受资金限制程度低的。

从旅游消费的角度看，乡村旅游基本上以国内游客尤其是近距离城市居民为主要客源。原则上，乡村旅游市场为近程性市场，旅途短，车马费少，不收门票或门票价格低，食宿费用比城市低，旅游购物品以当地自产自销的为主，因中间环节少，也较城市便宜。当然，也有少数高档休闲农业和乡村旅游产品可满足高收入消费者的需要，但这不是主流，城市人游乡村，其消费心理预算原本就不高，同时，现有的中、低档价位产品的大量存在，客观上保护了这种低消费的持续性。

（三）产品项目和产品线的丰富性

休闲农业和乡村旅游产品的产品线长度和宽度均较大，乡村旅游产品丰富，且产品线之间有较大的差异性，集观光旅游、度假旅游、体验参与型旅游、消遣休闲旅游、康体保健旅游为一体，可满足各种旅游者的需求。例如：草原农舍、民族村寨、古村镇、江南水乡村庄、海边渔村、荷塘、果园、牧场、农业科技园区……可见，休闲农业和乡村旅游产品具有博大宽泛的内涵和外延。

任务二 休闲农业和乡村旅游产品的发展趋势

一、市场需求趋势

市场需求逐步向"土味""村味""人味""雅味""情味"这五个方面发展。

"土味"：保留老村精华，营造新村意象。

"村味"：拥有相对封闭的村域环境，打造"青山横北郭，白水绕东城"的村庄图景，营造"心远地自偏"的心境与意境。

"人味"：通过农民的生产、生活活动，让游客和居民发生文化互动，保证村居、村民、村景的统一，实现游客的体验与参与。

"雅味"：对村居的环境设计与村民素质提出更高的要求。

"情味"：建设良好的旅游环境与健康的伦理道德。

二、环境变化趋势

政策方向引导：2023 年 7 月，《国务院办公厅转发国家发展改革委关于恢复和扩大消费的措施的通知》明确指出"全面落实带薪休假制度，鼓励错峰休假、弹性作息，促进假日消费"，"大力发展乡村旅游。推广浙江'千万工程'经验，建设宜居宜业和美乡村。实施文化产业赋能乡村振兴计划，保护传承优秀乡土文化，盘活和挖掘乡村文旅资源，提升乡村文旅设施效能。推动实施乡村民宿服务认证，培育发布一批等级旅游民宿，打造一批品质民宿。支持经营主体开发森林人家、林间步道、健康氧吧、星空露营、汽车旅馆等产品，因地制宜打造一批美丽田园、景观农业、农耕体验、野外探险、户外运动、研学旅行等新业态，拓展乡村生态游、休闲游"。

交通发展迅猛：交通建设信息化，道路交通体系完善；机动车、私家车快速增加，租车、拼车等交通方式陆续出现；绿色交通成为交通发展新角色。

社会发展进步：适逢经济发展新常态；适逢国内市场潜力进一步释放，生产要素综合优势进一步彰显的活跃期；适逢大众创业、万众创新的新潮期。

思维理念革新：互联网思维；目的地思维；"旅游 +"思维；生态思维；品牌思维；用户思维。

项目实施

分析休闲农业和乡村旅游产品的特征和发展趋势。

项目拓展

请同学们分析自己家乡的休闲农业和乡村旅游产品的特征和发展趋势。

拓展资源

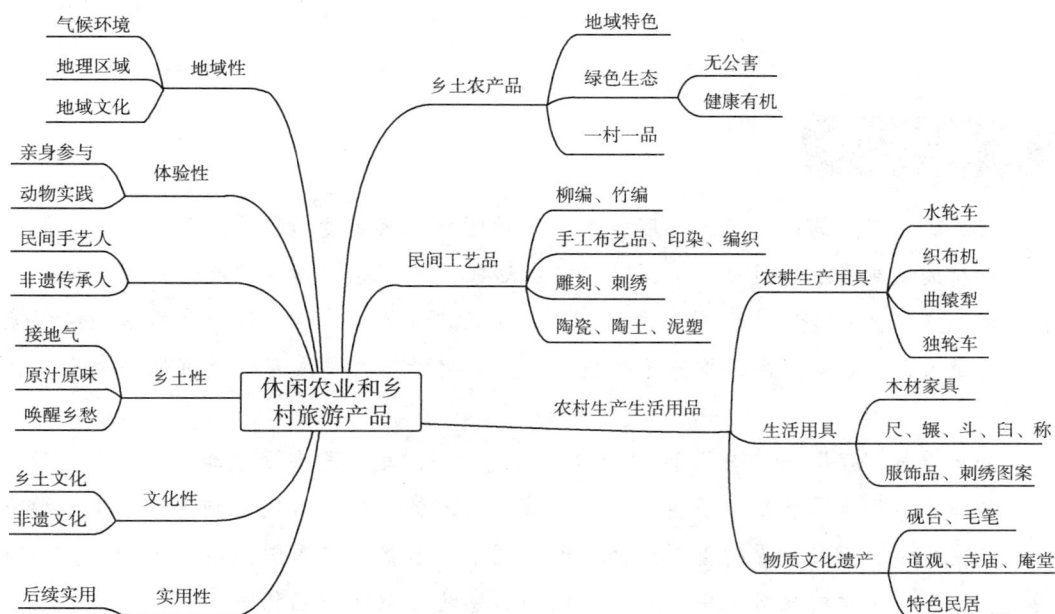

图 5.1－1　休闲农业和乡村旅游产品思维导图

休闲农业和乡村旅游产品类型

案例导入

　　江苏省南京市汤山温泉旅游度假区是首批国家级旅游度假区。近年来，该度假区依托独特的温泉资源和历史人文禀赋，初步形成了"温泉＋健康养生、休闲度假、乡村旅游、文化体验、运动娱乐"的旅游产品体系。近年来，汤山旅游度假区围绕温泉优势打造度假区核心产品，推出系列配套服务，将汤山打造成集休闲度假观光于一体的度假区。

　　房车兼具"房"与"车"两大功能，不大的空间里，配套设施却一应俱全。房车是一种文化，房车露营是一种生活方式。随着旅游体验化大时代的到来，房车旅游将成为享受生活、感受世界的重要选择。汤山温泉房车营地与周围的山水风光美景相得益彰。在触手可及的旅居梦中，游客可以一边感悟底蕴深厚的传统文化，一边体验房车带来的休闲生活。

　　汤山温泉房车营地是江苏省十大房车露营地创建试点单位，江苏省自驾游基地及全国汽车自驾运动营地。营地总面积329亩，总投资1.2亿元，营地位于南京汤山温泉旅游度假区内，距沪宁高速汤山出口2公里，交通便利，依山傍水，茶林相间，风景秀美。

　　汤山温泉房车营地参照国家相关房车露营地建设标准建设，依托汤山千年温泉文化底蕴，融合温泉养生理念，加入自驾房车主题元素，打造了以休闲养生度假旅游文化为主题的山地森林型房车露营地。

　　营地将茶园与温泉完美契合，充分利用茶园的地形地貌，精心打造了大小不同、风格迥异、功能不同的温泉池，养颜、中药、鱼疗……满足人们的不同需求。

　　营地内设有40余个自驾车停车位充电桩、40余个房车营位、多个特色木屋、20个温泉池以及特色集装箱酒店，为游客提供多种选择。配套总面积为2000余平方米的草坪活动区、露天影院、烧烤美食区、帐篷露营，丰富多彩的活动可以满足游客多种需求。营地还增添了许多配套服务设施：公共卫生间、儿童卫生间、第三卫生间都具备恒温系统；公共淋浴间、公共厨房、洗衣房、盥洗间，为旅途中的人们提供更多方便；自助餐厅、多功能沙龙活动室让营地生活更加丰富多彩。

项目描述

通过汤山温泉房车营地分析休闲农业和乡村旅游产品的特征和发展趋势。

任务一　打造休闲农业和乡村旅游产品

一、发掘生态涵养产品

注重人与自然和谐共生，依托山水林田湖草沙等自然资源，结合农业资源保护利用、农村生态文明建设、农耕文化传承和节能减排固碳，发展生态观光、农事体验、户外拓展、自驾旅居等业态，开发森林人家、林间步道、健康氧吧、温泉水疗、水上漂流、滑草滑沙、星空露营等产品，打造一批循环农业、生态农牧、鱼稻共生等生态样板区，建设一批学农劳动、研学实践、科普教育等实训基地，创设一批农事生产、节气物候、自然课堂、健康养生等科普教程。

二、培育乡村文化产品

将乡村民俗文化、人文精神与现代要素、时尚元素和美学艺术相结合，深入发掘民间艺术、戏曲曲艺、手工技艺、民族服饰、民俗活动等活态文化，打造具有农耕特质、民族特色、地域特点的乡村文化项目，发展历史赋能、独具特色、还原传统的乡村民宿经济，制作乡村戏剧曲艺、杂技杂耍等文创产品，创响"珍稀牌""工艺牌""文化牌"等乡土品牌。大力弘扬以爱国主义为核心的民族精神和以改革创新为核心的时代精神，打造文化乡村，培育文明乡风，弘扬革命文化，赓续红色血脉。

三、打造乡村休闲体验产品

依托乡村资源，围绕多功能拓展、多业态聚集、多场景应用，开发乡宿、乡游、乡食、乡购、乡娱等综合体验项目。开发"看乡景"产品，建设采摘园、垂钓园、风情街、民俗村、农业主题公园等景点，发展景观农业、观光采摘、休闲垂钓、特色动植物观赏等业态，打造一批田园康养基地和田园式、花园式乡景基地。开发"品乡味"产品，鼓励优质特色农产品实现地产地销、就地加工，发展乡味食堂、风味小吃、特色食品，培育精品农家菜和厨艺达人，举办乡土菜、农家宴推介和赛事。开发"享乡俗"产品，发展民族风情游、民俗体验游、村落风光游等业态，创设村歌、村晚、旅游演艺、节庆展会等节目，开发传统工艺、民族服饰等民族民俗特色产品。开发"忆乡愁"产品，发展文化体验、教育农园、亲子体验、研学示范等业态，开展"体验乡村休闲、感悟乡土文化""乡味从未散去、回首已是千年"等活动，讲好乡村故事，吸引游客望山见水忆乡愁。

:▪: 任务二　休闲农业和乡村旅游产品类型 :▪:

　　休闲农业和乡村旅游产品是以乡村的自然景观、聚落环境、农业景观、农事活动和民俗文化等资源为基础，通过完善旅游配套和服务设施，以满足旅游者综合性、个性化的旅游需求为目的，开发设计的具有自然性强、参与性强，与农业农村密切结合等特征的一类专项旅游产品。根据乡村旅游核心吸引物和市场需求的不同，按照产品形态，乡村旅游产品可分为乡村民宿、农家庄（乐）、农业场（园）、乡村营地、乡村文博馆、文创工坊和习俗活动等类型。

一、乡村民宿类

　　概念：民居主人参与接待，利用乡村民居等闲置资源，为游客提供体验当地自然、文化与生产生活方式的小型住宿设施。

　　代表项目：民宿、家庭旅馆、客栈、青年旅舍、乡村别墅和酒店式公寓。

　　适用对象：近郊农村、景区依托型乡村旅游点和古村落等。

　　典型案例：李家园村民宿

　　李家园村民宿位于江苏省常州市溧阳市戴埠镇，依托南山竹海景区建设和开发。李家园村通过挖掘自身区位和资源优势，明确了旅游服务型乡村的发展定位，成立"空房合作社"。李家园村用闲置房屋入股，由合作社统一管理，建设具有本土文化特色的乡村民宿，配套完善的购物和娱乐设施，吸引周边游客，盘活了农村闲置资产，带动农民增收。

二、农家乐（庄）类

　　概念：将农业景观、生态景观、田园景观与住宿、餐饮设施有机结合，为游客提供田园观光、乡村休闲度假等体验的经营场所，以"吃农家饭、住农家屋、干农家活"为特色。

　　代表项目：休闲农庄、度假山庄、度假庄园、乡村俱乐部和乡村酒店等。

　　适用对象：位于城乡接合部、邻近风景区或乡村景区、交通通达性良好的农户或单位。

　　典型案例：顾渚村农家乐

　　顾渚村农家乐位于浙江省湖州市长兴县水口乡，东临太湖。顾渚村依托优质的山水自然条件，以老年乐园（现为申兴康复疗养中心）的建设为契机，大力发展康养度假、观光休闲旅游，兴办农、渔、茶、林等多主题农家乐，开展品农家菜、宿农家屋和体验农家生活等活动。目前，顾渚村有450多家农家乐，90%的村民都从事农家乐及相关产业，村民年人均收入在 4 万元左右。

三、农业园（场）类

概念：农业生产单位、生产组织或生产企业为组织单位，以从事农业生产或畜牧养殖为主，将农（牧、渔）业生产与观光、瓜果采摘、牧事体验、渔猎体验和农（牧、渔）业科普等活动结合而推出的乡村旅游产品。

代表项目：包括租赁农（牧）场、共享农（牧）场、果蔬采摘园、渔场、农艺园、农业博览园、葡萄酒庄园等。

适用对象：位于城市近郊，具备设施农业和高效农业条件的村落。

典型案例：清远艾米农场

清远艾米农场位于广东省清远市清新区石潭镇石湖村。艾米农场通过整合农村闲置优质土地，接受乡村托管，标准化、规模化开垦田园、建筑小院。艾米农场包括生态水稻区、私家菜园区、农家产品采摘区、山间溪流区、自然教育区、中央厨房区和特色民宿区 6 个区域，形成集农业生产、家庭农场、科普研学和乡村生活体验于一体的农旅产业。

四、乡村营地类

概念：依托乡村河流、溪谷、山地、森林和草原等自然资源和乡村较开阔的空间，为满足游客释放压力和寻求刺激的需求而开发的户外产品。

代表项目：乡村露营地、乡村拓展基（营）地和自驾车营地等。

适用对象：具有山地、森林、溪流等自然条件，交通通达性良好的农村。

典型案例：百松村户外拓展基地

百松村户外拓展基地位于福建省莆田市仙游县书峰乡。百松村利用乡村周边山地资源，将乡村旅游与户外休闲体育结合起来，创新打造百松户外拓展基地，包括攀岩、射箭、高空项目、丛林真人 CS 和古迹穿越等项目，开展亲子户外运动休闲、青少年夏令营和企业团队拓展等特色活动。

五、乡村文博馆类

概念：以搜集、保存、陈列和展示农村历史、农耕（牧、渔）文化、民族文化、特色民俗、乡村文物和重要农业文化遗产等资源为主的场所。

代表项目：乡村历史博物馆、乡村民俗博物馆、农耕文化博物馆、畜牧业博物馆、农业水利博物馆等。

适用对象：农村历史、农耕（牧、渔）文化和民俗文化保存完整的农村。

典型案例：新场村农耕文化陈列馆

新场村农耕文化陈列馆位于四川省泸州市古蔺县大村镇新场村。新场村农耕文化陈列馆以农耕文化研学为特色，深挖本地悠久的农耕历史文化，以农作物、农具、农耕程序、节气和民居等展陈为主，开展传统农业和现代农业研学、农作物与节气研学、乡村牲畜介绍等活动，吸引孩子在0—12岁的亲子客群。

六、文创工坊类

概念：以农村本地民族文化、民俗文化等为主，以保护、传承和弘扬乡村本土文化为目的的互动体验性经营场所。

代表项目：传统工艺坊、乡村文创体验店等。

适用对象：艺术村、民族村落、历史文化名村（镇）等。

典型案例：新光村廿九间里

新光村位于浙江省金华市浦江县虞宅乡。新光村是保存较为完整的古村落，现有廿九间里、润德堂、敦睦堂、启明居、长庚居、儒丰居等古建筑。2015年10月，新光村成立廿九间里旅游创客基地。一群青年创客，在创客空间里开小酒吧、平台咖啡馆，做智能交通平台、旅游农产品体验馆、地质科普馆，搞书画、篆刻、剪纸和旗袍等艺术创作。这里整合了旅游创客App平台，打造了"旅游＋互联网＋农业＋创客"的"浦江模式"。

七、民俗活动类

概念：以乡村本土传统习俗、节庆和农（牧、渔）等为主的体验性乡村旅游产品。

代表项目：乡土美食、岁时节日、人生礼俗、体育游艺、农耕、渔猎和牧事等体验活动。

适用对象：民族村落、历史文化名村（镇）等。

典型案例：阳朔漓江渔火节

阳朔漓江渔火节位于广西壮族自治区桂林市阳朔县漓江流域。阳朔县人民政府通过深入挖掘漓江流域渔家人夜间"渔火捕鱼"文化，创新开展"渔火节"，带动漓江沿岸渔村发展，是一个集观光、体验和购物于一体的综合性旅游节庆活动。

项目实施

分析休闲农业和乡村旅游产品的类型。

产品类型	乡村民宿	农家乐	农家园	乡村营地	乡村文博馆	文创工坊	习俗、民俗
概　念							
利用资源							
服务对象							

项目拓展

请同学们调研自己家乡的休闲农业和乡村旅游产品，分析这些产品属于哪种类型。

拓展资源

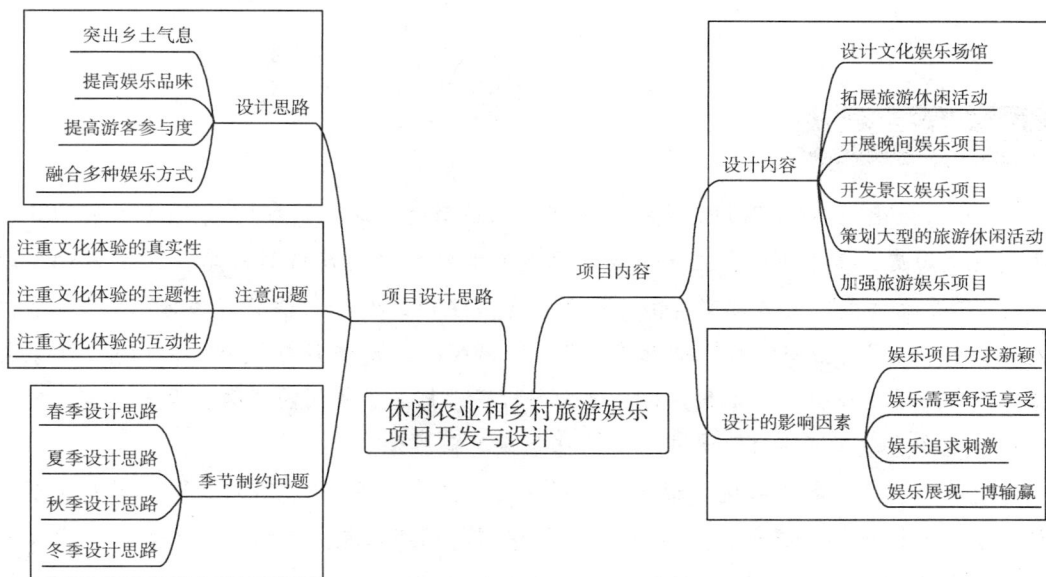

图 5.2-1 休闲农业和乡村旅游娱乐项目开发与设计思维导图

休闲农业和乡村旅游产品创意

案例导入

　　"五朵金花"，位于四川省成都市锦江区三圣街道（原三圣乡），三圣乡已有 300 多年的种花历史，是全国社会主义新农村示范地和都市乡村旅游目的地，国家 AAAA 级景区。"五朵金花"景区其实是由三圣乡的花卉主题的红砂村的"花乡农居"、幸福村的"幸福梅林"、驸马村的"东篱菊园"、万福村的"荷塘月色"、江家村的"江家菜地"5 个村子组成，面积 1.5 万亩。这 5 个村联合打造了集休闲度假、观光旅游、餐饮娱乐、商务会议等于一体的城市近郊生态休闲度假胜地。

　　这 5 个村子，各有特色，形成"一村一品一业"产业："花乡农居"红砂村主要发展小盆、鲜切花和旅游产业；"幸福梅林"幸福村围绕梅花文化和梅花产业链，发展旅游观光农业；"江家菜地"江家堰村以认种的方式，将土地给城里人认种，把传统种植业变为体验式休闲农业，实现城乡互动；"东篱菊园"驸马村突出菊花的多种类和大规模，实现"环境、人文、菊韵、花海"的交融模式；"荷塘月色"万福村凭借优美的田园风光，成为绘画创作、音乐开发、影视拍摄等的艺术之乡。

（一）理念领先，规划先行

　　"五朵金花"的发展理念最根本最核心的就是创新务实。在规划"五朵金花"建设规模时，成都市提出了"农房改造景观化、基础设施城市化、配套设施现代化、景观打造生态化、土地开发集约化"等高起点的科学规划思路，用景区模式打造品牌休闲观光农业的大平台。

（二）瞄准市场，规模经营

　　打造"五朵金花"，要瞄准和对标市场需求，突出当地特色，创造一条既有利于农民就业增收致富，又有利于周边市民观光休闲旅游的新路子。"五朵金花"的快速发展，主要得益于规模化经营，五村连片联户开发，共同扩大发展的市场空间，破解农民单家独户闯市场的风险，走出了一条专业化、产业化、规模化的发展之路。

（三）一村一品，各具特色

　　在产业布局上，围绕共同做大做强休闲观光农业这一主导产业，五个景区实现一区一景一业错位发展的格局，注重突出当地文化民居风格，打造乡村酒店、休闲会所、艺术村相互借景的和谐休闲娱乐场所，形成"一村一品一业"产业特色，使"五朵金花"成为国内外负有盛名的"农字号"休闲娱乐品牌。

（四）文化内涵，提升品位

成都"五朵金花"创新发展模式的不竭动力在于挖掘文化和人文价值，把文化品位融入发展观光休闲农业之中。诸如"花香农居"的休闲餐饮文化，"幸福梅林"的传统花卉文化，"荷塘月色"的音乐、绘画艺术文化，"江家菜地"的农耕文化，"东篱菊园"的环境人文文化，无一不是精心挖掘打造的符合当地民俗风情的杰作珍品。以文化支撑产业，以品牌塑造形象，"五朵金花"按照"一村一品"的文化格局不断推出和延伸新的品牌项目，使其接连不断地萌发出新的生命力和凝聚力。

（五）以旅带农，农旅互补

"五朵金花"走的是一条以旅游业为龙头，不断完善"公司＋农户"的独特的经营和盈利模式。以旅带农，首先要营造环境，先把最基础的设施建设和环境保护工作做完，再进行文化和旅游项目要素的包装，引进专业公司对生态观光区域内的农房进行整体策划包装，打造具有独特风格和文化品位的乡村酒店，实现了旅游和农业的完美结合。农旅互补将旅游产业巧妙地与农业生产相结合，引导农业生产向规模化、产业化经营，大力发展都市休闲农业。

项目描述

通过"五朵金花"案例分析乡村旅游产品创意设计。

■ 任务一　休闲农业和乡村旅游产品创意开发 ■

我国乡村分布着丰富的旅游资源，市场空间和需求潜力巨大。为了进一步推动休闲农业和乡村旅游发展，要不断推出比较成熟、完善的休闲农业和乡村旅游产品，培育中国休闲农业和乡村旅游精品，进一步帮助休闲农业和乡村旅游发展开拓市场。

做好休闲农业和乡村旅游产品开发可以从以下几方面着手：一是结合乡村旅游产品开发，文旅部门帮助地区设计和提升乡村旅游产品的市场形象，帮助分散的乡村旅游产品走向市场。二是结合满足城市居民的休闲度假需求，培育一批比较成熟、比较完善的乡村旅游产品，并紧跟不断增长的市场需求，推出文明、健康、自然、质朴的乡村旅游新产品。三是在条件具备的地方，培育中国乡村旅游精品，开发远距离市场和国际市场，扩大乡村旅游的影响。一旦确定了发展乡村旅游产品的方向，就要努力实现资源向产品的转化。不同的资源可以转化为不同的产品，如乡村与农业观光旅游、乡村与农业生态旅游、乡村休闲旅游、乡村度假旅游等旅游产品；依托林果资源，可以开展赏花、摘果活动；依托花木资源，可以开展观赏、休闲活动；依托海河湖塘资源，可以开展垂钓、游船等水上和岸边的休闲活动；依托传统农耕资源，可以开展农事体验活动；依托现代科技农业资源，可以开展科普观光活动等；乡村环境、田园风光、农家生活与生产过程等的综合利用，可以开发滞留性的乡村休闲、度假旅游等。

■ 任务二　休闲农业和乡村旅游产品创意类型 ■

在国外，乡村旅游产品的类型丰富多彩，如德国的"度假农庄"、法国的"教育农园"、意大利的"绿色度假"、日本的"观光农园"、澳大利亚的"郊野宿营"等等，通过借鉴国内外乡村旅游产品的开发形态，根据产品性质，我们总结了以下几种主要的乡村旅游产品创意类型。

一、生态观光型乡村旅游产品

顾名思义，生态观光型乡村旅游产品是以优美的乡村田园风光、乡村特色民居群落、传统的农业生产过程、民俗博览园等作为旅游吸引物，把生态与民俗风情结合起来，旅游与休闲结合起来，满足游客回归自然、寻找梦想的心理需求，吸引城市居民前来参观和游览的旅游产品。以法国为例，村庄旅游是法国人喜爱的一种旅游休闲方式，每年有数百万游客到远离城市的偏远村庄，住进条件简陋的农舍，家长带孩子参观农庄，观看给牛羊挤奶、奶酪制作过程等，游客还可以品尝牛羊肉、奶酪等食品。又如，对于占韩国人口87%的城市人来说，随着生活水平的提高，愿意到农村休闲的人越来越多。于是聪明的韩国农民发现了一种致富新办法——开办"观光农园"。它一般是由几户农民联合建造，是一种比较简朴的，集食宿、劳动和文体活动于一体的休闲设施。在这里，城市人既可以轻轻松松地观赏乡村的山水美景，享受大自然的宁静，也可以参加农民的一些生产活动，如收获瓜果和蔬菜等，从中体会劳动和收获的喜悦。此外，游客还可以学习农家面包、奶酪、果酱、葡萄酒的制作手艺。通过农家生活，游客的身心得到放松和调整。韩国农民开办"观光农园"须得到政府有关部门的批准。韩国农林部门在资金和政策上积极扶持农民发展这种休闲农业和旅游观光事业，同时也制定了严格的管理规定。对于违反规定的农园，会限期令其整顿或停业。由于管理得当，"观光农园"发展势头良好，形式也趋于多样化。

观光型乡村旅游产品要想具有持续长久的生命力，必须突出当地的乡村特色，需要充分利用当地独特的旅游资源优势塑造特色产品。

生态观光型乡村旅游产品具体包括以下几种类型：

（一）观光农园

观光农园主要包括观光花园和观光果园。

观光花园是以观花赏花、园艺习作为主题的观光农园，主要利用一些大型花卉生产基地，为游客提供观光、赏花、买花、插花、园艺习作等旅游活动场所。这些花卉生产基地与旅游业天然结合，是发展乡村观光旅游（赏花节、赏花会、赏花之旅等）的本底性资源，也是塑造田园化乡村环境的重要因素。不同的花卉种类有不同的赏花期，种植多种花卉可延长观光花园的旅游时间。

观光果园是以水果旅游为主题的成熟果园，主要通过观果、品果、摘果等系列活动吸引游客。观光活动一般指开放成熟期果园供游人亲自采摘、品尝、购买果实及参与果实加工，游客能观赏果实累累的丰收美景，是一种与其他休闲活动相结合的果园经营新形态。果树品种以苹果、梨、葡萄、柑橘、桃为主，一般选择花香、色艳、味美的果品树种，综合考虑果树的开花期和成熟期，合理搭配与种植各类果树，延长果园的开放期。果园内可开设果品加工坊、果品品尝屋、鲜果专卖店、品茶亭等若干活动区域，平时，游人可在林间休闲、游览、露营、烧烤；果实成熟时，游人可自采、品尝、参与加工、购买新鲜水果。为了增加果园的文化氛围，用雕塑、壁画、楹联、诗词等点缀果园艺术空间，这些艺术作品可以直接以水果为内容，也可以间接引述或表现与水果有关的历史典故、传说趣闻。为保障果园正常生产，观光果园要开辟活动专线，开辟供游人采摘、品尝和学习栽培的固定区域。

（二）观光牧场

观光牧场开发有两个方向：一种是饲养普通家禽、家畜，如牛、马、羊等，让游客全方位、多层次参与饲养活动。如让游客参与饲养、剪毛、挤奶、品尝羊肉和羊制品，观赏和拍摄奶牛等。另一种是饲养品种优良而独特的牲畜及野生动物，这些动物必须易于饲养且有较大的观赏价值，如鹿、狐、鸵鸟等。牧场既有生产的功能又有观光的功能，因此牧场应采用先进的饲养技术、管理方法和设施设备，建立畜禽良种繁殖体系、畜产品加工、检验、贮运体系，形成观光、参与、娱乐、品尝、培训、咨询、购物、科研等功能的一条龙旅游服务体系。

（三）观光渔村

观光渔村主要以游客参与为主，如果规划地周围有大面积的水面且有传统渔业历史，则应恢复传统渔业生产风貌，甚至可以对其进行适当的艺术加工，使其具有旅游吸引力。

以山东"渔村"为代表的胶东半岛乡村为例。山东东部的胶东半岛沿海地区，具备渔业生产、渔民生活特有的地理、自然资源，形成了独具特色的"胶东渔村"。渔村和渔民以荣成、蓬莱、长岛、日照等地最为典型。以荣成成山头为界，半岛南部的海域，渔民习惯上称之为"南海"，其渔业生产习俗受长江口一带的影响较多，渔船以乌高、排子为代表，又善用架子网等定置渔具；半岛北部海域，渔民习惯上称为"北海"，典型的渔村集中于荣成龙须岛、蓬莱大季家、刘家旺、长岛砣矶岛、莱州三山岛等处，渔业生产习俗以架"大瓜篓"、打风网（围网）为特色。南北渔村的海草房、玉米面饼子、海产食品、天后崇拜、行船禁忌等，都为别处所不多见。沿海渔民沿袭"齐人好逐利"的传统，外出经商的习俗历数十代而不衰。蓬莱、龙口、莱州沿海地带的生意人不仅在东北地区有很大影响，在京、津、沪等地也多见他们的足迹。

自 20 世纪 90 年代以来，胶东地区相继开发出了以长岛和日照"渔家乐"、荣成"胶东渔村"等为代表的、以传统渔家生活为主题的乡村旅游产品，在国内市场上成为知名的旅游品牌。

（四）观光鸟园

观光鸟园的内容一般包括观光湿地的建设、观光鸟群迁移以及观赏鸟巢等。西班牙南部小镇安达卢西亚，有着丰富的鸟群，是观赏鸟类的天堂，每年都能吸引很多鸟类学者前来观光。这里一年中最好的观赏季节是春天，因为这时候既可以看到很多逗留于此的冬季物种，又可以看到提前到来的夏季物种。

（五）乡村公园

乡村公园包括森林公园和农业公园。

森林公园：区位条件好，地形多变，山峦起伏，溪流交错，森林茂密，景色秀丽，环境优良，气候舒适，面积较大的森林地段可开发为森林公园。森林公园成为人们回归自然、休闲、度假、露营、避暑、科学考察和享受森林浴的理想场所。

农业公园：按照公园规划建设和经营管理思想，将农田区划为服务区、景观区、农业生产区、农产品消费区、旅游休闲娱乐区等部分，形成一个公园式的农业庄园。

（六）科技观光游

科技观光游是利用现代高科技手段建立的小型农、林、牧生产基地，这里既可以生产农副产品，又给旅游者提供了游览的场所。

山东省潍坊市寿光市蔬菜高科技示范园的规划面积 20000 亩，中心区 10000 亩，已投资 1.6 亿元，建成"三园三区五中心"格局，即蔬菜高新技术创新园、农业博士创业园、外商投资园；蔬菜标准化生产示范区、新品种试验示范区、现代化设施试验示范区；智能化信息管理中心、蔬菜高新技术培训中心、展示交流中心、现代化生物工程种苗中心和蔬菜保鲜加工销售中心。

示范园始终坚持以进军农业科技前沿，带动全市及周边地区农业发展为目标，先后与山东农业大学、上海交通大学农学院、中国科学院海洋生物研究所、中国农科院蔬菜花卉研究所等高校与科研院所建立了长期合作关系，承担着科技部、省科技厅等多项科研项目。示范园已被列为山东省农业科技示范园区和国家农业科技园区试点单位，还被确定为博士后科研工作站、引进国外智力示范推广基地、山东省蔬菜工程技术研究中心、山东省农业大学博士生实践基地。

园区的农业观光旅游产业已经成为国内农业旅游的一个亮点，特别是园内所体现的现代农业水平的工厂化、标准化生产模式、各类先进的种植模式以及闻名全国的中国寿光蔬菜博览会，都成为吸引人们前往考察参观的重点。园内南北方的蔬菜、水果应有尽有，各个景点错落分布，令人向往。这里每年接待国内外旅游参观团体和单位2万多个，游客达50万人次以上。

又如新加坡将高科技农业与旅游相结合，兴建了10个农业科技公园。农业公园内应用最新科学技术管理，设施造型艺术化，作物种植安排合理，娱乐场所精心布局。养鱼池由配有循环处理系统的"水道"组成；菜园由造型新颖的栽培池组成，里面种上各种蔬菜，由计算机控制养分；田间林荫大道的两边也种上了各种瓜果。

二、体验型乡村旅游产品

乡村旅游产品贵在"村"味，重在体验。住冬暖夏凉的农家房，观小桥流水的农家景，听俚语乡言的农家情，享祥和温馨的农家乐是体验乡村生活、生产和民俗风情的最佳途径。作为一种新兴的旅游休闲形式，体验型乡村旅游产品无疑是当前的一种时尚品。

体验型乡村旅游产品，主要是指在特定的乡村环境中，以体验乡村生活和农业生产过程为主要形式的旅游活动。游客同当地人共同参与农事活动、游戏娱乐等，体验乡村生活或农业生产的过程与乐趣，并在体验的过程中获得知识、休养身心。体验型乡村旅游产品的生产和开发对自然资源及基础设施的要求不高，农庄能够提供最基本的吃住设施就可以。体验型乡村旅游产品的魅力在于体验，给游客难忘的、有价值的乡村生活体验是最重要的。

（一）酒庄旅游

说起酒庄旅游，很多游客都感兴趣。这源于人们对酒的制作、味道、颜色等的好奇。例如澳大利亚将当地的葡萄酒产业优势与旅游业有机结合，开发出葡萄酒旅游，旅游者可以游览参观葡萄园、酿酒厂和产酒地区等景点，还可以参加包括制酒、品酒、赏酒、健身、美食、购物等一系列娱乐活动。酒庄不仅可以保证严格的葡萄酒流水线生产作业，而且可以作为一项文化旅游项目，招待各国游客参观葡萄园景观。

（二）"做一日乡村人"

在这种旅游活动中，旅游者能够回归自然，学到许多新知识，结交新朋友，暂时离开喧闹的都市环境，换一种生活方式，使自己的身心得到休息和调整。如杨家埠中国民间艺术遗产村庄乡村民俗游，旅游者可以在家庭年画作坊中，亲自刻印年画，张贴年画或把自己刻印的年画带（买）回家。被称为齐鲁第一明清古村落的济南市章丘区的朱家峪是一处完整保存古风古貌、文化底蕴丰厚的乡村旅游胜地。旅游者到朱家峪可以观看民俗展览，还可以亲自摊煎饼、推磨盘等，进农家体验生活。

（三）人工林场

人工林场具有调节气候、吸碳制氧、消除烟尘、吸收毒气、杀灭细菌、隔音消声、净化污染、美化环境等功效。人工林场可在行、游、吃、住、娱、购旅游六要素上做文章。行：开发"森林浴"，即在林场内设置林间步道、小路等，供游人散步、健行、慢跑、登山。为了让游客有更好的体验，道路要根据地形设计，有升、有降、有直、有曲，既要有为老年游客或正在恢复健康的游客设计的平缓步行路，也要有为青年游客设计的迂回曲折、坡线较长的登山路。游：结合地理学、生物学、环境学、园林学、药学等多种学科的知识，开发集知识性、趣味性为一体的森林旅游项目，如赏鸟、赏树、赏花等。吃：可品尝突出"新鲜、独特、无污染"等特点的绿色食品、花卉食品、可食用昆虫等。住：少建高档宾馆和别墅，以小木屋、草舍、野营帐篷、洞穴等亲近自然、回归自然的住宿设施为主。娱：以弓箭狩猎、密林寻宝等适合森林的项目为主，同时也可开辟游人植树区，专门让游人种植纪念树，如新婚蜜月树、情侣树、诞辰树等，并让游人亲自参与管理。

（四）林果采摘园

林果采摘园可以使游客体验到乡村传统的农耕作业活动以及现代科技农业生产，让游客在体验的过程中受到教育，增长见识，充实智慧。林果采摘是一种趣味性强、成就感强的体验性乡村旅游项目，许多乡村地区都可以结合当地的林果业，开展体验型果实采摘活动。

三、品尝购物型乡村旅游产品

品尝购物型乡村旅游产品，是一种结合了品尝当地特色美食和购买当地特色商品的旅游形式。这类产品能够让游客在欣赏乡村风光、了解当地文化的同时，品尝到当地的传统菜肴和特色小吃，体验地道的乡村生活。此外，游客还可以在旅游过程中购买当地的手工艺品、特色农产品、特色食品等作为纪念品或礼品，带回家与亲朋好友分享。这种旅游产品不仅满足了游客对美食和购物的需求，也为当地农民和手工艺人提供了展示和销售自己产品的平台，促进了当地经济的发展。

（一）品尝游

乡村有丰富的食品资源，可以将乡村食品资源与美食文化结合，开展以绿色特色食品为主的果品品尝、特色风味小吃品尝、健康保健食品品尝、绿色生态食品品尝、野菜品尝、特种禽畜菜肴品尝、烧烤美食品尝等美食旅游活动。特色食品应该以绿色营养、色香味俱全、原料独特的乡村食品为主。如：花卉食品（饮品、糕点）、花粉食品（花粉饮品、糕点、菜肴、糊羹、糖果、药酒）、野菜食品、水果食品、土特产、珍稀禽畜和水产佳肴。品尝方式可以是农户提供的餐饮服务的内容之一，也可以建立特色小吃一条街或特色小吃品尝区，方便游客到此参观品尝各种各样的特色食品。

（二）购物游

在心情愉悦地进行了娱乐活动后，游客总希望带回一些旅游纪念品或乡村土特产品。洁净新鲜的特色蔬菜、名贵水产、美丽花卉、别致的盆景、风味独特的土特产、工艺精湛的手工艺品、古朴雅致的书画作品、设计独特的旅游纪念品等都为开展购物型乡村旅游提供了丰富的资源。在旅游活动集中区域建立一些乡村旅游商品销售摊点或集市，方便游客购买各类乡村旅游商品。

四、休闲度假型乡村旅游产品

休闲度假型乡村旅游产品，是以滞留性的休闲、度假为主，在水乡、山村或民俗园中小住数日，可以亲身体验游览地的衣、食、住、行，同时还可以轻松了解当地的民间艺术、技艺、方言等。这种类型的民俗产品强调景区（村庄）内的自然环境和当地居民与旅游者之间的和谐共处。

现代旅游的特点是人们更多地强调旅游经历与自我参与，因此休闲度假旅游产品的发展是一种必然趋势。由于社会经济的发展，人们生活质量的提高，很多大城市的周边农村一到假日就会出现许多城市人的身影。他们在山水中钓鱼、野餐聚会，到农民家摘果子、种蔬菜、喂小鸡等，住农家屋、睡土炕、吃农家饭。这种对休闲度假生活的需求使休闲度假型的乡村旅游产品应运而生。这种乡村旅游包括周末节日度假游、家庭度假游、集体度假游、疗养度假游和学生夏令营等。

（一）度假娱乐

度假娱乐游是现代都市人为了缓解工作生活压力，利用假日外出旅游，令精神和身体得到放松的一种较高层次的旅游形式。度假娱乐需求成为旅游者基本的旅游需求之一。

国外在开发乡村旅游时积极开发娱乐性强、互动参与性大、表现形式新颖的休闲娱乐项目以满足游客多层次需求。在美国，每当瓜果成熟的季节，城里人就纷纷涌进各大农场参加采摘水果的度假活动，以获得别有情趣的度假享受，缓解工作压力。德国的乡村旅游十分简洁，不会因为旅游开发而刻意改变乡村的自然风貌，主要项目有瓜果采摘、集市体验、亲近动物、农家住宿、自租自种等。意大利农业旅游区则是一个典型的具有教育、游憩、文化等多种功能的"生态教育农业园"，旅游者可以从事各种农业健身运动，如体验农业原始耕作、狩猎、亲手制作工艺纪念品、学习烹调活动等等。

国内休闲农业度假旅游还不是主导性消费市场，市场条件不是很成熟，还有待于提升和发展。如山东省枣庄市峄城区万亩石榴园内的"石榴人家"、山东省泰安市肥城万亩桃园中的"桃园人家"等为代表的特色经济区，使旅游者在"石榴人家""桃园人家"中休闲度假，了解民风民俗，参与农事耕作，具有典型的山村度假意义；山东省济南市莱芜区的房干村让游客住进农户小康楼，参与各家生活，体味山村农家乐趣，还可以让游客体验包水饺、放鞭炮、耍花灯、逛山会等丰富多彩的民俗活动；山东省济宁市的运河人家，让旅游者住在运河的小船上，了解运河船家的生活习俗；山东省威海市的"花村"和"画村"有浓郁的民俗文化，民间艺人在奇石收藏、剪纸、根雕等方面造诣颇深，游人在欣赏宜人的自然景色的同时感受那里独特的民俗。

（二）休闲农场

休闲农场是一个供游客观光、度假、游憩、娱乐、采果、农作、垂钓、烧烤、食宿、体验农民生活、了解乡土风情的综合性农业区。法国为满足不同偏好度假旅游者的需求，开发了不同主题、种类齐全的休闲农场，包括农场客栈、点心农场、农产品农场、骑马农场、教学农场、探索农场、狩猎农场、民宿农场、露营农场等。

（三）租赁农场

租赁农场是指农民将土地出租给市民种植粮食、花草、瓜、果、蔬菜等的园地。其主要目的是让市民体验农业生产过程，享受耕作乐趣，租赁农场以休闲体验为主，而不是以生产经营为目标。租用者只能利用节假日到农园作业，平时土地和作物则由农地提供者代管。租赁农园所生产的农产品一般只供租赁者自己享用或分赠给亲朋好友。

农场主将一个大农场分成若干小园，分块出租给个人或家庭，向他们收取出租费用。平日由场主付费雇人照顾农园，并可按照租赁者的意愿更换、增添园内种、养殖的品种，假日则交给承租者享用。这既满足了旅游者亲身体验农趣的需要，也增加了经营者的利润。租赁农场用地，包括山地、平地、丘陵、水面等各种类型的地貌，适用于耕种、放牧、种树、养鱼等各种农业经营形式。相邻农场边界可种阔叶树，树下设若干休息座。租赁农场针对收入较高的人士，可采用会员制经营。场主可为会员提供农具和菜种，让他们参与易操作、成长期短的蔬果项目中，会员只需每月交纳一定月租费，就可不定期地做一个悠闲的农夫。

（四）乡村俱乐部

乡村俱乐部是为了满足人们休闲娱乐而设置的主题俱乐部，利用合适的乡村环境，开展野外活动。如在原来知青集中的乡村建立"知青俱乐部"、开展"知青回'家'游"；利用水库、湖泊、鱼塘、河段建立"垂钓俱乐部"；选择适宜的地方建设"乡村高尔夫球俱乐部"或"乡村高尔夫球练习场俱乐部"等形式多样的乡村俱乐部。还可以安排篮球、网球、羽毛球、游泳等一般运动主题的乡村俱乐部。例如，北京华彬庄园踞长城、临燕山，规划占地总面积约 400 平方公里，有得天独厚的自然环境，是具有一定规模的会员制俱乐部，是北京首屈一指的集体育、旅游、休闲、度假为一体的大型庄园式项目。庄园内设有 18 洞高尔夫球场及配套设施的亚洲最大的会所、五星级豪华酒店、马术俱乐部、生态基地、世界产业领袖会邸、生命科学健康中心等等。又如山东省烟台市蓬莱区南王山谷酒庄，不仅每年生产 1000 吨的高端庄园葡萄酒，还具备地下酒窖、高级会所等国际葡萄酒庄园的建设标准，因而成为蓬莱新型的旅游项目。马武督乡村俱乐部位于台湾长寿之乡——新竹县关西镇，是统一企业集团走入乡村俱乐部形态的第一步。其内部设计规划配合当地的山形水势，包括山训场、健康森林浴步道、全家游乐区、人工滑雪场、天文台、立体太空动感电影院等，是一个度假休闲的会员制俱乐部。

（五）农家小屋

如果你和你的朋友或家人想回到大自然中，那么在乡村中可以找到很多简单的农家小屋。小屋通常设在自然公园中，如湖、山的旁边，相对比较隐蔽，游客可在树荫下喝茶、聊天，拥有别样体验。

（六）野营地

野营是一种户外游憩活动，是人们暂时性离开都市或人口密集的地方，利用帐篷、高架帐篷床、睡袋、汽车旅馆、小木屋等在郊外过夜，享受大自然的野趣，欣赏优美的自然风光并参与其他休闲娱乐活动的一种旅游项目。如今，越来越多的人开始喜欢野营。野营为游客提供了直接接触自然的机会，同时也是最便宜、最灵活的一种住宿方式。如果一家人正好想到户外度假，或是一群朋友希望出行游玩，野营旅游无疑是一种舒适和有价值的选择。

五、时尚运动型乡村旅游产品

时尚运动型乡村旅游产品是一种全新的独特的乡村旅游产品，它以乡村性为基础，是乡村性与前沿性、时尚性和探索性相结合的新兴乡村旅游产品。这种旅游产品的主要销售对象是白领、自由职业者等年轻创新型人群，包含的项目有溯溪、漂流、自驾车乡村旅游、定向越野、野外拓展等。乡村原始朴素的自然环境为时尚运动型乡村旅游产品提供了优良的条件，这也是乡村资源与市场需求对接的良好体现。

（一）溯溪游

乡村是溯溪游的最佳地点，乡村中的山山水水形成了溯溪活动的基本条件。溯溪是指参与者由峡谷溪流的下游向上游，克服地形上的各处障碍，溯水之源而登山之巅的一项探险活动。溯溪是一项结合登山、攀岩、露营、游泳、绳索操作、野外求生、定位运动等综合性技术的户外活动。在溯溪过程中，溯行者须借助一定的装备，具备一定的技术，克服诸如急流险滩、深潭飞瀑等多种艰难险阻，这项运动充满了挑战。

溯溪活动需要同伴之间的密切配合，利用团队的力量，去完成艰难的攀登。这项运动对溯行者是一种考验，他们在参与活动的过程中，团队成员之间的配合与相互支持非常重要，在克服一系列的困难后，整个团队会变得更加自信与强大。乡间一处壮美的瀑布对溯溪人来说便是悬崖，在潮湿而又长满青苔的瀑布里攀岩是一种新的挑战。溯行者要面临的所有的困难都是难以预料的，但是所有的困难和未知都是启发溯行者思考和向上的动力，这就是溯溪游的魅力所在。

（二）自驾车乡村游

越来越多的城市人拥有了自己的私家车。汽车改变了人们的生活方式。每逢节假日，约几位知心好友，带着美好心情就可以去享受乡村美景了。相对随团旅游，充满个性色彩的自助驾车游已越来越被有车族青睐。备齐行囊，驾上爱车，随心所欲地去奔驰……约伴同行，不仅能尽情地观赏沿途乡村的流光画影、大自然的神妙奇幻，还能感受到团队互爱互勉的动人精神。与随团旅游不同，对自驾车旅行者来说，重要的是享受过程而不是结果，因为旅游者可以在任何一个打动自己的地方停留，欣赏自然风光带来的惊喜。路边的一段溪流，城外的半截石塔，山湾里烂漫的桃花，崖壁上隐约可见的石刻，都能令人兴奋不已，这就是乡村自驾游的欢乐所在。旅游者可以随时调整旅行线路，穿越旅行团无法触及的地域，尤其是那些尚未开发和开放的地方，领略最淳朴的民风和未遭破坏的自然风光。

（三）漂流游

漂流具有季节性和地点性，一般在夏天的乡村开展。终日奔波忙碌的人们与家人、亲朋欢聚在一起，在飞越激流的欢歌笑语中洗涤夏天的烦闷，感受乡村原野的亲水气息。漂流大致分两种：一种是以刺激为主，这些漂流的河段水流湍急，河道曲折，但有惊无险。另一种是轻松自在、以赏景为主的江河漂流，这些漂流的河段水流平缓、偶有急滩，可坐在竹木筏上听潺潺水声，戏玩游动的鱼虾，远眺一片片青葱稻田，乐趣无穷。

（四）定向越野

两岸层峦叠嶂，青翠欲滴，山泉、瀑布、幽潭掩映在原始热带丛林之中，峻险兼备的场所，是开展定向越野运动的理想场地。定向运动是竞技体育项目之一，类似于众所周知的寻找宝藏。大致过程是：在旷野，山丘的丛林或近郊公园等优美的自然环境中，事先隐藏好数个点，参加者手持地图和指南针找出点的所在位置。这种活动有机地将个人休闲、娱乐与团队熔炼、协作融为一体。这项活动不仅对参与者提高野外判定方向的能力及学习使用地图有好处，还能够培养和锻炼人的勇敢顽强精神，提高人的智力、体力水平。开展定向运动不需要像其他体育项目那样在场地与器材上支付大量经费，它的组织方法简便，且娱乐性与实用性兼备，因此受到组织者与参与者的青睐。

（五）野外拓展

野外拓展训练是指在自然地域（山川湖海）通过探险活动进行的情景体验式心理训练。野外拓展训练充分利用艰险的自然环境，从情感、体能、智慧和社交等各方面对参与者提出挑战，在解决问题和应对挑战的活动过程中，参与者实现了"磨炼意志、陶冶情操、完善自我、熔炼团队"的培训宗旨。

六、健身疗养型乡村旅游产品

随着旅游者越来越关注旅游产品的医疗保健功能，国内外许多乡村旅游目的地针对性地强化了旅游产品的医疗保健功能，开发诸如温泉、体检、按摩、理疗等与健康相关的乡村度假项目。这不仅能够满足游客的健康需求，而且能为其带来不菲的利润回报。例如古巴的医疗旅游、日本的温泉旅游、法国的森林旅游、西班牙的海滨旅游等，都是以旅游服务项目的医疗保健功能而闻名。一般来说，这一类型的乡村旅游产品主要包括森林浴、日光浴、划船捕鱼、骑马、散步、远足等，使游客通过乡村旅游达到锻炼身体、宁气安神、消除疲劳的目的。

（一）温泉旅游

游客由当地导游带领，沿着小溪走过天然的山间小路，来到有医疗保健效果的温泉发源地，那里的温泉旅游设施简单又齐全，游客可以享受纯天然的温泉浴，并品尝美味的山果。当然，游客自己最好穿着舒适的鞋子、带上防虫剂、泳装和相机。

（二）散步远足游

人们常说"饭后走一走，能活九十九"。散步能给人们带来身心健康。乡村是呼吸新鲜空气、欣赏自然景观的好地方。当前很少有乡村专门设计步行旅游道路，其实不光在国家和自然公园，在乡村进行步行道旅游也是相当幽静的旅游经历。在开发这种旅游产品时，首先要考虑的就是游客的安全。由当地的旅游管理部门和投资商共同开发，设计一些有意义的步行线路，在线路的沿途，能够欣赏到当地的自然特色风光、遗址遗迹；线路中有明确清楚的标示牌，标明沿途重要观光点之间的距离，以及步行建议和适合野炊的地点等。

（三）骑马游

国外的骑马游是乡村旅游生活中的必不可少的一部分。骑马游包含的内容丰富，主要有以下几种方式：骑马度假，可以维持一周跋山涉水的远途旅行；马术课程，从最基础的马术训练到实践课程；租马游，农场为游客提供马匹和导游，指导游客游玩；骑马比赛，这项体育运动式的旅游方式需要在专门的技术人员指导下以及开发商合理规划下组织、进行，在乡村举办这项活动是极有可能和极具潜力的。

（四）骑车登山游

这项旅游活动可以被看作是既艰辛又放松的运动。当前有很多自行车爱好者在周末组成一个骑车小团队，走过陡峭艰险的山路。骑车登山游的费用不是很高，但要准备的设备必须齐全，如钢缆或锁链等。

七、教育学习型乡村旅游产品

乡村度假地为旅游者提供一个轻松舒适的学习环境，通过与团队合作交流、自主探索等方式学习，不需要专业的学习指导师，让游客在没有压力的情况下学习新知识、掌握新技能，既得到了休息，又学到了知识。日本的许多地方为迎合人们关注野生鸟类生活的兴趣而专门开发设计了观鸟旅游，这种旅游方式让旅游者亲临野鸟栖息地观察鸟类生活，配备鸟类专家随行指导，游客在旅游中既观赏到了鸟类的生活，也学到了许多关于鸟类的知识。美国的农场、牧场旅游不仅能使游客欣赏美丽的田园风光、体验乡村生活的乐趣，而且在专人授课的农场学校能够学到很多农业知识。这种兼有娱乐和教育培训意义的参与式的乡村旅游形式深受旅游者欢迎，成为乡村旅游的发展趋势。

（一）研修型乡村旅游产品

它是指以考察研究先进农业、特色农业或农业文化、学习农业技艺为主的乡村旅游。研修型乡村旅游可以通过农村留学、参观考察、教育培训等多种形式进行，开展农业文化考察、特色农业考察、农业技术培训、花木栽培装饰培训、工艺品制作培训、农业知识学习等研修型乡村旅游活动，能够充分发挥乡村农业的教育功能。

（二）教育农园

这是将农业生产和科学教育相结合的一种农业生产经营形式。农园中栽种的作物、饲养的动物、配备的农具设备及采用的生产工艺和耕作技术等都具有较强的教育意义。教育农园可设置简单的农业"博物馆"，陈列反映当地种植、养殖业历史与现状的产品或图片、农具、介绍农业生产工艺技术的资料等，并可在农园内建立演示区，再现农业生产历史。这样可以增加游客对当地农业生产历史的了解，激发他们爱农、兴农、投身于我国农业建设的热情。当前，较具代表性的教育农园有法国的教育农场、日本的学童农园及我国的自然生态教室等。

（三）寄宿农庄

寄宿农庄是指城镇居民在假期把子女送到农村亲属家去寄宿，做一些社区工作、参与农场作业等，培养青少年坚韧、朴实、健康、正直的人格。

八、民俗文化型乡村旅游产品

民俗文化型乡村旅游产品是以农村的风土人情、民俗文化为依托和吸引物，充分突出农耕文化、乡土文化和民俗文化特色，开发旅游产品。这是全面提升乡村旅游产品文化品位的一个有力手段。把农村居民的衣食住行、生计风俗、时令风俗、游乐民俗、信仰民俗等（无论是以物质的、有形的具体实物形式，还是观念的、无形的抽象形式），作为开发民俗文化旅游产品的资源依托。匈牙利是将乡村旅游与文化旅游紧密结合的典范，它开发的乡村民俗文化旅游产品使游人在领略匈牙利田园风光的同时，也能在乡村野店、山歌牧笛、乡间野味中感受到丰富多彩的民俗风情，欣赏充满情趣的文化艺术，体味一千多年历史淀积下来的民族文化。西班牙开发的满足游客多种文化需求的文化旅游线路是乡村旅游产品的重要组成部分，如城堡游、葡萄酒之旅、美食之旅等。

（一）民俗文化村

乡村某些地方具有特定的民俗风情、文学艺术、园林建筑、文物古迹，如服饰、饮食、节庆、礼仪、婚恋、歌舞、手工艺等，这些都是重要的旅游资源，对城镇居民有着强烈的吸引力。导游可以带着游客们到当地的民俗村逛街，参观最能体现当地民俗文化的市场、教堂，让游客们有机会欣赏到当地的艺术和手工艺品，品尝到真正当地口味的小吃、水果等等。例如广西龙胜县以本地的少数民族特点，安排了以"龙脊之春"为主要内容的新春文化活动，各项文化活动好戏连台，祥龙醒狮等表演竞相争艳，为广大游客营造了祥和欢乐的节日气氛。阳朔遇龙河、西街，兴安乐满地、秦城水街等景区人流不息，大街小巷和乡村田野随处可见游客身影。人们利用春节长假走进农家，感受农家生活，悠然自在地吃农家菜、泡温泉，体验淳朴、自然的田园风情。

（二）农业文化区

农业文化区分室外和室内两种。室外可用于展示农业文化，用实物的形式动态展示各地或各个历史时期的农业文化。展示农具文化，可展示有代表性的能操作的农具，如汉代的辅护和翻车、五代时期的高转筒车、宋元时期的犁刀和水轮三事等，由专人教授使用方法，游客可以操作，体验劳作的趣味。室内可开办小规模的手工作坊，如"酿酒作坊""制陶作坊""刺绣作坊""编织作坊"等。

（三）村落民居

这是以村落民居建筑为基础开发的旅游产品，如古民居、古宅。我国民族众多，民居住宅造型风格多样，如汉族的"秦砖汉瓦"、斗拱挑檐的建筑；满族的"口袋房、曼子炕"；白族的"走马转角楼"；傈僳族"千脚落地"的草屋等都极具观赏价值和建筑研究价值。又如江南古镇周庄保留着大量的元明清建筑，南浔保留着完整的江南大户人家的深宅大院，乌镇更是以原汁原味"小桥、流水、人家"的江南水阁房吸引了众多的旅游者。再如地处黄山风景区的西递、宏村古民居村落，风光秀美，历史文化内涵深厚，这里有建筑工艺精湛的明清徽派建筑群，有至今保存完好的明清民居一百二十多座，房屋基本上保持原貌，未被破坏，具有很高的旅游价值。

（四）遗产廊道

遗产廊道发源于捷克和斯洛伐克中部地区摩拉维亚乡村，当地为了发展乡村旅游，建设了一条名为"摩拉维亚葡萄酒之乡"的遗产廊道，将当地丰富的文化遗产和历史遗迹——诸如乡村博物馆、城堡、葡萄园、酿酒作坊、手工艺作坊、酒吧等连接起来，还在途经之处建设了酒店、客栈、宿营地、自助餐厅和餐馆。遗产廊道成为一条富有特色的乡村旅游产品线。可以说遗产廊道是"拥有特色文化资源集合的线性景观"，它既是自然或历史形成的河流、峡谷、运河、道路、铁路线，也是专门修建的将单个的遗产点串联起来的线性廊道。在拥有丰富历史、文化、自然景观的乡村开辟遗产廊道，可以更好地展示当地景观的多样性和典型性，同时也会带动乡村旅游的繁荣和经济的发展。

（五）乡村博物馆

乡村博物馆是一种集中体现乡村文化历史的旅游产品，它涉及传统乡村生活的所有领域，从实物形态、方言到工作和生活习俗等每一个细节。乡村博物馆起源于欧洲，在国外发展得较为全面。例如罗马尼亚首都布加勒斯特有一座别具一格的乡村博物馆，建于1936年，馆内有许多风格迥异的农家房舍，它们在绿树浓荫下显得十分和谐、美丽，被人们称为"都市里的村庄"。这里既是游人参观游览、体会罗马尼亚风情的著名景点，更是了解罗马尼亚农村建筑艺术、民间艺术和农民生活习俗的露天博物馆。它生动地再现了罗马尼亚几百年来社会、经济、科技及人民生活不断变化与发展的过程。同时该乡村博物馆藏有丰富多彩的雕刻、刺绣及彩陶艺术品，向人们展示了罗马尼亚不同时期传统文化的艺术成就。还有俄罗斯的木造乡村博物馆，它也是露天的，有冬天教堂、夏天教堂，还有民宅及商店，水车以及磨面粉用的风车。这里的景观如同几百年前的俄罗斯小镇重现眼前。此外，德国"1950年前我们的村庄"主题博物馆、加拿大国家农业博物馆、英国乡村生活博物馆等等，无一不展示了当地乡村的民俗、历史和文化特色。国内乡村博物馆也逐渐兴起。中国茶叶博物馆坐落在杭州西子湖畔的龙井茶乡，始建于1986年，占地3100平方米，由4组具有浓厚江南风格与茶乡特色的建筑和茶史、茶萃、茶具、茶事、茶俗等5个展厅组成，形象生动地展示了中国茶叶发展史。在这里，旅游者可以体会采摘茶叶之趣，享受各式茶艺之乐。

（六）传统村落

传统村落是在完全保留乡村文化的原生性基础上，村民世代传承的由物质文化遗产和非物质文化遗产组成的村庄。如浙江省金华市兰溪市中国第一奇村——诸葛八卦村，有明清两代房屋多达200余所，房屋、街巷的分布走向恰好与历史上写的诸葛亮九宫八卦阵耦合。全村绝大多数村民都是一千七百多年前蜀国宰相诸葛亮的后代，他们牢记先祖《诫子书》的教导，"不为良相，便为良医"，整个村子就是一个巨大的活态文物。

九、节庆型乡村旅游产品

节庆型乡村旅游是以传统的乡村民俗节日、民俗活动、民俗文化及特殊物产为主题，以举办大型节庆活动为形式而进行的一种乡村旅游开发模式。乡村节庆活动作为旅游景区或乡村旅游点的补充性内容，为乡村旅游增添了绚丽的风采。要办好乡村节庆活动关键要将文化性与趣味性、娱乐性相结合，使节庆活动具有广泛的大众参与性。一般来说，节庆型乡村旅游产品包括传统的民俗型节庆活动和创新型节庆活动两种。

（一）民俗型节庆活动

以山东省为例，泰山东岳庙会、千佛山山会、胶东沿海地区的开渔节等都是重要的具有较大市场影响力的乡村民俗节庆活动。例如，荣成市的国际渔民节，源于当地渔民传统的谷雨节，是当地渔民祝愿天天鱼虾满仓，祈求神灵保佑，免灾除难的节日；长岛的妈祖文化是中国北方颇具影响力的传统文化，影响面广，民间群众基础好，是中国北方渔村重要的传统节庆活动之一。

（二）创新型节庆活动

创新型节庆活动是指在传统节庆活动相对匮乏的乡村，以乡村自然资源和乡村文化为基础，创造性地开发能够突出当地资源特色的节庆活动。以北京市为例，北京作为中国的政治、经济、文化中心，在乡村资源相对匮乏的情况下，整合周边近郊地区的乡村资源，创造性地开发了一些乡村旅游活动。

十、专门型乡村旅游产品

专门型乡村旅游产品是结合乡村的区位、市场条件，开发专门型的旅游产品，提供一种或几种专门型的乡村服务，如城市周边的乡村餐馆、与景区集合在一起的乡村旅馆等，这些产品往往是单项的。专门型乡村旅游一般提供单项的旅游服务，多与周边城市资源或大的旅游景区结合开发。

（一）乡村餐饮

乡村餐饮可以从农家主食，如锅贴饼子、红白相间的栗子枣香饭、凉拌山蕨菜、馍馍、农家野菜等方面具体展开。例如在济南的南部山区门牙一带、泰山东御道、枣庄的"石榴人家"等城郊地区，乡村餐馆已经形成规模，有继续扩大发展的可能和必要。乡村餐饮应建立规范化、标准化的服务体系，文化旅游管理部门应出台相关标准和规则，使这些地区的乡村餐饮业走上良性发展的轨道。

（二）乡村旅馆

在山东省内许多大景区的外围地区，可以开发与景区服务一体化的乡村旅馆。如龙湾湖的"姥姥家"民宿、蒙山的"沂蒙人家"、房干的村民旅馆、胶东渔村的"胶东渔家"旅馆、长岛的"渔家乐"旅馆、王家皂的"渔家乐"旅馆等都已积累了较好的经验，可以进一步推广。同样，建立规范化、标准化的服务质量标准也是这些服务项目持续发展的关键所在。

项目实施

分析休闲农业和乡村旅游的创意产品类型。

创意产品类型	创意点
生态观光型	
体验型	
品尝购物型	
休闲度假型	
时尚运动型	
健身疗养型	
教育学习型	
民俗文化型	
节庆型	
专门型	

项目拓展

请同学们调研家乡的休闲农业和乡村旅游产品，分析如何创意开发休闲农业和乡村旅游产品。

模块六　树立品牌策划节庆活动

模块描述

2018 年，在《农业农村部关于开展休闲农业和乡村旅游升级行动的通知》中提到"培育精品品牌促升级""全国上下联动、精心组织休闲农业和乡村旅游大会、美丽乡村休闲旅游行等主题活动，分时分类向社会发布推介精品景点线路。鼓励各地因地制宜培育农业嘉年华、休闲农业特色村镇、农事节庆、星级农（林、牧、渔）家乐等形式多样、富有特色的品牌"。

品牌，是企业乃至国家竞争力的重要体现，也是赢得世界市场的重要资源。

习近平总书记高度重视品牌建设，多次提出殷切期许。2014 年 5 月 10 日，在河南考察时，习近平总书记提出"推动中国制造向中国创造转变、中国速度向中国质量转变、中国产品向中国品牌转变"的重要战略。

为大力宣传知名自主品牌，讲好中国品牌故事，提高自主品牌影响力和认知度，自 2017 年起，我国将每年 5 月 10 日定为中国品牌日。狠抓农产品标准化生产、品牌创建，是农业高质量发展的基本要求。

2015 年 7 月 16 日，习近平总书记在吉林考察时指出，"粮食也要打出品牌，这样价格好、效益好"。吉林舒兰曾以出产皇家贡米自豪，所产水稻品质上乘，但好米却一度卖不出好价。近年来，舒兰引导当地农户既种好水稻又"种"好品牌，成功实现从"白米"到"金米"的"品牌突击"。

2020 年 6 月 9 日，习近平总书记在宁夏考察中强调，"宁夏要把发展葡萄酒产业同加强黄河滩区治理、加强生态恢复结合起来，提高技术水平，增加文化内涵，加强宣传推介，打造自己的知名品牌，提高附加值和综合效益"。

2021 年 3 月 5 日，在参加全国两会内蒙古代表团审议时，习近平总书记要求，"要发展优势特色产业，发展适度规模经营，促进农牧业产业化、品牌化，并同发展文化旅游、乡村旅游结合起来，增加农牧民收入"。

国务院颁发的《"十四五"旅游业发展规划》也提到"做强做优做大骨干旅游企业，稳步推进战略性并购重组和规模化、品牌化、网络化经营，培育一批大型旅游集团和有国际影响力的旅游企业"。

学习目标

知识目标：

1. 了解休闲农业和乡村旅游的品牌建设；

2. 了解休闲农业和乡村旅游的节庆活动；

3. 了解休闲农业和乡村旅游的活动策划。

技能目标：

1. 创意打造宣传乡村休闲旅游品牌；

2. 创意策划乡村休闲旅游节庆活动。

素养目标：

树立品牌理念，注重创新赋能，与时俱进，扩大品牌影响力，增强服务农村、乡村振兴、宣传推广美丽乡村的责任意识。

项目书

村庄发展休闲农业和乡村旅游，如何塑造品牌，如何通过节庆活动的方式宣传品牌、推广品牌？

项目一 休闲农业和乡村旅游的品牌建设

案例导入

山西大同黄花品牌塑造

山西大同有着 600 多年种植黄花的历史，现在大同黄花已是地理标志产品，正在向着规模化种植、品牌化营销、产业化运作的目标阔步迈进，仅云州区就种植 17 万亩黄花，研发出酱、面、茶、饼、菜、面膜等黄花系列的多种产品。

2019 年 11 月 15 日，大同黄花入选中国农业品牌目录。

2020 年 2 月 26 日，山西省大同市云州区大同黄花中国特色农产品优势区被认定为第三批中国特色农产品优势区。

2020年5月11日，习近平总书记来到大同市云州区，考察有机黄花标准化种植基地，并细致察看了以黄花为原料开发的黄花干、黄花酱、黄花饼、黄花化妆品等各具特色的系列产品。大同黄花通过深加工，延长产业链，提升综合效益，令当地老百姓走出了一条幸福路。习近平总书记强调，希望把黄花产业保护好、发展好，做成大产业，做成全国知名品牌，让黄花成为乡亲们的"致富花"。

2020年12月18日，大同黄花入选"2020中国农产品百强标志性品牌"名单。

2023年12月，"大同黄花"入选2023全国"土特产"高质量发展案例精选。

大同市将黄花主题公园、忘忧大道、册田水库、环湖公路及火山地质公园串联起来，形成了一个以黄花为主景区的农文旅融合的大景区。小黄花逐渐走上产业融合发展之路，打造"黄花＋"模式，黄花＋旅游、黄花＋研学、黄花＋文化、黄花＋文旅、黄花＋美食等，黄花农文旅融合产值预计达5亿元。

黄花主题公园位于云州区西坪镇唐家堡村，是云州区"忘忧大道"中一处集黄花观赏、采摘、旅游于一体的乡村旅游景点。云州区打造了"火山黄花田园综合体"和"火山下的忘忧村"，建成火山天路、忘忧农场、吉家庄旅游小镇等以黄花为媒的乡村旅游点。忘忧农场开展科普教育、自然教育、劳动教育等基础实践课程并组织研学实践、亲子营等活动，帮助孩子们体验自然、认识自然。每逢暑假，不少孩子来到忘忧农场黄花研学基地参加研学活动，体验黄花采摘，学习黄花生长知识。同时，当地组织"忘忧仙子"评选大赛、黄花产业发展研讨会、"忘忧花海"主题摄影书画大赛、黄花宴等丰富多彩的系列活动，通过多种形式宣传"大同黄花"全国百强区域公共品牌，带动旅游收入2亿多元。

如今的云州，将农业观光、文化旅游、乡村振兴融合发展，擦亮"黄花、火山、生态"三张名片，依托云冈石窟、大同古城等景区，小黄花与文旅大产业融合，"忘忧黄花遍小镇"的发展景象热火朝天，朝着农业强、农村美、农民富的目标迈进。

项 目 描 述

通过本案例分析如何塑造休闲农业和乡村旅游的品牌，设计品牌形象、讲好品牌故事、做好品牌推广。

任务一　什么是休闲农业和乡村旅游品牌建设

休闲农业和乡村旅游品牌建设是指在发展休闲农业和乡村旅游过程中，通过一系列策略和措施来塑造独特的品牌形象，提升知名度和影响力，从而吸引更多游客，促进地方经济发展和农民增收的过程。这一过程涉及将休闲农业和乡村旅游资源整合，塑造具有辨识度、吸引力和竞争力的旅游品牌形象，以区别于普通乡村休闲旅游，达到吸引更多游客，促进当地经济可持续发展的目的。具体来说，休闲农业和乡村旅游品牌建设涵盖以下几个关键点。

一、品牌定位

休闲农业和乡村旅游品牌定位是确立品牌在目标顾客心中独特地位的过程，明确休闲农业和乡村旅游项目的特色和目标市场，如生态体验、文化传承、亲子教育、养生度假等，以此为基础确定品牌的差异化定位。对于休闲农业和乡村旅游而言，品牌定位尤其关键，它直接关联到如何差异化地展示其特色和吸引特定的客户群体。

二、品牌命名与标识

创建易于记忆、富有含义且能体现地方特色的品牌名称、设计统一且具吸引力的视觉识别系统（VI），如标识（LOGO）、宣传册、指示牌等，以及整体环境布置，营造与品牌定位相符的氛围，使游客能够快速识别并记住。针对休闲农业和乡村旅游的品牌命名和标识设计，需要特别强调其自然、乡土、文化和体验的独特性，它不仅能有效传达品牌价值，还能增强游客的情感连接，提升品牌整体的吸引力和市场竞争力。

三、品牌故事

品牌故事是塑造休闲农业和乡村旅游品牌个性、情感连接和文化深度的关键环节。构建和传播与当地历史、文化、自然风光或农业特色相关联的故事，增强品牌的感染力和情感价值。一个精心构思的品牌故事，能够使休闲农业和乡村旅游品牌在众多竞争者中脱颖而出，成为游客心中独一无二的选择，能够激发游客的兴趣，加深他们对品牌的忠诚度。

四、品牌营销

通过各种媒体和市场推广活动，提升休闲农业和乡村旅游品牌的知名度和美誉度，吸引更多游客。运用线上线下多渠道进行品牌宣传，包括社交媒体、旅游平台、口碑营销、事件营销等，讲述品牌故事，扩大品牌影响力，可以有效提升休闲农业和乡村旅游品牌的市场影响力，吸引更多游客，促进当地经济发展。休闲农业和乡村旅游品牌建设不仅有助于吸引游客、增加收入，还有助于提升地区整体形象，带动农业产业升级，促进乡村振兴和社会经济发展。

任务二 为什么要进行休闲农业和乡村旅游品牌建设

休闲农业和乡村旅游品牌建设是推动农业与旅游业融合发展的重要手段，对于提升乡村旅游的竞争力、优化乡村旅游产业结构、增加农民收入和促进乡村振兴战略的实施具有深远影响。

一、提升乡村旅游吸引力

品牌建设可以突出乡村旅游的特色，如田园风光、地方文化、生态体验等，增强其对游客的吸引力。在众多的休闲农业和乡村旅游目的地中，独特的品牌可以作为区分标志，帮助项目或地区在激烈的市场竞争中脱颖而出，吸引更多的游客关注和选择，从而提升市场竞争力。

二、促进农文旅融合发展

休闲农业和乡村旅游品牌的建设，有助于整合农业、文化、旅游等资源，实现产业融合，推动形成农文旅产业链，从而拓宽农村经济发展渠道，提高产业的综合竞争力。

三、丰富乡村旅游产品供给

品牌建设可以促使乡村旅游产品和服务向高质量发展，通过提供差异化的旅游产品，如特色民宿、农家乐、文创产品等，满足市场多样化需求，提升游客体验。

四、增强品牌效应和市场影响力

成功的品牌建设将提高乡村旅游的知名度和美誉度，形成良好的市场口碑，进一步扩大市场影响力，吸引更广泛的客源。品牌建设不仅仅是树立形象，更重要的是通过优质的产品和服务，建立游客的信任感和情感联系，促使游客成为回头客，并通过口碑推荐吸引更多新客户，增强顾客忠诚度。

五、推动乡村振兴战略实施

乡村旅游品牌建设是乡村振兴战略的重要组成部分。通过品牌建设，可以促进农村经济的多元化发展，改善农村生产生活条件，提升农村的整体形象和竞争力。

六、带动农民就业和增收

休闲农业和乡村旅游的发展能够直接和间接地为农民提供就业机会，通过参与旅游服务、特色种植养殖等活动，帮助农民增加收入，促进农村的经济发展。

七、保护和传承农耕文化

品牌建设过程中，注重挖掘和保护当地的农耕文化、民俗传统等非物质文化遗产，有助于文化的传承和发展。

八、促进可持续发展

休闲农业和乡村旅游品牌的建设，强调生态、文化、社区的可持续发展，有利于保护农村生态环境，维护生物多样性，促进经济社会的协调发展。休闲农业和乡村旅游品牌建设是实现乡村振兴战略、推动农村经济发展、保护和传承农耕文化、促进可持续发展的重要途径。品牌建设可以提升乡村旅游的竞争力和吸引力，为游客提供高质量的旅游体验，同时带动农民就业和增收，推动农村社会的全面进步。

▪▪ 任务三　怎样进行休闲农业和乡村旅游品牌建设 ▪▪

休闲农业和乡村旅游品牌建设是一个系统性工作，涉及规划、文化挖掘、产品创新、服务提升、市场营销等多个方面。其关键步骤和策略如下：

一、明确品牌定位

明确品牌定位是构建休闲农业和乡村旅游品牌的基础，需要细致分析和综合考量多个因素，基于资源特色、市场需求、竞争环境等因素，明确品牌的独特价值主张，确定目标客群、品牌个性、差异化特色等。明确的品牌定位是成功打造休闲农业和乡村旅游品牌的第一步，它为后续的品牌建设、产品开发、市场推广等环节提供了方向和依据。

二、深度挖掘文化内涵

深度挖掘文化内涵是构建休闲农业和乡村旅游品牌核心竞争力的关键步骤。深入挖掘当地的农耕文化、民俗风情、历史故事等，将这些文化元素融入产品和服务中，提升品牌的文化底蕴和吸引力。对品牌文化的深度挖掘，不仅能够丰富休闲农业和乡村旅游的文化内涵，还能增强游客的文化认同感和归属感，从而提升品牌影响力和市场竞争力。

三、优化产品与服务

优化产品与服务是提升休闲农业和乡村旅游品牌吸引力和顾客满意度的关键。采摘蔬果、农事参与、手工艺品制作、特色餐饮、乡村民宿等都注重体验性和互动性，对服务水平的要求更高。提升服务水平和质量，确保游客的舒适与安全，需要加强员工培训，不断提升他们的服务意识和专业能力。

四、加强基础设施建设

加强基础设施建设对于提升休闲农业和乡村旅游的整体体验至关重要，基础设施涵盖了交通、食宿、环境卫生、信息通信等多个方面。基础设施的建设和完善，不仅能提升游客的旅行体验，为游客带来便利，提高他们的满意度，还能促进当地经济的可持续发展，增强休闲农业和乡村旅游品牌的吸引力。

五、营销推广与传播

营销推广和传播是提升休闲农业和乡村旅游品牌知名度、吸引游客的关键环节。一般可以利用互联网、社交媒体、旅游平台等多渠道进行品牌宣传，通过内容营销、口碑营销、事件营销等方式提升品牌知名度；还可以通过举办节庆活动、主题活动吸引游客，如丰收节、桃花节、灯光秀等，增强品牌活力和参与感，从而有效提升休闲农业和乡村旅游品牌的知名度和吸引力，培养游客建立品牌忠诚度。

六、建立品牌管理体系

一套高效的品牌管理体系对于维护、提升休闲农业和乡村旅游品牌的长期价值至关重要，品牌管理体系包括品牌形象管理、品牌使用规范、质量控制体系等，可以有效维护品牌的一致性、提升品牌价值，同时保证品牌能够适应市场变化，持续成长。

使用好上述策略，可以有效推进休闲农业和乡村旅游的品牌建设，促进产业的健康发展，带动地方经济与文化的双重提升。

知 识 链 接

国家发展改革委等部门关于新时代推进品牌建设的指导意见
发改产业〔2022〕1183号

各省、自治区、直辖市及计划单列市、新疆生产建设兵团发展改革委、工业和信息化主管部门、农业农村（农牧）厅（局、委）、商务主管部门、国资委、市场监管局（厅、委）、知识产权局，各中央企业：

品牌是高质量发展的重要象征，加强品牌建设是满足人民美好生活需要的重要途径。近年来，我国品牌建设取得积极进展，品牌影响力稳步提升，对供需结构升级的推动引领作用显著增强。同时也要看到，新一轮科技革命和产业变革深入发展，品牌发展理念和实践深刻变革，我国品牌发展水平与全面建设现代化国家的要求相比仍有差距。为高质量推进品牌建设工作，全面提升我国品牌发展总体水平，提出意见如下。

一、总体要求

（一）总体思路。以习近平新时代中国特色社会主义思想为指导，全面贯彻党的十九大和十九届历次全会精神，深入贯彻习近平总书记关于品牌建设的重要指示精神，立足新发展阶段，完整、准确、全面贯彻新发展理念，构建新发展格局，以深化供给侧结构性改革为主线，以满足人民群众日益增长的美好生活需要为根本目的，坚持质量第一、创新引领，开展中国品牌创建行动。适应新时代新要求，进一步引导企业加强品牌建设，进一步拓展重点领域品牌，持续扩大品牌消费，营造品牌发展良好环境，促进质量变革和质量提升，推动中国制造向中国创造转变、中国速度向中国质量转变、中国产品向中国品牌转变，久久为功促进品牌建设高质量可持续发展。

（二）发展目标

到 2025 年，品牌建设初具成效，品牌对产业提升、区域经济发展、一流企业创建的引领作用更加凸显，基本形成层次分明、优势互补、影响力创新力显著增强的品牌体系，品牌建设促进机制和支撑体系更加健全，培育一批品牌管理科学规范、竞争力不断提升的一流品牌企业，形成一批影响力大、带动作用强的产业品牌、区域品牌，中国品牌世界共享取得明显实效，人民群众对中国品牌的满意度进一步提高。

到 2035 年，品牌建设成效显著，中国品牌成为推动高质量发展和创造高品质生活的有力支撑，形成一批质量卓越、优势明显、拥有自主知识产权的企业品牌、产业品牌、区域品牌，布局合理、竞争力强、充满活力的品牌体系全面形成，中国品牌综合实力进入品牌强国前列，品牌建设不断满足人民群众日益增长的美好生活需要。

二、培育产业和区域品牌

（一）打造提升农业品牌。实施农业品牌精品培育计划，聚焦粮食生产功能区、重要农产品保护区、特色农产品优势区和现代农业产业园等，打造一批品质过硬、特色突出、竞争力强的精品区域公用品牌。深入实施农业生产"三品一标"（品种培优、品质提升、品牌打造和标准化生产）提升行动，加强绿色、有机和地理标志农产品培育发展，打造一批绿色优质农产品品牌。开展脱贫地区农业品牌帮扶，聚焦特色产业，支持培育一批特色农产品品牌。加强科技创新、质量管理、市场营销，打造一批产品优、信誉好、产业带动性强、具有核心竞争力的合作社品牌、家庭农场品牌和农业领军企业品牌。发展乡村新产业新业态，围绕休闲农业、乡村服务业等，打造一批新型农业服务品牌。

（二）壮大升级工业品牌。大力实施制造业"增品种、提品质、创品牌"行动，形成有影响力的"中国制造"卓著品牌，培育一批先进制造业集群品牌。引导装备制造业加快提质升级，推动产品供给向"产品＋服务"转型，在轨道交通、电力、船舶及海洋工程、工程机械、医疗器械、特种设备等装备领域，培育一批科研开发与技术创新能力强、质量管理优秀的系统集成方案领军品牌和智能制造、服务型制造标杆品牌。鼓励消费品行业发展个性定制、规模定制，在汽车、纺织服装、消费类电子、家用电器、食品、化妆品等领域，培育一批高端品牌、"专精特新"企业。推动电子信息产业创新发展和原材料产业关键技术攻关，培育一批竞争力强的品牌企业。加强工业产品质量安全监管，督促企业落实质量主体责任，提升质量管理数字化水平，提高产品技术质量性能、稳定性和可靠性。

（三）做强做精服务业品牌。加强服务品牌意识，提升服务品牌价值。推动金融、物流、研发设计、商务咨询、人力资源、节能环保等生产性服务业向专业化和价值链高端延伸，培育具有国际竞争力的生产性服务品牌。推动商贸、健康、养老、托育、文化、旅游、体育、家政、餐饮等生活性服务业向高品质和多样化升级，创新发展体验服务、共享服务、智慧服务等新业态新模式，培育专业度高、覆盖面广、影响力大、放心安全的服务精品，推动形成服务优质、应用面广的在线服务品牌。面向产业数字化发展需求，围绕人工智能、5G、工业互联网、智慧城市、智慧农业等领域，培育优质数字化品牌。实施"数商兴农"，培育电商优质品牌。

（四）培育区域品牌。鼓励各地围绕区域优势特色产业，打造竞争力强、美誉度高的区域品牌。支持产业联盟、行业协会商会、企业等共建区域品牌，在商标标识、质量标准等方面加强协调，宣传推介区域品牌形象。构建区域品牌质量标准、认证和追溯体系，推动产业集群质量品牌提升。充分发挥集体商标、证明商标制度作用，加强区域品牌运用、价值评估和知识产权融资，强化区域品牌使用管理和保护。加强地理标志的品牌培育和展示推广，推动地理标志与特色产业发展、生态文明建设、历史文化传承、乡村振兴等有机融合，提升区域品牌影响力和产品附加值。

三、支持企业实施品牌战略

（一）提升技术和质量水平。支持企业深入开展质量提升行动，实施全产业链质量提升，加强企业技术创新和产业链协同联动，促进技术迭代和质量升级。支持企业推进生产自动化、智能化、绿色化，构建规范化、标准化、精细化的运营体系。鼓励企业推广先进质量管理模式，开展质量管理数字化升级，建立全周期全流程质量安全追溯体系。鼓励企业完善测量管理体系，夯实高质量发展的计量能力和水平。开展对标达标提升行动，鼓励企业制定高于国际标准、国家标准水平的企业标准，推动形成一批具有引领带动作用的企业标准"领跑者"和一批具有市场竞争力的"领跑者"标准。

（二）塑造提升品牌形象。鼓励企业推进产品设计、文化创意、技术创新与品牌建设融合发展，建设品牌专业化服务平台，提升品牌营销服务、广告服务等策划设计水平。实施商标品牌战略，加强商标品牌指导站建设，培育知名商标品牌。引导企业诚实经营，信守承诺，积极履行社会责任，塑造良好品牌形象。支持企业强化商标品牌资产管理，提升品牌核心价值和品牌竞争力。

（三）丰富品牌文化内涵。积极推动中华文化元素融入中国品牌，深度挖掘中华老字号文化、非物质文化遗产、节庆文化精髓，彰显中国品牌文化特色。推进地域文化融入品牌建设，弘扬地域生态、自然地理、民族文化等特质。培育兼容产业特性、现代潮流和乡土特色、民族风情的优质品牌。

（四）发挥大型骨干企业示范引领作用。推动大型骨干企业特别是中央企业进一步发挥示范引领作用，深入实施中央企业品牌提升专项行动，加大品牌建设投入，积极推进全面品牌管理，促进品牌建设与企业经营良性互动，形成一批具有中国特色的品牌建设实践经验。支持大型骨干企业融入国家形象塑造，参与国际重大交流活动，传递中国品牌理念，不断增强全球消费者对中国制造、中国建造、中国服务的品牌认同。

四、扩大品牌影响力

（一）鼓励品牌消费。以质量品牌为重点，促进消费向绿色、健康、安全发展。广泛开展品牌宣传推广工作，推进品牌故事"走基层、入民心"，引导消费者认可、信任优质品牌。鼓励企业在重大装备和重点工程中使用优质品牌产品。创新数字化消费新场景，鼓励有条件的地方和企业持续培育新型消费。依托中国品牌日系列活动和中国农民丰收节、全国消费促进月、双品网购节等重要活动，营造品牌消费良好氛围。

（二）引导品牌国际化。鼓励企业实施品牌国际化战略，拓展国际市场。引导企业构建研发、采购、生产、品牌建设推广、售后服务一体化体系，开展商标海外布局。鼓励品牌企业与国际品牌企业合作，提高品牌国际化运营能力。引导行业龙头企业带动中小企业联合开展海外品牌建设推广，合作共建展销中心、营销渠道、服务网络、研发体系和公共海外仓。支持企业参加海外品牌展示和推广活动。

（三）积极参与国际合作。推动完善品牌相关的知识产权国际规则和标准。推进重点领域计量、标准、检验检测、认证认可结果国际采信、互认。推动行业协会、品牌服务机构与国外相关组织开展合作交流。鼓励品牌研究和标准化活动国际合作，积极开展品牌评价、品牌管理等领域国际标准的制修订，加快品牌标准应用和标准信息共享。

五、夯实品牌建设基础

（一）加强品牌保护。统筹推进商标、字号、专利、著作权等保护工作，加强驰名商标保护，严厉打击商标侵权等违法行为。完善跨部门、跨区域知识产权执法协作机制，加强知识产权信息公共服务资源供给，推进商标、地理标志等知识产权数据共享，依法依规加强知识产权领域信用体系建设。支持企业加强商标品牌保护，完善商标品牌维权与争端解决机制，推进商标数据国际交换与应用，推动商标品牌保护、纠纷处置的跨国协作。加强国家海外知识产权纠纷应对指导中心、国家海外知识产权信息服务平台等建设，开展海外纠纷应对指导服务。

（二）强化质量基础设施。建设若干国家级质量标准实验室。推进品牌培育、品牌管理、品牌评价等标准化建设，构建完善的品牌标准体系。开展"标准化＋"行动，促进全域标准化深度发展。推动标准升级迭代和国际标准转化应用，加快建立健全质量分级制度，推动实施中国精品培育行动。推动国家现代先进测量体系建设，加强计量测试技术研究。鼓励符合条件的地区建设检验检测认证公共服务平台，实施质量基础设施拓展伙伴计划，打造质量基础设施集成服务基地。

（三）加强人才队伍建设。支持企业实施品牌人才提升计划，完善品牌人才引进和培养培训机制，提高品牌创建、运营和管理能力。鼓励企业联合高等院校开设品牌理论和应用管理课程，培养一批具有国际视野和品牌管理专业素质的企业家、管理人才。支持企业加强品牌适用人才培训，鼓励企业和专业机构、职业学校开展品牌管理职业培训，培养品牌建设专业人才。弘扬工匠精神，培养造就一批高素质技术技能人才。

六、组织保障

（一）加强组织协调。坚持党对新时代品牌建设工作的领导，把党的领导贯彻到品牌建设工作的各领域各方面各环节。深入贯彻落实党中央、国务院决策部署，充分认识品牌建设的重大意义，强化组织实施，完善工作机制。国家发展改革委要加强统筹协调，会同中宣部、工业和信息化部、农业农村部、商务部、国务院国资委、市场监管总局、国家知识产权局等部门，按照职能分工，对品牌建设加强指导，协同配合，形成合力，扎实推进品牌建设工作。

（二）营造良好环境。深化"放管服"改革，加快构建适宜品牌发展的产业生态和制度环境，健全品牌发展法律法规，完善市场监管。支持自由贸易试验区在推进品牌建设方面深化改革创新，发挥示范引领作用。持续开展国际消费中心城市培育建设，推动城市商圈、重点商业街区、社区生活网点、步行街等错位发展、优化布局。不断完善品牌建设支持政策，鼓励企业加大品牌建设投入、建立品牌管理体系、提高品牌培育能力。健全国家质量奖励制度，鼓励地方对质量水平先进、品牌影响力突出的组织实施激励。

（三）培育品牌标杆。鼓励重点行业和领域企业开展品牌建设行动，培育一批重点行业和领域精品品牌，打造世界知名品牌企业和品牌产品。发挥品牌标杆示范作用，引导区域、行业、企业开展对标提升行动，增强品牌培育和管理能力。适时总结推广全国品牌建设典型经验和做法。

（四）加强品牌宣传。深入开展中国品牌日、"质量月"、全国知识产权宣传周等活动，推动全社会形成爱护品牌、享受品牌的良好氛围。围绕"中国品牌　世界共享"主题，持续办好中国品牌博览会、中国品牌发展国际论坛、行业和地方特色品牌创建活动等。鼓励开展中国品牌海外展示专题活动，讲好中国品牌故事。

▌项目实施▌

总结休闲农业和乡村旅游品牌建设的要点。

▌项目拓展▌

请同学们根据家乡休闲农业和乡村旅游特色，谈谈塑造休闲农业和乡村旅游品牌的思路。

项目二　乡村节庆旅游

案例导入

浙江平湖西瓜灯节

在金秋送爽、硕果累累的美好时节，浙江省平湖市迎来了一年一度的文化盛宴——平湖西瓜灯文化节。作为平湖市传统的民俗文化庆典，西瓜灯节不仅是对当地西瓜丰收的庆祝，更是对中华农耕文明和优秀传统文化的传承与弘扬。2022 年的西瓜灯文化节，在万众瞩目中于 9 月 20 日至 23 日在东湖公园璀璨启幕，为期四天的活动吸引了来自四面八方的游客，共同见证这场光影与文化的完美交融。

随着夜幕的降临，东湖公园被一盏盏精美的西瓜灯点亮，仿佛置身于一个梦幻的童话世界。2022 年的西瓜灯文化节以"共富路上·勇当典范"为主题，旨在通过一系列丰富多彩的文化活动，展现平湖在高质量发展道路上勇当共同富裕新崛起典范的决心与成果。开幕式上，领导嘉宾与市民游客欢聚一堂，共同见证了这一文化盛事的启动。

西瓜灯，作为平湖西瓜灯文化节的灵魂，无疑是本次活动的最大亮点。这些精美的西瓜灯，是在掏空瓜瓤后，由技艺高超的工匠们用西瓜皮精心雕刻而成。每一盏西瓜灯都蕴含着匠人的心血与智慧，图案各异，栩栩如生。有的描绘了龙凤呈祥的传统形象，寓意吉祥如意；有的再现了西湖、东湖等风景名胜，让人仿佛置身于画中；还有的则融入了诗词歌赋等文化元素，展现了中华文化的博大精深。这些西瓜灯不仅是一件件精美的艺术品，更是平湖人民对美好生活的向往与追求。

除了观赏瓜灯外，西瓜灯文化节还精心策划了一系列丰富多彩的文化活动。"千人刻瓜灯大赛"吸引了众多雕刻爱好者参与，他们纷纷展示自己的才华，将普通的西瓜变成了一件件令人赞叹的艺术品。西瓜创意"美宴赛"则是一场味蕾的盛宴，参赛者们以西瓜为主材，创作出了一道道色香味俱全的美食佳肴，让游客在品尝美味的同时，也感受到了平湖人对西瓜的深厚情感。此外，还有文创展、表演秀等活动轮番上演，为游客带来了视觉与听觉的双重享受。

为了让更多人感受到平湖瓜乡文化的魅力，今年的西瓜灯文化节采用了"线上

＋线下”联动的方式。在线上平台，如今平湖 App、乐享直播间以及中国蓝 TV 客户端等，同步直播了“西瓜娃娃”全能挑战赛决赛、2022 平湖市戏剧小品大赛决赛等多场精彩活动。这些直播活动不仅让无法亲临现场的观众也能感受到节日的氛围，还进一步扩大了西瓜灯文化节的传播力和影响力。同时，平湖市还首次承接了央视主题晚会——2022 中国农民丰收节晚会，通过 CCTV－1、CCTV－17 等频道向全国观众展示了平湖的瓜乡文化和共富成果。

9 月 24 日，博物馆新馆开馆仪式作为丰收节的重头戏之一，吸引了众多市民和游客的关注。博物馆新馆以“千年石钺，文明曙光”为设计理念，集展览展示、教育互动、文化体验、娱乐消费于一体，是一个区域文化综合体。市民们可以在这里通过平湖历史文化展、报本塔天宫出土文物展等了解平湖的“前世”，感受平湖悠久的历史文化底蕴；同时，在少儿互动区、文博主题餐厅等公共活动空间，市民们还能体验到“今生”平湖的魅力与活力。博物馆新馆的开放，不仅为平湖市民提供了一个学习、休闲的好去处，也为平湖文化事业的建设注入了新的活力。

品牌是城市文化的集中展示。在西瓜灯文化节期间，除了传统的“琴棋书画印唱灯舞”品牌文化活动轮番上演外，各地的地域文化品牌也集中呈现。代表博物馆新馆的“博娃当当”文化 IP 形象、“文韵平湖”文化产业品牌等纷纷亮相，展现了平湖在文化传承与创新方面的积极探索与成果。这些精彩纷呈的活动不仅丰富了市民游客的文化生活，也推动了平湖文化事业建设迈向更高质量的发展阶段。瓜乡有瓜灯，瓜灯映平湖。在平湖西瓜灯文化节的热烈氛围中，平湖人民以瓜为媒、以灯会友，共同庆祝这一文化盛事。他们用自己的智慧和汗水创造出了丰富多彩的文化活动和精美的西瓜灯艺术品，展现了平湖人民对美好生活的向往与追求。同时，平湖市也借此机会向全国乃至全世界展示了其在高质量发展道路上勇当共同富裕新崛起典范的决心与成果。瓜乡同庆、共绘共富新画卷的美好愿景正在平湖这片热土上逐步变为现实。

项目描述

通过本案例分析节庆活动对休闲农业和乡村旅游的作用。

知识链接

随着旅游业的快速发展，乡村节庆旅游的规模和数量也随之增加，现在乡村节庆旅游已经发展为旅游业不可或缺的一部分。乡村节庆旅游主要以田园风光和传统文化为基础，开发更多的娱乐项目，是将娱乐、休闲、观光融为一体而产生的新的旅游项目。乡村节庆旅游活动的组织和实施能够带来较大的社会效益和经济效益，推进乡村全面振兴。

▪▪ 任务一　乡村节庆旅游的概念 ▪▪

乡村节庆旅游是指因乡村节庆而引起的旅游现象，是乡村旅游的重要组成部分。为了更好地理解乡村节庆的概念，需要把握以下几点：

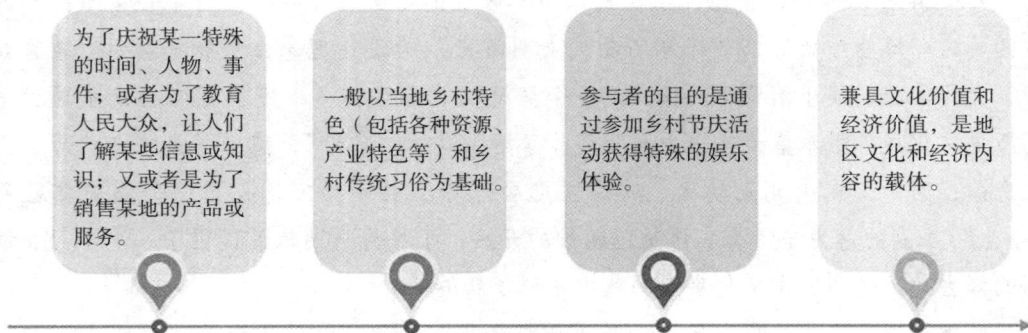

| 为了庆祝某一特殊的时间、人物、事件；或者为了教育人民大众，让人们了解某些信息或知识；又或者是为了销售某地的产品或服务。 | 一般以当地乡村特色（包括各种资源、产业特色等）和乡村传统习俗为基础。 | 参与者的目的是通过参加乡村节庆活动获得特殊的娱乐体验。 | 兼具文化价值和经济价值，是地区文化和经济内容的载体。 |

▪▪ 任务二　乡村节庆旅游的作用 ▪▪

一、弥补乡村旅游"淡季"需求的不足

季节性问题一直是乡村旅游业非常困惑的问题，从现在旅游经济发展实践来看，已经有许多乡村通过对乡村资源、民俗风情等因素的优化融合，举办别出心裁、丰富多彩的乡村节庆旅游活动。这样做一方面可以吸引游客，为游客提供新的旅游选择；另一方面，可以调整旅游资源结构，为乡村旅游的发展提供新的机会，并能较好地解决乡村旅游淡季市场需求不足的问题。比如在北方地区，通过在冬季举办一些冬季乡村节庆旅游活动等，完全有可能形成一个新的旅游旺季，这样既充分利用了当地旅游资源，又缓解了乡村旅游市场的淡旺季的矛盾。

二、提升乡村旅游目的地的知名度

乡村节庆旅游与乡村旅游之间恰好形成一个相互助力的效用机制，乡村节庆旅游的成功举办可以吸引众多的游客了解节庆旅游的举办地，而著名的旅游地也会成为人们举办节庆活动的重要选择地。因此，乡村节庆旅游和乡村旅游之间的这种人气积聚的关系是十分明显的。

节庆旅游活动是旅游目的地塑造形象的有力手段，成功的节庆旅游活动会成为一个地区的标志性符号，比如山东省滨州市冬枣节已成为闻名省内外的"金牌节会"，节庆旅游的成功举办不仅向国内外宣传推广冬枣、扩大冬枣知名度和美誉度，也使滨州

这个城市引起国内外的关注，带动了整个地区的旅游业发展。

三、拓宽乡村旅游产品线

乡村节庆旅游本身就丰富了乡村旅游产品内容。参加乡村节庆旅游活动的观众，既有以乡村节庆为观光休闲的普通游客，也有乡村农产品的经销商。经销商们参加节庆旅游活动，不仅融入当地乡村节庆旅游的气氛中，还欣赏了乡村的自然环境、了解民风民俗，并且对当地的特色产业、投资环境等进行了实地考察，寻求当地特色产品进行合作销售，可以说他们是参加了一次不同寻常的商品交流会。这种合作可以使当地特色产品的销售打破地域限制，将产品销往各地，不仅提升了本地区的知名度还带动了本地商品制造业的发展。所以说，乡村旅游不仅只是观光休闲，还可以是乡村商务旅游，促进当地经济、文化全面发展。

■. 任务三　乡村节庆旅游存在的问题 .■

乡村节庆旅游与乡村旅游相辅相成。这主要表现在乡村节庆旅游地点的选择和活动的组织等方面。乡村节庆旅游最开始的目的是尽可能地吸引游客到乡村，并且让乡村旅游与民族节庆融合发展。现阶段乡村节庆旅游取得了一定的发展但也存在以下问题：

一、同质化严重，与乡村旅游的融合缺乏深度

目前，在乡村旅游发展过程中，乡村的自然景观、农家乐、瓜果采摘及乡村农耕工具展示等构成了乡村旅游的主流景观，这些景观基本上都是静态呈现，这导致乡村节庆旅游活动同质化现象较为明显。在体验经济背景下，越来越多的乡村旅游与民俗节庆活动融合发展，如广州增城的迟菜心旅游文化节，大多采取"赏花尝果＋娱乐歌舞表演＋商品展销会"的模式，加上"花果"等农产品的季节性较强，单纯的赏花尝果持续时间短，这种乡村节庆旅游的内涵较空洞，缺乏深度。

二、乡村"空心化"趋势严重，乡村民俗节庆难以传承

乡村民俗节庆活动应该由本地原住民作为表演或展示的主体，才能最大限度地让旅游消费者体验到其原真性。但城镇化进程的加速，乡村原住民大量往城镇迁移，加上乡村人口的老龄化和幼龄化，乡村"空心化"趋势严重，乡村民俗节庆难以传承。

三、民俗节庆活动失真，弱化乡村旅游的差异性吸引力

除大量农村人口进入城市外，从城市到乡村的旅游者也给乡村原住民带来了城市居民的生活方式，乡村民俗节庆面临着保护与传承的巨大挑战。在某些地方的乡村旅游发展中，为追求更大的经济效益，乡村民俗节庆活动呈现出过度商业化、空壳化与形式化，而为吸引眼球，有的地区乡村民俗节庆活动的传统内容被扭曲，乡村民俗节庆活动失真严重，弱化了乡村旅游的差异性和吸引力。

四、民俗节庆活动知名度低，乡村旅游未能树立品牌

在体验经济背景下，品牌形象更能影响旅游消费者的选择。娱乐性、参与性及差异化的民俗节庆活动，能满足乡村旅游者的体验需求。我国各旅游区域也重视对民俗节庆活动的开发与宣传，如西双版纳的泼水节、凉山彝族国际火把节等均是我国知名度较高的民俗节庆活动，有效促进了当地旅游业发展。但许多地方在发展乡村旅游时，未能深入挖掘民俗节庆活动的文化内涵，既缺乏特色，也缺乏对民俗节庆活动的包装与宣传，以至于民俗节庆活动没能在更大的市场范围发挥积极效应，影响了乡村旅游的品牌形象塑造。

▪▫ 任务四　乡村节庆旅游的提升路径 ▫▪

针对乡村节庆旅游存在的问题，我们建议通过以下路径进行提升：

一、深入挖掘文化内涵，创新活动形式

面对当前乡村节庆旅游存在的"同质化严重，与乡村旅游的融合缺乏深度"的现象，我们可以挖掘乡村的特色，强化项目谋划和调度，不断推出优质项目。例如，可以依托乡村的资源优势，如自然景观、文化遗产等，开发具有地方特色的节庆活动，避免简单的模仿和复制。

研究当地节庆活动的文化背景和历史意义，深入挖掘其文化内涵，使节庆活动更加丰富多彩。例如，可以通过讲述节日背后的故事、历史和传统习俗，增加节庆活动的文化深度。

在保留传统元素的基础上，可以引入新的活动形式和元素，如现代艺术、科技元素等，以创新的方式展现节庆活动。例如，结合现代科技，如 AR、VR 技术，为传统节庆活动增添新意。

二、加强教育和培训，鼓励乡村社区参与

为了解决当前"乡村'空心化'趋势严重，乡村民俗节庆难以传承"的问题，建议鼓励乡村社区、当地居民积极参与节庆活动的策划和执行，使他们成为节庆活动的主体。同时，通过教育和培训提升当地居民的文化自信，促进文化的传承和发展。

三、加强节庆活动的独特性，增强游客参与度

针对"民俗节庆活动失真，弱化乡村旅游的差异性吸引力"的问题，当地政府做好监督管理工作，避免企业因片面追求商业利益而使民俗节庆活动失真。在活动的组织过程中，要确保活动的内容和形式能够真实反映乡村的文化特色。同时，可以通过教育和宣传，增强游客对乡村文化的理解和尊重。

鼓励游客参与到节庆活动中，如体验传统手工艺、参与民俗表演等，使游客成为

节庆活动的一部分，增加游客的体验感和参与感，提升乡村旅游的吸引力。

四、利用多元化传播渠道，强化节庆活动的品牌建设

很多地区的"民俗节庆活动知名度低，乡村旅游未能树立品牌"，面对这一问题，我们需要加强节庆活动的宣传和推广，利用各种媒体渠道提高活动的知名度和影响力，树立乡村旅游的品牌形象，吸引更多的游客。

借助网络社交媒体，如小红书、抖音等，通过短视频、精美图片配文字、直播等形式宣传推广民俗节庆活动，提高当地节庆活动的知名度和影响力。

持续的品牌建设和市场推广能够塑造独特的节庆活动品牌形象，让活动成为品牌深入人心。例如，可以邀请知名人士代言，参与节庆活动，增加节庆活动的知名度和影响力。

知 识 链 接

2024 年文化和旅游部推出的夏季全国乡村旅游精品线路，在线路推广时，联动中央广播电视总台《中国传世古建》节目，在央视文旅的微博、视频号、抖音等账号上，开辟"我的家乡有古建""中国古建知多少"等版块，对乡村古建、美景、美食进行展播。同时在小红书央视文旅账号上推出"我心中最美古建"网络摄影作品征集活动，发布展现古建筑的独特魅力和文化内涵的原创摄影作品，激发乡村文化遗产保护与传承热情。《中国国家旅游》杂志将在新媒体平台推出网络征文，开设"营造之美 自在乡村"系列话题活动，与各地文旅部门进行联动宣传。抖音将搭建"营造之美 自在乡村"专属话题页，吸引更多用户记录乡村美景、推介乡村古建，同时结合暑期大促活动加强乡村文旅产品推广。小红书将结合用户关注热点，配合游览线路和打卡活动设置，丰富乡村古建游选择。腾讯互娱将发挥旗下数字文化 IP 优势，与地方文旅部门联动宣传，开展"重生之我在古建当玩家"短视频创意活动，传播乡村古建文化与暑期风光。飞猪、去哪儿、途家民宿、木鸟民宿等 OTA 平台将开展形式丰富的乡村"吃、住、行、游、购、娱"产品推广，推荐更多优质乡村旅游产品、线路和目的地，共同打造暑期"自在乡村"。

乡村节庆旅游在活动策划时采用以上提升路径，有助于解决乡村节庆旅游存在的问题，促进其可持续发展，提升乡村旅游的整体质量和吸引力。

项目实施

针对当前休闲农业和乡村旅游节庆活动的现状，思考提升节庆活动成效的路径。

项目拓展

请同学们根据自己家乡休闲农业和乡村旅游特色，策划相关节庆活动。

项目三 **休闲农业和乡村旅游的节庆活动**

案例导入

山西省大同市阳高县"杏花节"盛况

一、策划背景与主题设定

在经过深入的文化探索与实地考察后，"杏花节"策划团队精心挑选了阳高县的守口堡作为"杏花节"的举办地。这里，巍然屹立千年的长城，春日里繁花似锦的万亩杏林，四季常在的蓝天，共同构成了活动的核心元素。主题"幸福守望、杏韵花开"应运而生，它巧妙融合了古长城的坚守精神、杏花的不屈风骨以及蓝天的宁静祥和，深刻展现了守口堡景区的边塞风情与人们对幸福生活的向往。

二、多元体验触动心灵

"杏花节"不仅仅是一场视觉盛宴，更是一次全方位、多感官的旅行体验。工作人员精心设计了各类互动环节，让游客在赏花之余，还能通过亲手制作杏花茶、品尝杏花糕等活动，从味觉上感受杏花的香甜；参与杏花摄影大赛，用镜头捕捉美好瞬间，满足视觉与心灵的双重享受；更有机会亲手触摸古老的长城砖，聆听关于它的历史故事，让每一次触碰都成为一次穿越时空的对话。

三、好秾人有机农庄的启示

借鉴好秾人有机农庄"年猪文化节"的成功经验，工作人员也在"杏花节"中融入了丰富的传统文化元素与创意活动。如举办杏花树下的诗词朗诵会，让古典文化与现代生活完美交融；开展杏花蜜、杏花酱等手工艺品制作体验，让游客亲手制作并带走这份来自阳高的独特记忆。同时，本次盛会注重慈善与公益，部分活动收益将用于支持当地的教育与扶贫项目，传递爱与温暖。

四、通过深度营销广而告之

为了扩大"杏花节"的影响力，"杏花节"团队采取了多渠道的营销策略。首先，通过组建自媒体矩阵，邀请当地知名博主全程参与并分享活动盛况，形成强大的网络传播力。其次，举办官方新闻发布会，分阶段透露活动亮点，逐步吸引公众关注。同时，利用线下广告资源，在高速公路、市区关键路口等位置投放活动广告，确保信息的广泛覆盖。此外，还积极邀请各类社会团体参与活动，通过他们的力量进一步扩大宣传范围。最后，注重活动现场的趣味性与观赏性，打造了一系列富有创意的景观与互动装置，吸引游客主动分享与传播活动信息。

在全方位的策划与营销努力下，"杏花节"不仅成功吸引了大量游客前来观赏游玩，还极大地提升了阳高的知名度与美誉度。通过整合当地的旅游资源、农产品资源与文创资源，"杏花节"不仅展示了阳高的自然美景与人文风情，还促进了当地经济的发展与文化的传承。未来，"杏花节"团队将继续探索与创新，力争将"杏花节"打造成为阳高乃至山西省的一张亮丽名片。

项 目 描 述

通过本案例，分析如何进行休闲农业和乡村旅游的节庆活动策划推广，如何将休闲农业和乡村旅游节庆活动融入当地文化资源和农庄特色产品，赋予其文化内涵并进行深度开发，为广大消费者提供一个可参与的平台，从休闲农业和乡村旅游节庆的静态和动态化的产品中，获得知识和娱乐价值。

任务一　如何策划休闲农业和乡村旅游节庆活动

农业节庆活动是利用农业场地、农事生产或农产品资源等，综合了文化、社会、经济等诸多因素并在一定时间内举办的形式多样的大型社会活动。农业节庆活动以观赏、采摘、品尝、体验、娱乐、健身等活动为载体，是宣传推介当地文化、聚集人气和促销农产品的重要手段，在推动休闲观光农业发展上起了关键作用，成为拓展农业多功能，促进农产品销售，带动农民增收和壮大地方经济的新渠道。

一、确定鲜明的主题

不管举办什么节庆活动，必须要有一个明确的主题。主题是节庆活动的主旋律，反映节庆活动的理念，也是令其在千千万万活动中脱颖而出的关键。农业节庆活动策划应当深挖当地特色的农业资源，结合当地的地理、人文特征塑造一个根植当地又独树一帜的节庆活动形象。

一个好的节庆活动主题，是活动成功的关键。因此，搞好休闲农业和乡村旅游节庆活动的选题策划、做好活动主题创意，是成功举办活动的首要工作。不同的节庆活动需要不同的环境条件与资源条件，组织者必须进行反复调研、策划、构思活动方向，逐渐形成活动概念，明确活动主题。

（一）从农业生产经营活动中找主题

可根据不同的生产农事时节推出各种"节日"，比如春天的"桃花节""樱花节"等；夏天的"荷花节"、各类果蔬品尝节等；秋季的采摘节、丰收节等；以及冬季温室中的草莓采摘节等。

（二）从民族节庆要素中找创意

按照不同民族的生产生活习俗举办节庆活动，如藏族沐浴节、高山族丰年节、侗族林王节、蒙古族那达慕大会、纳西族骡马会、朝鲜族梳头节等等。

（三）从乡村生产、生活、生态中找方向

主要是利用乡村的生产、生活、生态资源，发挥创意、构思，研发设计出具有独特性的创意农产品或乡村活动节庆活动，提升农业的价值与产值，创造出新的、优质的农产品消费市场与旅游市场。

（四）从传统民俗节庆和新兴现代节庆中找思路

传统民俗节庆：如春节逛庙会，端午节划龙舟、吃粽子，中秋节赏月、吃月饼，重阳节登高、赏菊等习俗是我国传统的民俗节庆活动，具有很强的事件性特征。现代节庆：如哈尔滨冰灯节、上海桂花节、大连槐花节、洛阳牡丹节、江苏宜兴陶瓷节、广西民歌节、安徽砀山梨花节等都是新兴节庆活动的典型代表。休闲农业和乡村旅游在挖掘和打造节庆活动的时候，要注重事件性要素的发掘，充分丰富节庆活动的文化内涵，促进节庆活动的可持续性。

（五）从已有的节庆活动文化要素中找灵感

一个节庆活动之所以能长久延续和传承，是因为它是长期发展、积淀、演变而来的，是根植于不同民族感情、民族信仰和生活习俗之中的。节庆文化包括传统文化、时代文化、外来文化。传统文化就是节庆文化本身具备的体现地区本土风情的文化，是节庆活动的基石；时代文化是随着时代的发展，节庆文化与时俱进，在传统文化的基础上增加的创新元素；外来文化是节庆活动在举办的过程中，随着当地居民的观点逐渐发生变化，吸收外来游客带来的文化的产物，节庆活动文化是这三种文化的综合体。

（六）从食、住、行、游、购、娱中找亮点

可以根据休闲农业和乡村旅游特色服务产品构思不同主题的民宿节、美食节、游乐节、产品节等。

二、主要考虑的内容

（一）为什么要举办这次活动

必须有充分的理由证实节庆活动举办的重要性和可行性，一般来讲，休闲农业和乡村旅游节庆活动的举办，多数是为了提升品牌与知名度，增加人流量，开展营销活动，增加收入与效益。

（二）游客是否喜欢这次活动

要充分考虑市场游客的态度，明确节庆活动是为谁举办的。

（三）活动在什么时间举行

节庆活动需要有相当长的时间进行筹备，要有足够的时间来研究和制定活动计划，节庆活动的时间长短也要根据相关主题来确定，如美食节一般在3—7天较好，植物花卉节可根据花期长短来确定。

（四）活动在哪里举办

乡村休闲旅游节庆活动的场所一般都在当地举行，但中心节庆活动场所的选择，必须考虑组织活动的需要、游客的参与度、交通的便利性，活动成本以及对生态环境的影响等等。

（五）活动内容或主要推广产品是什么

在满足政府与主管部门要求的同时，重点是要满足节庆活动推广产品的需要，以及游客对活动的需要、欲求、期望和追求，保持节庆活动的协同性。

三、组织节庆活动

（一）制订节庆活动计划方案

制订一个节庆活动计划方案需要综合考虑活动的目的、目标人群、预算、时间安排、活动内容、宣传推广等多个方面。首先，明确活动目的与吸引人的主题；接着，界定目标受众以定制内容；随后，细致规划预算并选定适宜的时间与地点。活动内容设计应丰富多彩，涵盖多样的娱乐与互动环节，并考虑特邀嘉宾提升档次。宣传策略上，运用多渠道广而告之，搭配促销手段吸引更多参与者。执行阶段，确保人员分工明确、物资筹备充足，并灵活管理现场、应对突发状况。最后，活动后及时收集反馈与评估，总结经验以优化未来活动。

总之，制定节庆活动计划方案应注重文化的传承与创新，结合地方特色，通过丰富的活动内容和高效的组织执行，吸引民众和游客的广泛参与，整个过程需强调创意与细节管理，旨在打造既安全又难忘的节庆体验，从而实现节庆活动的社会、文化和经济价值。

（二）合理安排节庆活动的程序

开展休闲农业和乡村旅游活动需要有社会各界的参与支持。

首先，在人员安排上，要重点考虑节庆活动启动时的重要来宾和参与活动的负责人。根据参与人员组织领导及重要来宾的致辞或讲话，合理安排现场剪彩、来宾留言及题词、开放参观等流程事宜。

其次，做好制造气氛和促进理解的活动组织工作，如，庆祝活动和娱乐活动。

再次，做好宴会、便餐、座谈会、参观活动及馈赠礼品等工作。

从次，做好新闻及传媒报道工作，扩大庆典活动的社会传播面及影响面。

最后，做好来宾的送别和其他善后工作等。

（三）精心准备节庆活动细节工作

对于节庆活动环境布置、场地安排、灯光设计、音响调试、后勤、保卫、新闻宣传、来宾接待、签到、剪彩、休息、座谈等环节都应充分考虑到。

对庆典活动现场的音响设备、音像设备、文具、电源等都应提前测试安装。如有奠基活动要准备好奠基石及工具，有剪彩活动要事先准备好剪刀、绸带等。

节庆活动举办前要事先备好宣传品、标语、灯笼、鞭炮、乐器乐队；拟好新闻通稿；提前准备好会议资料等。

需要向有关部门备案的，要提前落实好。

（四）制定节庆活动应急措施

休闲农业和乡村旅游节庆活动的规模一般都比较大，在活动中随时都可能有意想不到的情况发生，所以应当做好预案，以便应对突发事件。

总之，一个好的休闲农业和乡村旅游节庆活动组织，一般要形成政府主导—品牌导向—行业响应—园区落地—媒体支持的格局。在互联网时代，企业要注重网络推广、电视、网络视频节目等媒介的应用，做好宣传工作。

举办休闲农业和乡村旅游节庆活动带动游客消费是我们的主要目的。因此，节庆活动应该针对当地民俗与特产，开发独特的主题体验产品与纪念品。品质优良、细节完美的相关节庆旅游纪念品能够给参与者与游客留下良好而深刻的印象，使节庆活动取得较好的社会效益和经济效益。

任务二 　如何创意休闲农业和乡村旅游节庆活动

一、从民族节庆要素中找创意

节庆活动是一种社会现象，带有强烈的民族色彩。按照节庆活动的族属，可以将节庆活动分为单一民族的节庆活动和跨民族的节庆活动两种类型。

单一民族的节庆项目是一些民族所独有的活动，如藏族特有的沐浴节。而跨民族的节庆项目体现为数个民族共有的活动，比如春节。除汉族以外，还有二十多个民族都过春节。按照节庆活动的主题分类，主要有：农事类（如高山族的丰年节）、历史事件或人物纪念类（如侗族的林王节）、文化娱乐类（如蒙古族的那达慕大会）、庆贺类

（如各民族的年节）、商贸类（如纳西族的骡马会）、生活社交类（如朝鲜族的梳头节）等。这些节庆活动带有很强的民族色彩。

二、从事件性要素中找思路

节庆活动是一种历史现象，影射着某个历史事件或历史人物。节庆活动包含了历史事件（国庆节）、历史人物（端午节）和神话传说（泼水节）等体裁。节庆活动分为传统民俗节庆和现代节庆。历代传承至今的传统民俗节庆有很多，比如春节逛庙会、端午节划龙舟、吃粽子、中秋节赏月、吃月饼、重阳节登高、赏菊等习俗，至今仍盛行不衰，是我国传统的民俗节庆活动，具有很强的事件性特征。后来新兴的现代节庆也活跃在人们的生活中，如哈尔滨冰灯节、上海桂花节、大连槐花节、江苏宜兴陶瓷节、安徽砀山梨花节、洛阳牡丹节等都是新兴节庆活动的典型代表。

随着时代的发展和人们需求的变化，有的城市或者地区为了发展当地经济而创造了一些节庆活动，这也成为节庆产业发展的一种趋势。在打造休闲农庄节庆活动的时候，要注重对事件性要素的发掘，充分丰富节庆活动的文化内涵，促进节庆活动的可持续性。

三、从文化性要素中找灵感

节庆活动之所以能传承是因为它根植于人民大众的民族感情、民族信仰和生活习俗之中。某个地区因时、因事、因物或因名人等创造出来的一种庆祝活动，是一种展示地方文化的形式，也是一种聚集人气的方法。这类节庆活动，定位比较准确，能同当地的民情和文化相融合，有可参与性，也有吸引力，经济上能做到良性循环，它就能够持续存在并发展下去。

节庆文化包括传统文化、时代文化和外来文化。传统文化就是节庆文化本身具备的体现地区本土风情的文化，是节庆活动的基石；时代文化是随着时代的发展，节庆文化与时俱进，在传统文化的基础上增加的创新元素；外来文化是节庆活动在举办的过程中，随着当地居民的观点逐渐发生变化，吸收外来游客带来的文化而形成的，节庆活动文化是这三种文化的综合体。

四、从农庄的生产经营活动中找节庆主题

休闲农庄可以从种植、养殖，以及食、住、行、游、购、娱等生产经营活动中找节庆主题，开展丰富多彩的节庆活动创意。

如某樱桃主题农庄围绕主打产品樱桃创办了"樱桃节"活动，利用媒体广泛宣传"樱桃节"，让更多人了解"樱桃节"的活动内容，调动游客参与"樱桃节"的积极性。"樱桃节"的系列活动可以包含以下几个方面。

野炊、冷餐会：采用军事野炊与冷餐会两种形式，解决游客的就餐问题，同时增加了用餐的乐趣。

登山及长跑：进行登山及长跑活动，设置多种奖项。

野物捕捉：在相应区域放入鸡、兔、鸭等小动物让游客自行捕捉。

樱桃寻宝：在山路沿途藏装有樱桃的篮子，让游客进行定向寻宝。

对歌大会：以民歌、山歌、流行歌为主，进行对歌大会。

樱桃采摘：在樱桃园进行采摘活动。

要扩大农庄节庆活动的影响力，吸引更多的游客参与、体验，并产出良好的经济、社会和文化三重效益，就必须融合当地文化资源和农庄特色产品（项目），突出农庄活动策划的特色优势和系列组合，提高活动前期的宣传推广力度、活动现场的服务水平和执行力度。

▪▪ 任务三　如何实施推广休闲农业和乡村旅游节庆活动 ▪▪

休闲农业旅游节庆是一种特殊的旅游形式，是指以活动举办地的特色农业产品、特殊农村风俗、特有农事活动为吸引物，以吸引大量旅游者和促进当地经济发展为主要目的，围绕特定主题开展的融旅游、文化、经贸活动于一体的综合性庆典活动和集会仪式。

一、活动目标

活动是有一定目的的行动。什么样的目的决定什么样的活动。从某种意义上说，目标、目的就是活动策划的"大是大非"问题，必须在确定方案前把握好大方向、树好旗帜，明确了目标做起事来才更加明晰。活动目的不仅要明确，还要可行，可量化，才能使活动策划做到有的放矢。

二、市场

活动策划在确定主题之前，必须清楚了解市场活动的相关情况及竞争品牌的活动方式，分析竞争对手和目标消费人群，提出自己的准确定位，对市场现状及活动目的进行阐述。活动针对的目标市场是什么？活动控制范围多大？哪些人是主要目标？哪些人是次要目标？这些选择的正确与否会直接影响最终效果。

三、主题

主题包括活动的主要目的、中心任务和意义。这一部分是对活动内容的高度概括，是整个策划的灵魂。要为广大公众接受，就必须选好主题，解决好两个问题：确定活动主题和包装活动主题。主题的确定要体现两个方面：一是和活动的关联度要紧密。二是在风格上保持统一，又要以独特性区别于其他同类活动。

四、名称

活动名称也至关重要，一定要具有强烈的吸引力，避免落入俗套。"人无我有，人有我新，人新我变"是创新的表现。而真正的创新，还必须要求具有首创性和独创性。英特尔前总裁格罗夫曾说过，整个世界将会展开争夺"眼球"的战役，谁能吸引更多的注意力，谁就能成为 21 世纪的主宰。活动策划一定要敢于做别人没有做过的事情，"敢为天下先"才能吸引目标消费者的注意力和兴趣，引起社会反响，达到有效传达的目的。

五、活动流程

流程安排指按照日程顺序和人员分工来安排活动的分项目。活动流程是对活动策划方案的直接体现，是活动实施的纲领。流程如何既吸引参与者又有利于主办方举办，关键是要具体且有特色，尽量符合参与者的期望。活动行程是整个流程中参与者最感兴趣也是主办方最关注的部分，要制造亮点，突出重点，语言要简练生动，表述清晰。

六、休闲活动地点

策划选择休闲活动的举办地点，就是休闲活动在什么地方举办，要结合休闲活动的题材和休闲活动定位而定。另外，在具体选择地点时，还要综合考虑使用该地点的成本，时间安排是否符合自己的要求以及活动地点的服务如何等因素。

七、活动价格和初步预算

活动初步预算是对举办休闲活动所需要的各种费用和举办休闲活动预期获得的收入进行的初步预算。举办休闲活动的过程中有许多不确定的因素，需要在情况变化时对费用支出做出相应的调整。费用预算包括场地租用、购置器材设备、日常行政费用、劳务报酬以及公关活动费用等。

八、人员分工、招商和宣传推广计划

人员分工、招商和宣传推广计划是休闲活动的具体实施计划，这三个计划在具体实施时会互相影响。人员分工计划是对休闲活动工作人员的工作进行统筹安排。招商计划主要是为招揽观众参观休闲活动而制定的各种策略、措施和办法。宣传推广计划则是为建立休闲活动品牌、树立休闲活动形象和为休闲活动的招商服务的。

项目实施

总结休闲农业和乡村旅游节庆活动的组织与推广。

项目拓展

请同学们根据自己家乡的休闲农业和乡村旅游特色，策划休闲旅游节庆活动方案。

模块七 加强合作学会管理服务

模块描述

2021年《农业农村部关于拓展农业多种功能 促进乡村产业高质量发展的指导意见》中提到，"做精做优乡村休闲旅游业：发挥乡村休闲旅游业在横向融合农文旅中的连接点作用，以农民和农村集体经济组织为主体，联合大型农业企业、文旅企业等经营主体，大力推进'休闲农业＋'"，"将先进的管理模式和理念引入乡村，制修订乡村休闲旅游服务规程和标准，用标准创响品牌，用品牌汇聚资源，让消费者体验乡村品质"。

2022年中央一号文件明确要求，"支持农民直接经营或参与经营的乡村民宿、农家乐特色村（点）发展。将符合要求的乡村休闲旅游项目纳入科普基地和中小学学农劳动实践基地范围"。

学习目标

知识目标：

1. 了解休闲农业和乡村旅游的跨界合作；

2. 了解休闲农业和乡村旅游的运营模式；

3. 了解休闲农业和乡村旅游的培训服务。

技能目标：

1. 掌握休闲农业和乡村旅游企业运营管理技术；

2. 学会休闲农业和乡村旅游培训服务内容设计。

素养目标：

使学生加强团队合作、提高沟通交流的能力，树立"三生"经营理念，提升创新创业和服务"三农"的能力。

项目书

了解休闲农业和乡村旅游人才需求，创新休闲农业和乡村旅游的经营理念和运营管理。

项目一 休闲农业和乡村旅游的跨界经营

案例导入

温江万春的和林稻海：农耕文化与现代创意的交响乐章

在四川省成都市温江区万春镇的怀抱中，和林村以其千亩稻海和独特的创意稻田画，成为古蜀鱼凫农耕文化传承与现代创意农业融合的典范。这里不仅是"国家农高区"的核心地带，更是川西农耕实景博物馆的璀璨明珠，展现着乡村振兴的勃勃生机。

和林村秉持"稻田即湿地，菜地即风景"的绿色发展理念，通过"整田、护林、理水、改院"的综合整治，构建了一幅"林田相依、林院相融、林水相通"的美丽画卷。自2017年起，村民们以稻田为画布，秧苗为颜料，每年绘制出令人叹为观止的稻田画，将古蜀鱼凫农耕文化的深厚底蕴与现代艺术的创新表达完美融合。2023年，为庆祝成都大运会的成功举办，一幅憨态可掬、手持火炬奔跑的大熊猫"蓉宝"稻田画应运而生，成为新的网红打卡点。

在这片希望的田野上，和林村不仅保留了原汁原味的传统农耕文化，还通过丰富多彩的少儿研学活动，如学春耕、玩春耕、品春耕、庆春耕等，让孩子们亲身体验农耕的乐趣，感受大自然的馈赠。同时，古法爆米花、打糍粑、蒸米糕等"温江造"稻香产品，以及凫王菇姑、温江酱油等创意农产品，在和林稻香集市上备受青睐，满足了游客对乡村美食的无限向往。借助成都市乡村振兴主题公园的建设契机，和林村实现了华丽转身，探索出了"农耕+研学+旅游"的产业融合新路径。稻海音乐泼水节、万春乡村振兴主题公园会客厅等新兴品牌的打造，不仅丰富了乡村旅游的内涵，也提升了和林村的知名度和美誉度。乡村气象博物馆、农耕文化博物馆的建成，更是让科普教育与农耕体验相得益彰，吸引了众多游客前来探寻知识的海洋。

此外，和林村还常态化举办音乐泼水节、田园水彩欢乐跑、田园音乐会等生动活泼的群众性农商文体旅活动，传递文明乡风，满足群众对美好生活的向往。水美、田美、林美、院美、生活美，如今的和林村已成为人们心中的诗和远方，吸引着越来越多的游客前来感受这份唯美的乡村画卷。

温江万春的依田桃源：现代都市的田园诗

紧邻温江农高园的万春镇田村依项目，以其2800亩的广袤土地，按照农商文旅体养融合发展的思路，精心打造了一个现代都市农业旅游景区和园林生态"两养"度假胜地——依田桃源。这里不仅风景如画，更是心灵栖息的港湾。

依田桃源占地面积约142亩，以创意稻田景观为亮点，四季变换的景色让人流连忘返。民宿设计巧妙融入古蜀文化元素，让游客在拥抱自然的同时，也能感受到浓厚的历史文化氛围。院内的时蔬绿意盎然，小朋友可以在这里体验采摘的乐趣；草坪上的秋千、跷跷板等游乐设施，更是孩子们的天堂。

在这片140亩的田野风光中，依田桃源仿佛是一个远离尘嚣的世外桃源。绿树成荫的稻田、硕果累累的果园、月色下的荷塘、那不绝于耳的蛙鸣鸟叫，共同编织了一个关于夏天的美好记忆。无论是漫步于田间小道，还是静坐于窗前品茗，都能让人忘却烦恼，沉醉于这份归隐田园的宁静与美好之中。

温江染空寺·蜡染艺术院：非遗文化的璀璨绽放

在温江万春地铁17号线金星站附近，隐藏着一座蓝色的小院——染空寺·蜡染艺术院。这里不仅是蜡染艺术的殿堂，更是探寻"非遗工艺"的绝佳之地。小院主人谢宝高作为非物质文化遗产传承人，以其精湛的创意写意蜡染技艺，吸引了众多游客和研学生前来体验和学习。

走进小院，首先映入眼帘的是一匹匹悬挂在空中的印花布，它们在微风的吹拂下轻轻摇曳，仿佛在低语着古老的故事。在谢老师的指导下，学生们可以亲手使用棉布、蜜蜡和相关工具材料绘制属于自己的蜡染作品。从构思设计到上蜡染色再到脱蜡清洗，每一个步骤都充满了挑战与乐趣。当一幅幅色彩斑斓、图案独特的蜡染作品在手中诞生时，那份成就感和喜悦感油然而生。

染空寺·蜡染艺术院不仅传承了蜡染这一古老的手工艺术，更让更多的人有机会近距离接触和了解非遗文化。在这里，人们可以感受到传统文化的独特魅力，也可以亲手创造属于自己的艺术佳作。

项目描述

通过温江区案例分析，了解乡村休闲旅游的经营理念和所涉及跨界领域、相关技能的人才需求。

知识链接

推进农业产业链整合和价值链提升，让农民共享产业融合发展的增值收益，培育农民增收新模式。以"政府＋公司＋合作社＋农户＋农村旅游协会＋旅行社……"等多种组合模式构建符合当地实际的乡村旅游经营实体，充分发挥旅游产业链中各环节的优势，通过合理分享利益，推进乡村旅游产业结构的调整。由政府负责乡村旅游的规划和引导基础设施建设，优化发展乡村旅游生态和环境，进行产品、品牌统一营销宣传；公司负责经营管理和商业运作；合作社负责整合社内资源、统一产品标准，以服务满足社员生产经营所需；旅游协会负责组织村民进行导游、工艺品的制作、提供住宿餐饮等，协调公司与农民的利益；由旅行社进行市场的开拓，客源的组织。在经济相对落后、市场发育较为迟缓的地区，由相关部门组织引导，公司和协会分工协作，农民广泛参与的经营管理模式，更有利于乡村休闲旅游的发展。

任务一　休闲农业和乡村旅游的经营理念

作为休闲农业和乡村旅游的一种形式，休闲农场运营的核心理念其实就蕴含在前文提出的乡村旅游的概念里，即农业产业基础、乡村文化体验和乡村环境依托，也就是生产、生活和生态的"三生"理念。

农业生产是休闲农场存在的基础，是其经营活动不可偏离的主题和方向。生态是农业存在的基础，尤其是当代人追求的绿色有机农产品生产的基础，因为优质的灌溉用水、天然的有机肥料以及清洁的空气等，都是保证绿色有机农产品产出的基本条件。生活是休闲农场存在的目的和意义，这里的生活既包括农场主人及其所有工作人员的生活，又包括游客的休闲度假生活。

任务二　休闲农业和乡村旅游的经营思路

休闲农业和乡村旅游属于跨界经营，类似于企业从专业化向集团化、平台化转变，考验的是其经营者的眼界、智慧和能力。我们可以把休闲农业和乡村旅游理解成一种全新的业态，跟当前流行的最美图书馆、博物馆式餐厅、猪舍改造的民宿等网红业态相比拟。这给经营管理者对文旅产品的认知提出更高的要求，甚至要求他（她）应该是一个有情怀的人，而不能只是个生意人。

休闲农业和乡村旅游的管理者一般由农户、农村集体组织转型而来，管理团队也往往是家族成员，他们往往缺乏现代管理技术。

很多农场的管理者往往只注重产品技术，即通过研发创新产品获得可持续的增长力。而实际上，休闲农业和乡村旅游的管理技术还包括工艺技术、营销技术、组织管理技术和客户管理技术等。这些技术构成了休闲农业和乡村旅游作为服务业的根本属性，却容易被管理者忽略。因此，如何管理休闲农业和乡村旅游其实是个相当重要的而有挑战、有难度的问题。

首先要培养休闲农业和乡村旅游管理者对于现代管理思想理论和技术的重视意识。这就不能只依靠他们的自发学习行为，而是应发挥地方行业协会或旅游主管机构的服务和督促作用。这在我们国家其实很容易实现的，因为我们的政府是有所担当和作为的。

管理技术还包括互联网等科技的应用。不可否认，"互联网＋"确实改变了很多行业的运营管理模式。就农业领域来说，互联网也催生了一批模式新颖的休闲农场，例如日本的 MYFARM。这是一个互联网农业平台，将分散的农地租过来集中到平台，销售农地的使用权，满足市民对于高品质农产品、农事体验和农业休闲的需求。MY-FARM 还是一个线上线下结合的农事体验平台，有些农地被平台打造成线下"体验店"式的家庭共享农场，配套娱乐、餐饮、住宿等项目和设施。这对于管理水平的要求就更高了，非专业的管理团队不能胜任。

这种互联网＋农业模式非常适合现阶段我国乡村旅游及休闲农场的发展，因为可以通过加盟的方式带动更多休闲农业和乡村旅游快速成长起来，从整体上改变和改善我国休闲农业和乡村旅游的产业规模及发展成熟度。

项目实施

分析温江区案例中休闲农业和乡村旅游跨界融合经营的特点。

名称	和林稻海	依田桃源	染空寺
经营理念			
跨界领域			
相关技能			

项目拓展

请同学们根据自己家乡休闲农业和乡村旅游特色，尝试设计可行的跨界合作休闲旅游项目。

项目二 休闲农业和乡村旅游的运营模式

案例导入

泗水县"乡村振兴合伙人"模式

在山东省济宁市泗水县，一种创新的乡村振兴模式——"乡村振兴合伙人"制度正引领着乡村发展的新潮流。这一模式以龙湾湖乡村振兴齐鲁样板省级示范区为平台，通过招募社会各界的有志之士，共同参与到乡村振兴的伟大事业中，探索出了一条汇聚社会力量、助力乡村振兴的"泗水路径"。

自2019年起，泗水县龙湾湖乡村振兴示范区在全省率先启动了"乡村振兴合伙人"招募工作，向全社会发出了热情的"招募令"。这一举措迅速吸引了大量有情怀、有知识、有活力的青年创业人才。其中，山东等闲谷艺术粮仓文化发展有限公司的创始人田彬及其团队，便是这股热潮中的佼佼者。他们在夹山头村对废弃粮仓及周边老民居进行创意改造，成功打造了一个集多功能于一体的乡村振兴产业孵化基地，为乡村振兴注入了新的活力。

依托这一孵化平台，田彬团队不仅培育出了砭乡砭石、陶立方等40多个新兴业态，还带动了龙湾湖片区旅游业的蓬勃发展。年接待游客超过50万人次，2022年营业收入更是达到了6000余万元。随着业态的不断丰富和成熟，当地逐步构建起"基础合伙人""成长合伙人""核心合伙人"三级体系，形成了良好的人才梯队和产业生态。

在夹山头村的成功案例激励下，东仲都村也迎来了新的发展机遇。通过入股、合作、租赁等方式，这些孵化出的业态成功落地东仲都村，盘活了村内45套闲置宅院和周边240余亩低效闲置土地。同时，相关部门还积极完善基础设施配套，为乡村振兴合伙人提供全额贴息等优惠政策，进一步降低了创业成本，激发了市场活力。

为保障"合伙人"模式的顺利实施，泗水县政府出台了一系列支持措施和指导意见，对合伙人在项目报批、土地流转、资金补助、信贷扶持等方面给予优先安排。同时，成立了"乡村振兴合伙人"招募专班和工作站，探索出"政府引导＋平台支持＋市场运作＋和谐发展"的合伙人招募模式。通过有效激励和晋升机制，打造了一个人才与产业联动的良好环境。

在政策和平台的双重驱动下，"乡村振兴合伙人"模式在泗水县取得了显著成效。目前已有250多个合伙人及团队投身到该地的乡村振兴事业中，共同打造出了研学基地、培训基地与文创街区三大业态，逐步形成了"吃住行游购娱"全要素产业链。未来，随着这一模式的不断深化和推广，泗水县的乡村振兴之路必将越走越宽广。

项目描述

通过本案例分析休闲农业和乡村旅游的运营模式、参与主体及各主体发挥的职能。

任务一　休闲农业和乡村旅游开发运营主体

休闲农业和乡村旅游开发运营中，主要有四方主体：农民、政府、开发企业与村集体。

一、农民

农民是休闲农业和乡村旅游的核心力量，也是休闲农业和乡村旅游的主要参与者与受益者，农民必然是主体之一。

二、政府

休闲农业和乡村旅游本身需要政府政策引导，又是给农民带来收益，缩小城乡差距的手段，政府在其中扮演着非常重要的角色。

三、开发企业

开发企业是休闲农业和乡村旅游区别于传统乡村的重要组成部分，其资金、技术优势也是休闲农业和乡村旅游发展的关键因素，发挥不可替代的作用。

四、村集体

我国的土地制度决定了村集体是乡村土地的所有者，休闲农业和乡村旅游的开展和农民利益的保障都有赖于村集体的参与，因此村集体也需要被视为主体之一。

四方主体在开发运营过程中分别起到不同的作用，获取不同的收益。他们共同合作最终达成互利共赢的目标，实现休闲农业和乡村旅游科学健康发展。

休闲农业和乡村旅游有赖于多方主体的共同参与，深入了解每个主体的利益诉求，充分发挥其作用，才能构建一个合理的组织架构。

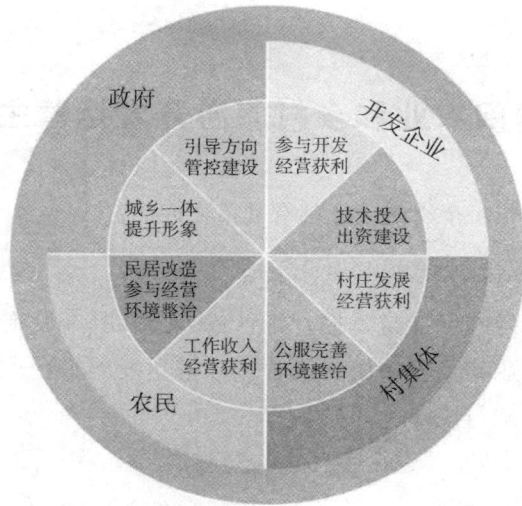

图 7.2-1　休闲农业和乡村旅游组织主体诉求与作用分析图

　　基于对各主体的诉求与其可发挥的作用分析，如上图所示，由政府、农民、村集体与开发企业四个主体参与组织，围绕休闲农业和乡村旅游农民合作社，形成一个有政策、资金、技术优势，村民参与并受益的合作组织，以农民合作社为平台展开休闲农业和乡村旅游的建设与运营。

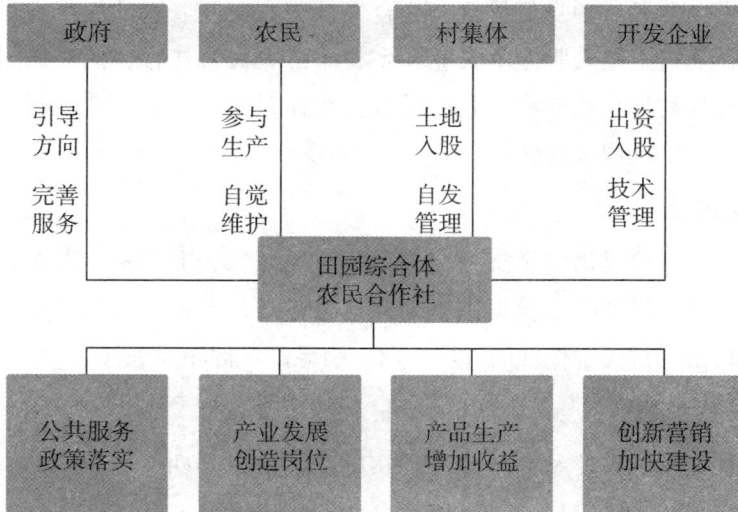

图 7.2-2　休闲农业和乡村旅游组织架构示意图

▪▪ 任务二　休闲农业和乡村旅游开发运营主体的职能 ▪▪

在这一组织架构中，每个组织主体都有其重要职能。

一、政府

政府主要进行大方向的引导与掌控，完善各类公共服务设施与基础设施建设，落实各项政策，为休闲农业和乡村旅游村民合作社搭建发展平台，实现村庄、村民综合体在区域内形成发展基础与扶持政策双重优势。

二、农民

农民是农民合作社的主体，是休闲农业和乡村旅游农民合作社的主要执行人与主要受益人。一方面农民通过村集体参与农民合作社的经营管理与收益分配，同时参与生产，在农业、手工业、旅游业等方面创造财富；另一方面农民会自觉维护农民合作社的健康发展。

三、村集体

村集体是农民的另一种身份体现，是合作社与农民间联系的纽带。村集体是农村土地的所有者，通过土地入股休闲农业和乡村旅游农民合作社，使农民与村集体享有对合作社的管理权利与收益权利。农民通过村集体对合作社持股并进行管理，激发农民的主人翁意识与生产积极性。

四、开发企业

开发企业为合作社提供资金支持与技术指导。开发企业出资入股合作社，为合作社各类产业的发展与设施的建设提供资金支持。同时开发企业又通过专业化的管理与科学的市场分析指导村民合作社的发展方向，引导产业健康发展。

五、农民合作社

农民合作社是休闲农业和乡村旅游的实际主体，也是四方参与者的管理代表。通过农民合作社集合政府、农民、村集体与企业的优质资源，推动休闲农业和乡村旅游健康发展。

▪▪ 任务三　休闲农业和乡村旅游管理模式 ▪▪

围绕以上组织架构，可以总结出休闲农业和乡村旅游的管理模式即农民为主，多方合作的管理模式。

休闲农业和乡村旅游有赖于多方主体的共同参与，但休闲农业和乡村旅游最终还是农民自己的发展平台，休闲农业和乡村旅游农民合作社也是农民为主体的合作组织，因此需要由农民为主进行管理。

农民参与管理的途径是村集体进行决议，与此同时开发企业与政府又需要对合作社管理进行指导，由此形成农民为主，多方合作的管理模式。

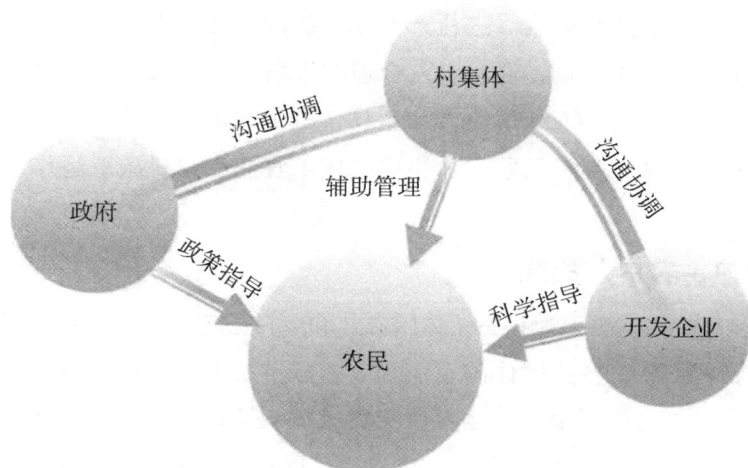

图 7.2－3　休闲农业和乡村旅游管理模式示意图

一、农民为主实施管理

农民是合作社的主体，也是合作社的主要参与者与主要管理者。合作社在发展过程中主要由农民自主管理，对合作社事务自行决策，以激发农民的积极性与责任感。

二、多方合作共同参与

政府在合作社管理中起到政策指导的作用，从行政、法律、政策建议等多方面指导村民自发管理，保证村民自发管理处于法律与政策保障之内。

村集体是村民自发管理的组织和桥梁。村民在管理过程中的大量决策需要由村集体进行商议决定，同时村集体又起到和政府与开发企业沟通协调的作用。

开发企业为村民的自发管理提供科学指导。企业有其自身的管理经验与管理优势，可以通过科学指导为村民提供良好的管理方法与路径，促进合作社的管理科学化发展。

通过明确农民及其他几方在休闲农业和乡村旅游管理中的职能，建立农民为主、多方合作的管理模式体系，确定农民作为休闲农业和乡村旅游管理核心，促进休闲农业和乡村旅游更好地体现农民的发展意愿与利益诉求。

因此在休闲农业和乡村旅游建设与管理当中，需要一切围绕农民，以农民为核心和利益的出发点，充分调动农民的积极性，才能促进休闲农业和乡村旅游良性发展。

任务四　休闲农业和乡村旅游运营模式

在市场经济快速发展的环境下，随着内部分工的不断细化，休闲农业和乡村旅游发展的各个环节都需要高度协调。从这一意义上讲，休闲农业和乡村旅游运作模式的创新过程就是旅游和农业相融合、进行产业化升级的过程，创新的目的在于建立科学的利益共同体和效益分配机制，通过引入合理的市场主体和市场运行机制，消除"小农户、大市场"的矛盾。为有效解决参与主体、资金来源、土地流转、资源开发、环境保护和利益分配等诸多复杂问题，加快推进休闲农业和乡村旅游运作组织的变革是首要举措。

一、"农户 + 农户"模式

"农户 + 农户"模式更多地存在于休闲农业和乡村旅游开发的初级阶段，是一种自发的个体散户经营形式。在我国休闲农业和乡村旅游发展的初期，由于农户观念尚未转变，大多数农户不愿把资金或土地直接交由旅游企业来经营，相比之下，他们更信任那些熟悉的"示范户""带头人"或"能人"。只有当"示范户"率先在农村开展休闲农业和乡村旅游经营活动并取得成功后，农户们才有信心在"示范户"的带动下，加入旅游接待服务的行列。

二、"公司 + 农户"模式

"公司 + 农户"模式是通过在旅游企业的介入下，吸纳农户参与休闲农业和乡村旅游的经营与管理，充分利用社区农户闲置的资产和富余的劳动力，通过开发各类丰富的农事活动，向游客展示真实的原乡文化。同时，通过引进旅游公司的管理，对农户的接待服务进行规范，提高服务水平，避免不良竞争损害游客利益，从而促进乡村旅游的健康发展。

三、"公司 + 基地 + 农户"模式

以公司为主导，以农产品加工、外销为龙头，重点围绕经营一种或是几种产品的生产、销售，与生产基地和农户实行有机的结合，进行一体化的经营，形成"风险共担，利益共享"的经济共同体。企业与分散的农户订立合同，公司为农户提供生产原料、技术服务和成品回购。企业通过自有基地、入股型基地、合同型基地等多种形式取得土地使用权，和农民一起进行企业管理、运作和经营上的联结。

四、"公司 + 合作社 + 农户"模式

这类模式中，合作社作为引进公司与农户连接的桥梁，解决了合作社资金、技术、市场等问题，起着统一标准、联合农户、服务企业、调处矛盾的作用。农户、合作社、

公司三方共同参股成立新的休闲农业和乡村旅游公司，由新成立的公司进行项目的招商引资、开发建设、经营管理，并负责土地流转后带来的拆迁安置工作。农户在合作社的组织下将自有土地的使用权作为股本入股成为新成立公司的股东，同时又以公司员工的身份参与到公司的经营活动中，通过股权分红和劳务收入获得收益；合作社作为实体与投资的企业进行合作，并以农户委托代管的土地和新增土地作为股本入股成为股东，获得相应股权分红和经营收益；公司以资金入股成为新成立公司股东，同时执行新公司的主要职责，按照现代企业经营模式，负责项目的招商引资、开发建设、经营管理、并分享旅游开发带来的收益。

五、"政府＋合作社＋农户"模式

由政府部门引导村里"能人"成立合作社，政府起主导作用，通过政策激励，引导农户加入合作社。

休闲农业和乡村旅游策划即便创意很好，也要经过市场和开发经营的检验。休闲农业和乡村旅游的发展经历了由个体农民经营—政府主导开发—政企合作（或政、企、村民合作）的三个阶段。针对休闲农业和乡村旅游的运营，国内形成了不同的经营发展模式，主要有村集体组织型、政府主导型和整体出让型。

典型案例

1. 村集体组织型典型案例——成都三圣花乡

项目概况：三圣花乡坐落于素有"中国花木之乡"之称的四川成都市锦江区三圣街道办事处，距市区 15 分钟车程，总面积达 15 000 亩，涉及五个村（红砂村、幸福村、驸马村、万福村、江家堰村），是全国建设社会主义新农村的典范。如今的"三圣花乡"是一个以观光休闲农业和乡村旅游为主题，集休闲度假、观光旅游、餐饮娱乐、商务会议等于一体的城市近郊生态休闲度假胜地。主要景点有花乡农居、罗家花园、牛王庙、王家花园、荷塘月色、幸福梅林、东篱菊园、江家菜地等等。农家乐 266 家（其中星级农家乐 224 家），高档会所及高、中、低档乡村客栈 40 余家。日均客流 20 000 人次（周末 35 000 人次以上）。

三圣花乡由政府主导、社会参与、多元投入、市场运作。在财政、税收、信贷上向农村和农业倾斜，投入 8300 万元，用于搭建融资平台，撬动吸引民间资金 2 亿元；吸引社会资金介入，按照政府合作经营、先行投入再溢价退出的方式，引进了成都维生、上海大地等花卉龙头企业和北京金港赛道等知名企业入驻；村集体通过将集体土地、堰塘、荒坡等资产出租，将获取的租金用于"五朵金花"的打造。

2. 政府主导型典型案例——丽江大研古镇

项目概况：丽江大研古镇位于云南省西北部玉龙山下一块海拔 2400 多米的高原台

地上，被誉为"东方威尼斯"，与雅典、巴黎等国际知名的城市同时被列为世界历史文化名城。古城始建于南宋末年，距今已有800多年的历史了。

古城以四方街为中心沿水源流向呈八卦式网状布局，是我国最科学的古城建筑群布局，2009年，大研古城荣膺中国世界纪录协会中国最科学的古城建筑群。

政府主导模式，也可以称之为"平台模式"，政府运用掌握的城市规划审批权力对古镇旅游开发进行宏观的管理；开发资金的投入主要依赖地方财政，但是对公共设施的投入引入相关的市场机制，对游客收取一定费用（古城保护费），对具体的旅游开发项目不做具体干预，主要通过城市规划和行政审批来调控。

3. 整体出让型典型案例——四川雅安碧峰峡景区

项目概况：碧峰峡因林木葱茏、四季青碧而得名，传说是补天英雄女娲所化而成，景区内60多个景点均与女娲有关，颇为神秘。景区由两条峡谷构成，左峡谷长7公里，右峡谷长6公里，呈V字形，是一个封闭式的可循环游览景区。

景区由政府统一规划，授权一家企业较长时间地独立经营和管理，组织一方或多方投资建设，统一规范、有序经营，达到资源优化配置，使景区的社会效益、经济效益、生态效益协调发展。政府出资源、企业出资金，所有权、经营权、管理权"三权"分离的旅游开发模式，优化和创新了旅游产业结构，在保护自然资源、生态资源的前提下，实现了高起点规划、大资金投入、规范化管理、可持续发展。

以上三类模式都是乡村旅游开发在不同的发展阶段所形成的阶段性成果，随着休闲农业和乡村旅游的逐步深入发展，市场化经营、公司专业运营管理已经是大势所趋，休闲农业和乡村旅游运营开展的模式应以"产权明晰"为基础，在"整体出让型"合作模式上进行局部调整以适应现代旅游市场的发展，为项目后续推进创造良好条件。

项目实施

总结泗水"乡村振兴合伙人"案例中各参与主体所发挥职能。

参与主体	是否参与	发挥职能
农民		
村集体		
政府		
合作企业		

项目拓展

请同学们调研一处休闲农业和乡村旅游项目的运营模式，了解该项目参与主体及其发挥的职能，形成调研报告。

项目三　休闲农业和乡村旅游的培训与管理

案例导入

2023 年 3 月 24 日，山东省青岛市农业农村局成功举办了一场乡村振兴讲解员专题培训会，旨在提升讲解员队伍的专业素养与综合能力。此次培训特邀青岛市委宣传部首席讲解员、中共青岛党史纪念馆资深讲师姜静老师担任主讲，吸引了来自局机关、局属事业单位以及各区市农业农村系统的共计 50 余名讲解员积极参与。

培训采取"理论精讲＋实操演练"相结合的创新模式，姜静老师以其深厚的专业知识和丰富的实践经验，为学员们带来了一场生动而实用的课程。在理论环节，她从基础的 23 个声母、24 个韵母的发音讲起，逐步深入到发音技巧的重难点，通过细致入微的讲解，帮助学员们打下了坚实的理论基础。

而现场实操部分更是亮点纷呈，姜静老师亲自示范，结合讲解脚本内容，对声调、重音、停连、语调、语速等关键技巧进行了逐一指导和纠正。她耐心细致地指出每位学员在实操中存在的问题，并给出针对性的改进建议，使得学员们的讲解能力和水平在短时间内得到了显著提升。

此次培训不仅是一次技能的提升之旅，更是一次精神的鼓舞。参训的讲解员们纷纷表示，姜静老师的授课内容既丰富又实用，让他们受益匪浅。他们将以更加饱满的热情和更加专业的态度，积极投入到接下来的学习与训练中，为即将举行的青岛市乡村振兴讲解员选拔赛做好充分准备，努力讲好乡村振兴的青岛故事。

展望未来，乡村旅游的发展离不开高素质人才的支撑。因此，加强乡村旅游从业人员的培训显得尤为重要。各级政府和相关部门应定期举办旅游业服务技能培训班，邀请行业专家进行授课，提升从业人员的服务意识和专业技能。同时，建立科研院所、高校与乡村旅游经营主体的长效合作机制，通过人才培养、实习基地建设等方式，为乡村旅游发展提供持续的人才保障。

此外，还应注重引进专业管理人才和各类艺术、文化人才，通过优惠政策吸引他们到乡村工作，为乡村旅游注入新的活力。只有这样，才能充分释放乡村旅游的资源潜力，推动乡村旅游产业高质量发展。

项 目 描 述

通过本案例分析休闲农业和乡村旅游从业人员需要哪些培训服务，思考如何吸引人才、留住人才。

任务一　休闲农业和乡村旅游从业人员培训方案

根据农业局有关文件精神，为进一步做好农民教育培训工作，特制定本实施方案。

一、培训对象

"农家乐""民宿"经营农户，休闲农业和乡村旅游企业经营者和员工。

二、培训目标

通过培训和训练，提高休闲农业和乡村旅游的从业人员的综合素质和服务技能水平，特别是树立他们正确的服务理念，为游客提供优质的服务，增强休闲农业和乡村旅游的吸引力。

三、培训组织

××市就业技能培训中心和农业局联合承办。

四、培训时间和地点

培训时间：培训自 2023 年 11 月上中旬开始，每期 3 天，每天 8 学时，其中 2.5 天培训，最后半天考核。

培训地点：学员所在乡镇文化室。

五、培训内容及学时分配

表 7.3 - 1　培训内容、学时的举例

培训时间	培训内容	培训学时	培训教师
待定	第一部分　服务礼仪常识 1. 正确的站姿、坐姿、走姿。 2. 微笑的作用，如何体现亲切，怎样做到自然得体。 3. 迎接客人、送走客人、招呼客人。 4. 游客心理。	4	待定
待定	第二部分　餐厅服务 1. 餐厅的基本要求，各种厨具、设备简介。 2. 制作、盛放、保存和运送菜品和食物基本知识。 3. 餐桌的布置，餐具的清洗、消毒和摆放。 4. 点菜、上菜、餐中服务和结账。	2	待定

（续表）

培训时间	培训内容	培训学时	培训教师
待定	第三部分　客房服务 1. 客房基本要求、设备和设施简介。 2. 客房服务基本礼仪。 3. 客房整理。 4. 卫生间整理。 5. 客房消防安全常识。	2	待定
待定	第四部分　前厅及前台服务 1. 问询、接待与房间（活动）安排。 2. 行李服务，查房与退房结账。 3. 商品介绍与导购，商务服务基本知识。 4. 交接班与值班。	2	待定
待定	第五部分　导游解说 1. 导游基本常识与礼仪。 2. 编写解说词和语言训练。 3. 如何介绍景点。 4. 如何做到体贴、细致、周到及应急处理。	2	待定
待定	第六部分　营养卫生常识 1. 食品卫生常识。 2. 食品营养常识。	2	待定
待定	第七部分　烹饪技术 1. 主食制作。 2. 各种农家菜品制作。 3. 特色食品介绍及制作。	2	待定
待定	第八部分　卫生保洁技能 1. 个人卫生与环境卫生的保持。 2. 垃圾及污水处理常识。	2	待定
待定	第九部分　乡村休闲旅游基础知识 1. 休闲农业和乡村旅游的概念。 2. 如何开办"农家乐""民宿"。 3. 怎样设计游客参与体验活动。 4. 乡村休闲旅游的灵魂是以农为本。	2	待定

六、培训知识和技能要求

（一）礼仪常识

了解基本游客心理学。

了解仪态与体态知识。

掌握如何用心沟通、微笑服务。

掌握与人交往、沟通、服务礼仪。

（二）餐厅服务

掌握餐厅的布置与舒适环境营造。

能提供适合客人用餐需求的服务。

掌握正确的食品加工、制作、保存、运送知识。

掌握餐桌的布置。

掌握点菜、上菜、结账等服务技能。

（三）客房服务

掌握客房整理技能。

掌握卫生间整理技能。

（四）前厅及前台服务

掌握问询礼貌用语。

了解正确的商品介绍及商务服务知识。

掌握房间安排、交接技能。

掌握结账收款技能。

（五）导游解说

了解景点介绍的顺序和基本特色和特点。

了解所讲解的景物的基本知识和特点。

了解特定景物的专业知识。

普通话标准、流利。

熟悉导游解说词的编写规律。

（六）营养卫生常识

了解食品卫生和营养基础知识。

了解特色食品的营养、保健功能。

（七）烹饪技术

了解烹饪基础知识。

了解色香味搭配基本理论。

掌握主要主食、面点制作技术。

掌握家常菜品的烹饪技术。

掌握一定的特色菜肴的烹饪及制作技术。

（八）卫生保洁技能

环境卫生及个人卫生的整理和保持知识。

了解垃圾处理和污水处理的常识。

会使用室内外常见清洁工具。

（九）休闲农业和乡村旅游基础知识

了解休闲农业和乡村旅游的基本知识、意义作用和相关政策。

了解农家乐、民宿、休闲农业园区、乡村旅游景点的一般经营管理知识。

了解城市与农村的主要区别，懂得如何突出农家特色。

七、培训实施与考核

培训方式与要求：培训要以实际操作为主，用农民容易接受的语言，由培训教师集中对农民进行面对面、互动式、手把手等行之有效的培训，切实提高培训质量与效益。培训应在具备一定培训条件的从事休闲农业和乡村旅游经营、研究、教学的企业（园区）和教育培训基地进行。

培训教材：培训承办单位根据培训大纲要求，结合本地实际，印制相应的培训教材。

考试考核：参照国家职业分类大典的相关职业和工种的要求，按照本培训规范的基本内容，进行理论和实际操作两项考试。合格签发相关证书。

任务二　民宿管理办法

江门市文化广电旅游体育局等八部门关于民宿管理暂行办法

第一章　总则

第一条　为盘活城乡闲置资源，推动乡村振兴，进一步规范民宿经营管理，提升民宿服务质量，保障旅游者与经营者合法权益，促进民宿业持续健康发展，根据《广东省旅游条例》《广东省民宿管理暂行办法》等有关规定要求，结合本市实际，制定本办法。

第二条　在本市行政区域内民宿的开办、经营和监督管理等活动，适用本办法。

本办法所称民宿，是指城镇和乡村居民利用自己拥有所有权或者使用权的住宅或者其他条件开办的，民宿主人参与接待，为旅游者提供体验当地自然景观、特色文化与生产生活方式的小型住宿设施。

第三条　民宿管理遵循"政策引导、属地统筹、部门监管、行业自律"的原则，放宽市场准入，加强事中事后监管。

民宿建设发展要注重产品特色化、服务品质化、管理规范化，实现经济效益、社会效益和生态效益相统一的目标。

第四条 鼓励民宿品质和品牌建设。各县（市、区）根据辖区文化旅游资源特色，积极打造"统一标识、统一宣传、统一推介"的民宿品牌形象。

第五条 鼓励农户、村集体经济组织和具有专业化经营能力的经济组织等，采用自主经营、租赁、联营等方式，参与乡村民宿经营管理。

对位于景区周边、特色旅游村镇、历史文化街区、历史文化游径、南粤古驿道等区域，生态环境良好、人文特色鲜明的民宿聚集地，各县（市、区）人民政府可以给予相应的政策扶持，引导民宿规范有序发展。

第二章　申办条件

第六条 民宿单幢建筑的客房数量不超过 14 间（套），建筑层数不超过 4 层，建筑总面积不超过 800 平方米。超过上述规模的住宿服务经营场所，依照旅馆业相关法律、法规或者规章进行管理。

第七条 民宿选址要求：

（一）应当符合空间规划的相关规定，并应当避开易发山洪、泥石流等自然灾害的高风险区域。

（二）位于历史地段核心保护范围且涉及文物保护的建筑作为民宿项目，须符合《中华人民共和国文物保护法》《历史文化名城名镇名村保护条例》《江门市历史文化街区和历史建筑保护条例》等法律法规的相关规定。

第八条 民宿经营符合以下消防管理基本要求：

（一）位于镇、街道、村的，利用居民自建住宅进行改造的民宿，其消防安全要求按照《住房和城乡建设部　公安部　国家旅游局关于印发农家乐（民宿）建筑防火导则（试行）的通知》（建村〔2017〕50 号）执行。

（二）利用其他住宅进行改造的民宿，其场所规模及消防安全要求可以参照前款所述文件执行。

（三）利用住宅以外的其他民用建筑进行改造的民宿，其消防安全应当符合《建筑设计防火规范》（GB 50016—2014）要求。

第九条 民宿经营符合以下治安管理基本要求：

（一）安装使用公安机关认可的民宿住客信息采集系统，按照规定进行住客实名登记和从业人员身份信息登记，并按照要求上报辖区公安机关。

（二）客房底层和楼层通道，以及可以爬越的客房窗户、门头窗有防盗装置，门窗牢固，房门安装暗锁；大厅、通道、出入口等重要部位应安装闭路电视监控设备，并保证闭路电视监控设备在营业期间正常运行。

第十条 直接为消费者服务或从事食品销售和餐饮服务的人员应当按国家规定取得有效健康合格证。

第三章 申请登记

第十一条 民宿经营者依法申请商事登记，经营范围按照市场监督管理部门经营范围登记规范目录表述，应为"经营民宿"。

兼营食品销售和餐饮服务的民宿，应依法取得食品经营许可。

第十二条 开办民宿旅游经营实行登记制度。

民宿登记由各县（市、区）旅游主管部门负责。民宿所在地的镇人民政府、街道办事处受当地旅游主管部门委托，具体办理民宿登记工作。办理民宿登记不收取费用。

民宿登记信息应当与公安、自然资源、住房和城乡建设、卫生、市场监督、消防、税务、等有关监管部门共享。

第十三条 民宿登记事项包括：

（一）民宿名称、地址、经营者姓名及联系方式；

（二）民宿建筑面积、建筑层数、客房数量；

（三）民宿建筑权属及类别；

（四）营业执照。

从事食品销售、餐饮服务的，须提供食品经营许可证。

民宿经营者对其提供的登记事项信息或者材料的真实性负责，不得隐瞒真实情况或者提交虚假材料。

第十四条 民宿经营者自领取营业执照之日起 20 个工作日内，向民宿所在地镇人民政府、街道办事处申请登记，并提交如下材料：

（一）营业执照原件、复印件；兼营食品销售和餐饮服务的民宿，须提供食品经营许可证原件、复印件；

（二）法定代表人或负责人的有效身份证件及复印件；

（三）民宿建筑的产权证或土地使用证，或房屋租赁合同原件及复印件；

（四）标明民宿经营场所各层出入口、内部通道、客房房号等功能区分布以及监控、消防等技防设施安装位置的平面示意图；

（五）民宿登记承诺书。

第十五条 镇人民政府、街道办事处在收到民宿登记申请后，对登记事项相关信息、材料齐全的，当场予以登记，并提供登记回执，抄报当地旅游主管部门；对信息、材料不齐全的，应当一次性告知补正。

民宿登记事项发生变化的，民宿经营者在 30 日内向原登记的镇人民政府、街道办事处办理登记事项变更手续。

第四章　经营规范

第十六条　民宿经营者应当将营业执照及相关证照置于经营场所显著位置，公开服务项目和服务收费标准，明码标价。

第十七条　民宿经营者有依法纳税义务，应当按照《中华人民共和国税收征收管理法》《中华人民共和国税收征收管理法实施细则》及相关税费法律法规的规定，向主管税务机关办理税费申报缴纳等事项。

第十八条　民宿经营者为民宿安全生产第一责任人。民宿经营者可参照《广东省旅馆业治安管理规定》《广东省安全技术防范管理实施办法》从以下方面落实治安防范职责：

（一）建立住宿登记、来访管理、情况报告等内部治安管理制度；

（二）发现有违法犯罪嫌疑人的，及时报告所在地公安机关；

（三）确保安全技术防范设施和民宿住客信息采集系统正常运行；

（四）监控录像资料留存 30 日以上；

（五）组织有关从业人员进行安全知识以及相关法律法规知识的教育培训。

第十九条　民宿经营者承担安全生产和消防安全的主体责任，制定安全管理制度和应急预案，依法规范安全管理，履行安全义务。

对可能危及住客人身、财产安全的情形，民宿经营者应向住客作出说明或者警示。

台风、暴雨、风暴潮、洪水等预警信号生效期间，可能受影响地区的民宿，应当适时采取停止营业、关闭相关区域、组织人员避险等防灾避险措施。

第二十条　鼓励民宿经营者建立完善的服务规范制度和流程。

（一）在显眼位置公布投诉电话；

（二）接待人员热情好客，穿着整齐清洁，礼仪礼节得当；

（三）接待人员熟悉当地文化旅游资源，鼓励使用普通话提供服务；

（四）接待人员掌握相应的业务知识和服务技能，并熟练应用；

（五）接待人员尊重住客的宗教信仰与风俗习惯，保护住客的合法权益与隐私。

第二十一条　民宿应符合《中华人民共和国传染病防治法》等法律法规有关要求，严格落实卫生防疫防控工作，防止传染病传播与流行。加强卫生管理，保持环境卫生整洁，保障人民健康。

（一）民宿应整洁卫生，空气清新，无潮霉、无异味；

（二）客房床单、被套、枕套、毛巾等应做到一客一换一消毒，一次性用品用具要一客一换；

（三）应有防鼠、防虫措施。

第二十二条　民宿经营者提供的民宿服务信息应当客观、真实，广告宣传必须真实、合法，不得做虚假宣传，不得欺骗和误导消费者。

第二十三条　鼓励民宿经营者投保公众责任险、火灾事故险、雇佣人员人身伤害意外险等商业保险，防范经营风险。

第五章　服务与监管

第二十四条　各县（市、区）应充分利用当地全域旅游发展联席会议制度或建立本地民宿发展的统筹协调工作机制，负责当地民宿发展和协调处理，统筹民宿发展的公共基础配套服务设施建设，日常工作由旅游主管部门负责。各部门按"双随机、一公开"监管模式，加强民宿监管工作。

旅游主管部门负责推动制定民宿相关服务标准，开展民宿宣传推广，指导开展民宿经营者及从业人员业务培训工作；更新发布当地民宿名录；指导监督民宿业安全相关工作。

公安机关负责指导民宿配置必要的安全技术防范设施，指导民宿安装、维护治安管理信息系统，负责民宿的日常治安管理。

消防部门落实综合监管责任，指导行业主管部门督促民宿从业人员落实自身消防安全主体责任，将民宿场所纳入"双随机、一公开"监管范围，依法开展消防监督执法。

市场监督管理部门负责办理民宿经营主体的商事登记，负责民宿经营户的食品安全监督管理工作，未依法取得营业执照而开展民宿经营的，以及未依法取得食品经营许可从事食品经营活动的行为，由市场监督管理部门按照《无证无照经营查处办法》《食品安全法》等有关规定进行查处，维护市场秩序。引导民营经营者诚实守信、公平竞争。

主管税务机关对民宿经营者要优化纳税服务，加强税费宣传辅导和属地管理，对按规定应在我市申报缴纳的相关税费做好征收管理工作。

住房和城乡建设、自然资源、卫生等主管部门按照各自职责，负责民宿经营的相关指导和监督工作。

第二十五条　各县（市、区）旅游、公安、消防、市场监督管理、卫生等有关主管部门，应加强对当地民宿经营管理和服务人员的专业技能、安全防范、经营管理等培训，提升从业人员服务技能、安全防范意识和应急处置能力，培育专业化民宿人才队伍。

第二十六条　各镇人民政府、街道办事处协助有关部门开展民宿监督管理工作。在日常巡查中，发现辖区内民宿未依法登记的，应当督促民宿经营者及时登记；发现民宿经营者无照经营或者存在其他违法经营行为的，应当及时报告有关监管部门依法查处。

第二十七条　各镇人民政府、街道办事处应加强民宿经营场所的防火检查和消防安全网格化管理，督促整改火灾隐患，制定防火公约，组织开展群众性的消防安全宣传教育。

第二十八条　鼓励民宿经营者公开承诺经营规范和服务标准。鼓励行业协会等社会组织开展民宿服务质量与信用评价，引导社会力量参与监督。

第二十九条　相关单位或部门发现民宿存在以下情形之一的，经当地旅游主管部门调查核实后，由当地旅游主管部门在公布的民宿名录进行备注，并向社会公布。

（一）停业已超过 30 日以上的；

（二）存在重大安全隐患未按规定进行整改的；

（三）违反诚信经营原则并拒不整改的；

（四）违反本办法规定并拒不整改的。

第三十条　违反本办法规定的，按照《广东省民宿管理暂行办法》处理。

第六章　附则

第三十一条　本办法自 2023 年 5 月 9 日起施行，有效期至 2026 年 5 月 8 日。

▌项目实施▐

总结休闲农业和乡村旅游从业人员需要进行哪些培训。

参与培训人员	培训内容

▌项目拓展▐

请同学们根据自己家乡的休闲农业和乡村旅游特色，模拟制订人才培训（如农业讲解员培训）、安全管理等相关管理制度。

模块八 休闲农业和乡村旅游项目策划书

休闲农业和乡村旅游是旅游业的重要组成部分，发展乡村旅游产业是加快实现乡村振兴战略目标的有效途径。习近平总书记高度重视乡村旅游工作，强调"全面推进乡村振兴，要立足特色资源，坚持科技兴农，因地制宜发展乡村旅游、休闲农业等新产业新业态"。我们要充分认识做好乡村旅游工作的重要性和紧迫性，更好推动乡村旅游发展，加快形成农业农村发展新动能。

落实休闲农业和乡村旅游提升计划，培育一批生态美、生产美、生活美的乡村旅游目的地，打造一批有特色、有内涵、有品位的乡村旅游精品线路，吸引更多游客选择乡村旅游、体验乡村旅游、爱上乡村旅游。

学习目标

知识目标：

1. 了解休闲农业和乡村旅游项目策划书的作用；

2. 了解休闲农业和乡村旅游项目策划书的思路；

3. 了解休闲农业和乡村旅游项目策划书的格式。

技能目标：

学会撰写乡村休闲旅游项目策划书。

素养目标：

使学生明白"凡事预则立，不预则废"的道理，树立理论与实践相结合的理念，提升创新创业意识和服务"三农"的能力。

项目书

一份好的乡村休闲旅游项目策划书，是建立投资者、合作者、消费者信心的重要依据，是获得贷款、投资、合作的关键；同时也是专业人士为企业梳理战略与思路，制定行动方案的咨询建议书，能帮助创业者和企业厘清经营思路，项目策划书从各个角度对企业的设想进行科学的可行性分析，指导企业有计划地开展经营管理活动，节省企业时间，减轻企业压力，从而增加企业成功的概率。

本模块旨在指导如何撰写乡村休闲旅游项目策划书。

项目一 休闲农业和乡村旅游项目策划书的作用

案例导入

五宝庵山生态旅游开发项目策划书

一、项目背景

五宝庵山地理位置优越，与峄山相对，距邹城20公里，曲阜40公里，镇驻地距京福高速出口2公里。五宝庵山风采迷人，山上植被众多，空气清新，森林覆盖率达95%以上，具有江北"天然植物园"美称。区域内自然风光秀美，山上奇石林立，峰峦起伏，树木参天，物种丰富，植物种类400余种，自然和人文景点多达60多处，与周围的莫亭水库、青龙坝、万亩杏园、桃园等人文景观和自然景观相映成趣。

二、项目地点

五宝庵山位于山东省济宁市邹城市东20公里处，香城镇政府驻地北8公里，与峄山遥相对立，属连青山山系，最高峰海拔445米，面积22平方公里。山下有邹城市第二大水库——莫亭水库（水面90多万平方米），五宝庵山周围物产丰富、环境优美。

三、市场分析

五宝庵山生态旅游资源特色符合现代人生活追求趋势。据预测，项目建成后每年将有10万多游客来此观光旅游，五宝庵山的生态旅游资源将会产生可观的经济效益。

四、项目内容

五宝庵山以原始生态林和明清时期的人文景观为原貌，项目建设以创造生态环境为基础，建成具有休闲、旅游、度假为特色的生态风景区为宗旨，以超前规划、高起点、高标准建设，逐步建成具有独特魅力的生态旅游度假区。

（一）天然氧吧区

五宝庵林场。自然风光秀美，峰峦起伏，洞穴相连，清泉长流，古木参天，物种丰富，植物种类350多种，森林覆盖率达95%以上，号称"天然植物园"，由于空气清新，又称"天下第一氧吧"。

（二）水上休闲区

莫亭水库，在水库上建水上娱乐项目，供游人娱乐休闲。莫亭水库占地面积达1400亩，伫立于五宝庵山之巅，莫亭水库万千气象尽收眼底，天水一色，碧水细浪中，如一幅动静相宜、空旷辽阔的山水图画，令人遐思万千。若乘游艇于水中，观碧水蓝天，赏四周之青山，犹如世外桃源，心旷神怡。

（三）万亩杏园观光采摘区

阳春三月，刘庄流域的孙沟里，5000亩密植园里，盛开的杏花像燃烧的火焰，映红了天空，映红了山岗，映红了整个田野。由"红杏枝头春意闹"，到"开到荼蘼花事了"，由暮春到初夏，陆陆续续，为春明花事，可以忙碌两个多月。夏季，徜徉万亩杏园，采摘甜美的果实，更是美不胜收。

项目描述

通过本案例说明休闲农业和乡村旅游项目策划书的内容和特征，并思考为什么要写项目策划书。

知识链接

任何创业项目，都离不开商业策划书，休闲农业和乡村旅游项目策划书属于商业策划书的一种。如果没有商业策划书，就无法进行项目评估、项目交流、项目推广、项目融资。项目策划书既是创业团队的项目规划，也是对外合作的"信任状"。项目策划书必须由创业团队共同完成、共同确认，并且把它作为项目发展的路标，是纲领性文件。

任务一　项目策划书包含的内容

休闲农业和乡村旅游的项目策划书是用于规划、组织和实施此类项目的详细文件，包含了项目背景与目标、市场分析、项目规划、商业模式与营销策略、运营管理与服务、投资与财务规划、风险评估与应对策略以及结论与建议等多方面的内容。

项目策划书详细规划了项目的整体框架，明确了市场定位与竞争优势，制定了具体的实施方案和营销策略，并预测了项目的财务收益与风险，为项目的顺利实施提供了全面的指导与保障。

项目策划书能够体现出经营者的理念、市场、客户、比较优势、管理团队、财务预测、风险因素等等。

对市场的分析应由大入小，从宏观到微观，以数据为基础，深刻地描述项目在市场中将争取的定位。

通过编写项目策划书，经营者会更了解项目的整体情况及业务模型，亦能让投资者判断该生意的可盈利性，它是市场融资的一种关键工具。

任务二　制订项目策划书的作用

一、项目策划书有助于项目的启动和实施

项目策划书详细规划了项目的目标、范围、时间表、预算以及所需的资源，确保项目团队能够按照既定的计划有序进行，避免盲目性和随意性。

二、项目策划书有助于识别和评估项目的潜在风险

通过深入的市场调研和数据分析，项目策划书能够预测项目中可能出现的风险和挑战，并制订相应的应对策略，从而降低项目失败的风险。

三、项目策划书有助于支持项目的资金筹集和投资决策

通过详细阐述项目的市场前景、盈利模式、预期收益等关键信息，项目策划书能够吸引投资者和金融机构的关注，为项目筹集所需的资金提供便利。

四、项目策划书还有助于提升项目的品牌形象和知名度

通过精心设计的项目名称、标志、宣传语等元素，项目策划书能够塑造项目的独特形象和风格，增强项目的吸引力和竞争力。

五、项目策划书有助于项目的长期和可持续发展

项目策划书不仅能够为项目的初期阶段提供指导，还能够为项目的后续扩展和升级提供方向和建议，确保项目能够持续为当地经济和社会发展做出贡献。

项目策划书在休闲农业和乡村旅游项目中具有至关重要的作用，它不仅是项目启动和实施的基础，还是项目风险评估、资金筹集、品牌塑造以及长期发展的重要支撑。

任务三　项目策划书的特征

一、具有一定的创新性

概念创新和理念创新是策划的本质特征。只有具有一定的理念创新，才会提出独

树一帜的构思与设计理念，所提出的策划方案才会具有一定的创造性和独创性，才会用最小的成本实现利益目标的最大化，实现显著的社会效益或经济效益。策划的"点子"（创意）新、内容新、表现手法新，才能给人以全新的感受。因此，创新性是策划的本质特征，新颖的创意是策划书的核心内容。

二、具有一定的谋划性

行动方案的形成，离不开完美的设计与构思，而构思的过程，则是充分地运用人类的智慧、知识、经验进行运筹帷幄，综合谋划的过程。所谓策划，也就是人类的智慧与谋略在行动方案中的体现。因此，离开了人类的智慧与谋略，策划活动便失去了智力支持，便也不会有所谓的策划。

三、具有一定的可行性

策划方案中目标的提出，既要符合一定的客观实际，又要符合自身的主观能力。行动方案的提出，也要对各种主客观因素、有利和不利条件进行充分的考虑。同时要对行动过程中的一些发展趋势做出客观、准确的预测与判断，并提出相应的预案。只有这样，策划方案才具有一定的可行性，付诸实施，才能产生价值。

项 目 实 施

总结休闲农业和乡村旅游项目策划书的内容与特征。

项 目 拓 展

请同学们思考撰写休闲农业和乡村旅游项目策划书对于本地开发休闲农业和乡村旅游有何作用。

项目二 休闲农业和乡村旅游项目策划的基本任务

案 例 导 入

猫儿山生态旅游项目策划书

随着全球旅游业的蓬勃发展，人们对旅游体验的需求也在不断升级。众多旅游专家普遍认为，生态、绿色、极限、人与自然和谐共处、度假、文化、体育等元素将成为未来旅游业的主题。这些趋势对旅游景区的内涵提出了新的要求，不仅要求景区具备独特的自然风光，还要求有丰富的文化内涵和多元化的旅游产品。

旅游业的持续发展离不开丰富的旅游资源。旅游资源虽然千差万别，但总体上可以归纳为自然资源和人文资源两大类。在中国众多的旅游胜地中，有些以壮丽的自然景观著称，有些则以深厚的文化底蕴吸引游客。随着人们思维方式和审美情趣的演变，对旅游资源的多样化需求日益增长。猫儿山，这座位于山东省曲阜市的自然瑰宝，凭借其独特的自然山水地貌和丰富的历史文化积淀，正逐渐成为中原地区旅游的新热点。

本项目策划书的目的，在于通过对猫儿山生态旅游项目的深入研究和合理规划，优化配置旅游资源，以期实现更大的经济效益和社会效益。主要构想包括以下几个方面：

旅游形象定位：将猫儿山塑造为一个集自然探索、文化体验、休闲度假、教育研学于一体的综合性旅游目的地。

旅游产品策划：猫儿山的旅游产品体系将围绕生态旅游、文化教育、休闲度假和户外探险四大主题进行构建。

旅游营销策划：根据市场需求的变化，不断优化和创新旅游产品，确保服务始终领先于市场，同时积极拓展新的市场领域。

在本次策划中，将从项目背景分析入手，明确核心策划目标，对内进行市场分析和产品优劣势分析，对外开展有效的宣传活动，并同步进行预算分析和进度安排，以确保项目的顺利实施和成功运营。

目录

一、项目背景

猫儿山生态旅游项目位于山东省曲阜市防山镇尚家庄东，占地面积 108 万平方米，预计总建筑面积 92000 平方米。猫儿山地理位置优越，距离济宁市区约 65 公里，距离曲阜市区约 18 公里，处于"一小时交通圈"范围内，便于游客到访。项目预计建成休闲垂钓区、生态观光农业区、户外素质拓展区、四季花海区、儿童益智区、生态养殖区、生态餐饮住宿区、农耕互动体验区、生态果林区、水上乐园等十个功能区域，设计年接待游客能力约 10 万人次，旨在打造一个综合性的生态旅游目的地。

二、核心目标

本项目的核心目标是充分利用猫儿山的自然生态资源和文化历史遗产，打造一个具有鲜明特色的生态旅游目的地。旨在通过以下策略，吸引国内外游客，提升景区的品牌形象，并为当地经济和社会发展做出贡献。

品牌建设：通过精心策划和实施一系列旅游活动，树立猫儿山作为山东省乃至华东地区首选生态旅游目的地的品牌形象。

市场拓展：针对不同客群，开发多样化的旅游产品，满足从休闲度假到教育研学等不同需求，扩大市场份额。

经济效益提升：通过提高游客接待量和旅游服务质量，增加旅游收入，为当地创造更多的经济效益。

社会效益增强：通过旅游项目的实施，提供就业机会，促进当地社区发展，同时加强环保意识，实现旅游发展与生态环境保护的双赢。

文化传承与创新：挖掘和传承猫儿山的历史文化，同时融入现代元素，创新旅游体验，使传统文化与现代旅游相得益彰。

可持续发展：确保旅游项目的开发和运营符合可持续发展原则，保护自然环境，为后代留下宝贵的自然和文化财富。

焦点活动策划：策划并执行一系列引人注目的活动，如生态节庆、文化展览、户外赛事等，以提高猫儿山的知名度和吸引力。

全方位宣传推广：利用多种媒体渠道和营销策略，进行全方位的宣传推广，增强猫儿山在目标市场中的竞争力。

通过实现这些核心目标，我们期望将猫儿山生态旅游项目打造成为山东省乃至全国的旅游亮点，为游客提供难忘的旅游体验，同时为当地经济和社会发展做出积极贡献。

三、优劣势分析

优势：

地理位置优越，交通便利，易于吸引周边城市游客。丰富的自然资源和潜在的旅游吸引力。

政策支持，符合当前生态旅游发展趋势。

劣势：

旅游基础设施尚不完善，需要大量投资。

需要平衡旅游发展与生态环境保护的关系。

周边竞争激烈，需要创新旅游产品和服务以脱颖而出。

四、市场分析

山东省作为中国东部沿海的经济大省，拥有丰富的旅游资源和庞大的旅游市场。曲阜市作为孔子的故乡，文化底蕴深厚，旅游资源丰富，但猫儿山生态旅游项目在发展中也面临一些挑战和机遇。

宣传力度不足：目前，猫儿山的知名度和影响力有待提升，需要通过多渠道、多角度的宣传推广，提高景区的知名度和吸引力。

资源开发不平衡：虽然猫儿山拥有丰富的自然资源和一定的人文资源，但在旅游资源的开发上，对自然资源的依赖较为明显，人文资源的开发和利用尚不充分。

市场定位需明确：猫儿山生态旅游项目需要明确市场定位，针对不同客群开发特色旅游产品，满足游客多样化的需求。

基础设施需完善：景区内的基础设施和服务设施需要进一步完善，提升游客的旅游体验。

旅游产品需创新：在旅游产品开发上，需要创新思维，结合猫儿山的特色，开发新的旅游项目和活动，增强旅游产品的吸引力。

旅游服务需提升：提高旅游服务质量，加强旅游从业人员的培训，提升服务水平，增强游客的满意度。旅游与相关产业融合：加强与农业、文化、体育等产业的融合，打造多元化的旅游产品体系，提升旅游产业的综合竞争力。

通过以上分析，猫儿山生态旅游项目在发展中需要充分利用自身的资源优势，加大宣传推广力度，创新旅游产品和服务，完善基础设施建设，提升旅游服务质量，实现旅游产业的可持续发展。同时，通过与相关产业的融合，打造具有特色的旅游目的地，吸引更多的游客前来观光旅游。

五、项目内容

猫儿山生态旅游项目将分为两个主要阶段进行开发，以确保旅游资源的合理利用和旅游体验的持续优化。

第一阶段：基础建设与启动

休闲垂钓区：开发清澈的湖泊和溪流，供游客进行垂钓活动，同时提供垂钓教学和设备租赁服务。

生态观光农业区：展示当地农业实践，让游客参与农事体验，如采摘、种植等，并提供农产品销售。

户外素质拓展区：建设户外拓展训练设施，如攀岩墙、绳索课程等，提供团队建设活动和个人挑战项目。

四季花海区：种植多样化的花卉，营造四季更替的花海景观，设立步行道和观景台，供游客赏花和摄影。

儿童益智区：设计互动式儿童游乐设施和教育项目，如迷宫、儿童户外探险等，旨在提供寓教于乐的体验。

生态养殖区：采用生态养殖技术，养殖当地特色动植物，让游客了解和参与生态养殖过程。

生态餐饮住宿区：建设环保的餐饮住宿设施，提供当地特色美食，并确保住宿环境舒适、生态友好。

农耕互动体验区：提供农耕文化体验，让游客参与传统农耕活动，体验农村生活。

生态果林区：种植各类果树，开展水果采摘节等活动，让游客亲近自然，享受收获的乐趣。

水上乐园：建设以水为主题的娱乐区域，包括游泳池、水上滑梯等，为游客提供清凉的水上活动。

第二阶段：特色发展与品牌建设

休闲垂钓区：定期举办垂钓比赛和相关文化活动，提升区域的吸引力和知名度。

生态观光农业区：开发农业科普教育项目，与学校合作，成为学生的户外教学基地。

户外素质拓展区：与企业合作，开发团队建设课程，成为户外培训的首选地。

四季花海区：举办花卉节庆活动，如摄影比赛、花卉展览等，吸引游客和摄影爱好者。

儿童益智区：开发儿童教育课程和亲子活动，成为家庭游客的首选目的地。

生态养殖区：开展生态养殖工作坊，教育游客生态保护的重要性。

生态餐饮住宿区：推出生态美食节，强调使用当地有机食材，提升餐饮体验。

农耕互动体验区：与当地农民合作，提供农耕体验套餐，让游客深入体验农村文化。

生态果林区：开发果树认养计划，让游客参与果树的全年生长过程。

水上乐园：引入水上运动项目，如皮划艇、帆船等，提供更丰富的水上活动。

通过这两个阶段的开发，猫儿山生态旅游项目将形成一个集自然观光、文化体验、休闲度假、教育研学为一体的综合性旅游目的地，为游客提供一个"回归自然，体验文化，享受生活"的旅游胜地，同时促进当地经济和社区的可持续发展。

六、预算

初期投资：基础设施建设、环境评估、市场推广等。

运营成本：人员工资、维护费用、管理费用等。

预期收入：门票、旅游服务、商品销售等。

七、项目进度表

第一阶段：基础建设与启动期

第一年内完成池塘开挖、绿化和平台搭建、农田整理和农作物种植、花卉种植和灌溉系统建设、餐厅和住宿小屋等基础设施建设；第一年内完成路标、指示牌的设计、制作和安装；完成医疗点和生态环保厕所等景区辅助设施建设和配置。

第二阶段：功能区域完善与运营

第二年开始实施功能区域的完善与运营，比如垂钓比赛和相关文化活动、农产品销售和农业体验活动、花海节庆活动和摄影比赛、农耕文化体验和农事活动、水果采摘节和果树认养计划等活动，并持续运营推广。

第三阶段：品牌建设与市场拓展

1. 整体品牌推广

通过媒体宣传和活动营销，提升猫儿山生态旅游项目的知名度和吸引力：第三年开始实施，持续进行。

2. 市场拓展

针对不同客群开发特色旅游产品，开拓国内外市场：第三年开始实施，持续优化。

通过以上三个阶段的开发建设，猫儿山生态旅游项目将逐步形成一个集自然观光、文化体验、休闲度假、教育研学为一体的综合性旅游目的地，在山东省内具有一定知名度的度假胜地。

八、附录

略。

项目描述

通过本案例分析休闲农业和乡村旅游策划的基本思路。

任务一　休闲农业和乡村旅游策划的基本思路

休闲农业是根据农业自身发展状况和特色进行的深层次开发，策划的指导思想是以满足休闲农业的功能为出发点，体现人与自然和谐相处，生态、经济、社会协调发展，突出特色，培育亮点，形成规模，做出品牌，持续发展。具体思路如下：

一、依托田园和生态景观

乡村田园生态景观是现代城市居民闲暇生活的向往和旅游消费的时尚，也是休闲农业赖以发展的基础。因此，在选址方面要考虑以周边优美的农村生态景观为衬托，并与所规划的休闲农业项目特色相匹配。在规划方面要以农业田园景观和农村文化景观为铺垫，选择林木、花卉、蔬菜、水果等特色作物、高新农业技术和特色农村文化作为规划的基本元素。在建设方面既要对农村环境的落后面貌进行必要的改造，又要注意保护农村生态的原真性。

二、重视休憩和体验设计

休闲农业的客源，在节假日，主要是近距离城市休憩放松的上班族；在工作日，主要为退休人员及商务洽谈和参加会议人员。策划成功的关键之一是如何处理好"静"和"动"：休憩节点的设计要"静"，"静"就是田园的恬静和农家的闲适，就是要为人们提供恬静悠闲的空间和场所。"动"主要是娱乐游憩或农事体验，要做到"动"的项目寓于"静"的景观之中。这样既能满足城乡居民渴望回归自然、放松身心的基本需求，又能满足城乡居民科学文化认知的需要，延长游憩时间、增加二次消费。

三、挖掘传统民俗和农耕文化

要保持休闲农业长期繁荣兴盛，就应该在丰富休闲农业的文化内涵上下功夫。深入挖掘农村传统民俗和农耕文化资源，提升休闲农业的文化品位，实现自然生态和人文生态的有机结合。如传统农居、家具，传统作坊、器具，民间演艺、游戏，民间楹联、匾牌，民间歌赋、传说，名人胜地、古迹，农家土菜、饮品，农耕谚语、耕作方式等，都是休闲农业景观规划、项目策划和单体设计中可以开发利用的重要民俗和农耕文化资源。

四、突出特色和主题策划

特色是休闲农业产品的核心竞争力，主题是休闲农业产品的核心吸引力。要认真摸清可开发的资源情况，分析周边休闲农业项目特点，巧用不同的农业生产与农村文化资源营造特色。农村资源具有地域性、季节性、景观性、生态性、知识性、文化性、传统性等特点，营造特色时都可加以利用。同时，还要根据项目特色，进行主题策划。

▪▪ 任务二 休闲农业和乡村旅游策划的基本方法 ▪▪

一、现场踏勘及资料收集

现场踏勘和资料收集的主要内容包括气象、日照、水文、降雨量、土壤条件、地形地貌、环境污染、人口、劳动力、经济条件、交通条件、农业生物资源及重大农业产业项目、旅游资源及周边旅游项目、休闲农业资源及周边休闲农业项目，还包括所在区域城乡建设总体规划、土地利用规划、新农村建设规划、农业规划、旅游规划等相关的规划文本和图件及测绘图、土地利用现状图等图件。

二、现状分析与 SWOT 分析

根据上述踏勘和收集的情况，对本区域条件、休闲农业资源、已有的休闲农业发展环境进行分析和评价。SWOT 分析要确定休闲农业项目的竞争优势、竞争劣势、外部环境的机会和外部环境的威胁。根据内部的优势、劣势，了解本项目面临的外部机会和挑战，为本项目的战略定位提供依据。

三、目标确定和战略定位

在调查—分析—综合的基础上，提出发展定位和发展目标。发展定位包括功能定位，发展方向、形象定位，主题策划、市场定位，目标客源定位。功能定位就是围绕"吃、住、行、游、购、娱"旅游六要素，结合农业观光休闲方式，确定主体功能，如休闲娱乐型、观光观赏型、农事体验型、疗养度假型、民俗节庆型、会议餐饮型等。形象定位就是根据项目的特点，导入人们熟知的人文、生态、生物、科技的形象概念，提出独特清晰、引人入胜的主题，如肥城休闲桃园的"桃花盛开的地方"。市场定位就是分析确定目标市场和目标客源，并按照功能区、营销时序、客源类别构造三维营销战略框架。目标客源定位就是某一发展时期及其分时段的游客量、销售额、利润等目标。

四、分区策划和单体设置

大规模休闲农业要进行功能分区。功能分区要根据农业生产布局、资源分布和游客观光休闲的要求确定，每个功能区要有一个形象定位，确定一个主题，同时要对每个功能区的重要单体进行策划，对标志性单体如雕塑小品、园艺、建筑、牌坊等进行初步设计。休闲农业在策划阶段要绘制功能区布局图，最好附有标志性单体效果图。

五、营销策划和节事安排

营销策划包括品牌策划、宣传策划、促销策划等。促销策划包括促销策略、节庆等促销活动的安排、针对不同目标市场和目标客源的具体促销方案等。节事活动往往是推广休闲农业产品、招商引资的重要形式，是吸引旅游者、树立旅游形象、提高知名度、增加客源的重要手段。节事活动要围绕主题开展，表现形式要活泼。实行市场化运作，将节事活动与休闲农业推广、农产品销售、企业宣传和冠名结合起来。如桃花节、葡萄节、龙舟赛等。休闲农业策划内容还包括融资策划、招商策划、管理策划、保障策划等。

任务三　休闲农业和乡村旅游策划六步骤

一、市场调研 SWOT 分析资源

（一）了解市场需求

通过问卷调查、在线调查、用户访谈等形式，了解消费者对休闲农业的需求、偏好和期望，包括场地、设施、服务、活动等方面。

（二）调查竞争对手

了解周边的休闲农业场所，收集其业务模式、产品特点、客源群体等信息，分析其优点和不足，为后续制定策略提供依据。

（三）分析内部优势

分析自身的资源、能力和优点，清楚自己的定位和优势。比如，土地资源、农业技术、品牌知名度等。

（四）分析内部劣势

客观认识自身的不足和问题，比如，设施不完善、服务不到位、营销手段不丰富。

（五）分析市场环境、政策和未来趋势

找到适合自身的商机和合作机会。比如，政府扶持政策、人口老龄化、消费升级等。

（六）分析市场竞争、行业变革和其他不利因素

预警可能的风险和隐患。比如，市场竞争加剧、气候变化、其他不可抗因素等。

二、依据特色确定主题定位

（一）确定农业资源特色

休闲农业的主题定位需要建立在农业资源的特色基础上。农业资源特色可以来自

土地、气候、农作物、畜牧业等方面。

(二) 分析目标客群需求

主题定位需要根据目标客群的需求和兴趣，针对不同的客群定制不同的主题。例如，针对亲子游游客，可开展与动物有关的主题活动；针对年轻人，可以开展户外体育、极限运动和另类体验等主题活动。

(三) 制定主题定位策略

制定主题定位策略时需要充分考虑到客户需求，以专业服务、有特色的景点和活动为重点，同时注重改进和优化服务体验。例如，精心打造主题餐厅、搭建农民工作室、引入园艺设计师、打造绿化景观，增强游客的参与感和体验感。

(四) 推广宣传

休闲农业的主题定位需要做好推广宣传，在提高品牌知名度的同时，也要吸引更多的游客。使用多种形式的推广和营销手段，比如旅游风景区推广、微信营销、新媒体推广、线上直播等，多角度、多层次地宣传自己的主题定位，吸引更多人来到休闲农业场所。

三、分析客源准确产品定位

(一) 客源分析

通过市场调研和数据分析了解不同客源的特点，包括年龄、性别、职业、消费水平、兴趣爱好等。例如，老年人喜欢安静、舒适的环境，年轻人则更喜欢刺激、充满活力的体验。

(二) 产品定位

根据客源分析的结果，选择适合不同客源的产品定位。例如，针对年轻人，可以打造户外探险、山地自行车、攀岩、帐篷露营等项目；针对老年人，可以提供温泉浴、休闲钓鱼、茶艺体验等项目。

(三) 服务设计

针对不同产品定位，设计相应的服务流程和服务标准。服务设计需要全面考虑游客的需求和体验感，注重服务的细节和效果。例如，提供舒适的客房、合理的餐饮、便利的交通、便捷的预订服务等。

四、创新业态制定旅游线路

(一) 分析市场需求

在制定旅游线路之前，需要进行市场调研和分析，了解目标客户的需求和兴趣，选择最适合的创新业态。例如，小镇休闲、温泉度假、田园采摘、生态旅游等。

（二）制订旅游线路

针对创新业态，制定适合的旅游线路，将不同的景点和活动串联起来，打造一个完整的休闲农业旅游产品。例如，田园采摘线路可以包括自然农场、果园、花海、餐厅、住宿等，为游客提供全面的体验。

（三）创新业态设计

根据制定的旅游线路，设计创新业态，注重创意和实用，提供独特的休闲农业体验和产品，例如，开设花艺 DIY 课程、农家烹饪课堂、农家民宿等。

（四）服务和体验升级

在创新业态设计的过程中，需要提高服务水平和体验升级，创造符合游客需求的舒适、便利和愉悦的游玩环境。例如，提供专业的导游服务、注册优质的农家民宿、提供高品质的餐饮和茶饮产品等。

五、树立品牌策划节庆活动

（一）精心设计活动主题

根据节庆日历和当地的农业特色，精心设计各种主题性质的休闲农业活动，吸引人们前来参加。

（二）注重活动场景和气氛

在活动场地中设置精美的展示区、休闲区和商业区等各种区域，营造出浓厚的农业文化氛围，增强消费者的体验感。

（三）与当地农户合作

设计农业体验活动，例如采摘果蔬、DIY 手工制品等，增加农业旅游的趣味性和体验性。

（四）创新营销手段

在活动中结合营销推广，采取多种创新手段吸引游客，例如"签到打卡送礼"、网红直播带货等，提升品牌知名度和用户黏性。

六、加强合作学会管理服务

（一）加强休闲农业的组织建设

建立包括专业农业技术人员、旅游业专家、经济学家、文化艺术家等相关人员组成的休闲农业组织，以多方面专业知识和经验对农业旅游进行全面的管理和服务。

（二）建立营销团队

成立专业营销团队，负责策划和执行营销活动，包括主题推广、线上宣传、合作营销等。

（三）加强合作伙伴的拓展和管理

建立合作伙伴库，和当地农户、民宿、旅游景点、餐饮业等进行合作，形成一条完整的旅游产业链。同时也要进行合作伙伴的管理，确保服务质量和形象的一致性。

（四）提供专业的培训和服务

通过休闲农业组织，向当地农户和旅游从业者提供专业的培训和服务，提高其经营管理水平和产品质量，增加旅游者的满意度。

项目实施

总结撰写休闲农业和乡村旅游项目策划书的基本思路、基本方法和实施步骤。

项目拓展

请同学们根据家乡休闲农业和乡村旅游资源特色，准备撰写休闲农业和乡村旅游项目策划书的素材。

休闲农业和乡村旅游项目策划书的编制

案例导入

衢州休闲农业园项目策划书

一、项目背景与资源分析（略）

二、主题定位

衢州市休闲度假的后花园，城市新客厅，市郊度假旅游的品牌项目之一。

形象口号：

田园主义生活的复辟，浪漫乡村情调的回归。

新田园、真生活。

让田园歌颂生命。

邀您到衢州休闲农园做一回"土人"。

三、客源市场定位

核心市场：衢州市内及周边地区中高收入人群。

机会市场：到衢州旅游度假的分流市场，商务活动的接待基地。

四、战略定位和发展目标

乡村旅游租界——划分成若干小块供游客承租耕种（向城市居民收取一定的费用，将部分的果树、农田、菜园等租赁给游客，其可在节假日前来从事栽培、耕种、灌溉、打药、采摘等全过程的农事生产活动。可以采取定期租地、有偿管理或承包租地、自行管理等多种形式），促进游客在观光休闲中的参与性，打造体验与收获结合型的"周末农场"，并充分结合休闲、度假功能，结合商业业态的发展，成为衢州市郊度假旅游的品牌项目之一。

五、功能分区和空间布局

采用"总体分散、局部聚集"的布局方式，由若干建筑"单元"构成，或三五成群，或七八一组，中间开挖内湖，每个建筑单元有机镶嵌在沿湖岸边，形成金镶玉布置格局；湖内养殖俄罗斯鲟鱼等特色鱼种；湖面种植茭白、慈姑等水生经济作物；外围有大片的景观稻田、艺术麦地。

设计以创造舒适的星级新式乡村庭院为目的，结合利用相应的地形特点，并融合当地乡土建筑设计风格。建筑采用联排结合少数独栋的形式（可移动的木结构建筑，建筑架空，水系室内外沟通，竹筏或小木船等趣味性水上交通工具可直接到达建筑物内部。室内或室外修浴池，单独供水，开展温泉 SPA、桑拿、理疗、保健养生、茶道、棋牌等休闲项目），在景观设计中突出强调与自然景观的协调，使景观相互关联，体现原汁原味的纯美田园风情，形成丰富且统一的景观系统，进而形成一个优美，恬静的休闲生活空间。此外，将休闲业态集中布置于沿湖区域，形成对外围各种植园的辐射。

六、重点观光休闲项目

◆DIY 种植园

◆保健中心

◆生态康居

◆田园 SPA（可设置在相对分散的小木屋内）

◆麦地 Golf 活动（迷你式）

◆丰收广场

◆休闲茶座

◆陶艺坊

◆趣味水车

◆儿童卡通庄稼乐园

项 目 描 述

通过本案例分析休闲农业和乡村旅游策划书的格式。

任务一　休闲农业和乡村旅游策划书的编制内容

休闲农业和乡村旅游项目策划书是一种详细的规划文档，旨在阐述项目愿景、目标、实施策略、市场分析、财务预测以及运营和营销计划等关键内容。

一、前期准备与基础分析

（一）封面设计与目录编制

封面：确保设计专业，信息完整，包括项目名称（如"××休闲农业与乡村旅游综合开发项目策划书"）、策划单位名称、完成日期、联系方式等。

目录：列出所有章节标题及其对应的页码，便于快速查找，包括但不限于执行摘要、市场分析、项目规划、运营策略、财务预算与分析等。

（二）执行摘要撰写

项目概况：简洁明了地介绍项目的基本信息，如项目位置、规模、特色亮点。

目标与愿景：明确项目的目标市场、预期效益、长远发展规划。

核心优势：总结项目的主要竞争力和差异化特点。

融资需求：简述资金需求、用途及预期的回报方式。

（三）项目背景与市场分析

政策环境：分析中央及地方政府关于休闲农业和乡村旅游的政策导向和支持措施。

市场需求：通过数据和调研分析目标市场的游客偏好、消费能力及增长趋势。

竞争分析：评估区域内同类项目的现状、优劣势，确定市场定位。

SWOT分析：综合考虑项目的优势、劣势、机会和威胁。

二、详细规划与策略制定

（一）项目定位与目标设定

目标定位：根据市场分析确定项目的服务人群、产品类型和服务水平。

战略目标：设定短期（如1—2年）与长期（如5—10年）的发展目标。

（二）项目规划与设计

区域规划：详细说明项目区域划分，包括游客接待区、农业体验区、休闲娱乐区等。

设施建设：规划必要的基础设施（如道路、停车场、游客中心）和特色设施（如民宿、农事体验园）。

活动策划：设计体验活动，如季节性农耕体验、农产品采摘、乡村传统文化节庆等。

（三）运营模式与组织管理

运营模式：主要自建自营、合作经营、特许加盟等模式。

组织架构：设计高效的组织结构图，明确各部门职责压实责任。

管理机制：制定财务管理、人力资源管理、安全管理等制度。

（四）营销与推广策略

品牌形象：构建独特品牌标识和文化，提高辨识度。

营销渠道：整合线上（社交媒体、旅游网站）与线下（旅行社、展会）营销资源。

促销活动：设计节假日优惠、会员制度、合作伙伴互推等促销方案。

三、财务评估与风险控制

（一）财务分析与预算

投资预算：详细列出土地购置、设施建设、运营筹备等各项开支。

收入预测：基于市场分析预测门票、住宿、餐饮等收入来源。

财务模型：构建现金流预测模型，进行盈亏平衡分析、投资回收期分析。

（二）风险评估与应对措施

风险识别：包括市场风险、自然风险、政策风险等。

应对策略：针对每类风险制定具体的预防措施和应急计划。

保险安排：考虑是否需要购买特定的保险以减轻潜在损失。

（三）附录与支持材料

数据支持：市场调研报告、财务报表、政策文件复印件等。

合作意向书：与供应商、合作伙伴的初步协议或意向书。

其他证明材料：项目相关的资质认证、获奖记录等。

每个部分都需要基于充分的市场调研、实地考察和专业分析来撰写，确保策划书内容翔实、逻辑清晰、数据准确，确保策划书的可行性和说服力，从而有效指导项目的后续实施与运营管理。

▪▪ 任务二　休闲农业和乡村旅游策划书的文本框架 ▪▪

因项目特点、策划者风格不同，休闲农业策划文本有一定差异，建议参考以下文本框架：

总论：立项背景，开发意义，策划依据，策划区域范围和建设期限等。

资源条件现状和社会经济基础评价：自然条件、社会经济条件、交通条件、农业生物资源、农村文化资源、产业基础等评价和 SWOT 分析与问题诊断等。

客源市场分析与市场开发策划：市场需求，客源现状，市场分析与定位，市场开发思路与方案。

战略定位和发展目标：发展方向（功能定位，形象定位，主题定位），产业链动力结构，发展目标和阶段目标。

功能分区和空间布局：功能分区（附分区布局图），各功能区定位（功能定位、形象定位、主题定位），各功能区建设项目（单体），各功能区农业产业或农村人文景观配置。

重点观光休闲项目：重点建设项目，农业产业或人文节点配景项目，标志性单体的形象设计和功能策划（标志性单体最好要附效果图）。

旅游要素策划：交通策划，导游队伍策划，住宿业策划，餐饮业策划，娱乐策划，旅游商品和农产品购物策划。

建设分期和动态开发：总体建设期限，各功能区和重点项目建设步骤和开放时间、功能区间、重点项目间的时间衔接方案。

观光休闲线路设计：内部观光休闲游线及交通方式，附近城乡居民入园观光休闲游线及交通方案，本观光休闲农业项目与其他观光休闲农业项目、旅游项目和旅游线路的衔接方案。

营销策略与促销方案：品牌策划、宣传策划、促销策划。

投资估算和资金筹措：建设资金、流动资金估测（附分区、分项目投资概算表），资金筹措方案，招商策划。

经济效益和社会效益预测：直接经济效益（附按功能区、按赢利项目的效益预测表），社会效益（城乡就业、农民增收、土地增值、区域经济开发、相关产业带动、人才培养等），生态效益（农村环境改善、污染治理）和环境评价。

风险评估和对策措施：自然灾害风险，市场竞争风险，政策变化风险，规避风险的对策和措施。

管理体制和保障机制：项目的管理体制，管理组织架构，人才保障，项目推进机制和组织保障（政府、投资企业），政府政策建议。

任务三　休闲农业和乡村旅游策划书的排版设计

在撰写休闲农业和乡村旅游项目策划书时，除了内容的充实和逻辑的严密，文档的视觉呈现同样重要。合理的字体选择和大小不仅能提升文档的专业性，还能增强阅读体验。以下是一些建议的字体要求，适用于大多数策划书的排版设计：

一、封面

字体选择：推荐使用正式且具有辨识度的字体，如宋体、微软雅黑或 Arial。

字号：项目名称可设为大号字体，如 36pt – 48pt，策划单位和日期则可选用稍小的字号，如 24pt。

二、正文

字体选择：正文建议使用易读性好的字体，如宋体、仿宋、Calibri 或 Times New Roman。

字号：正文一般采用 12pt，保持文本的清晰可读。

标题层级：

一级标题：加粗，字号可设为 16pt 或 18pt。

二级标题：加粗，稍小一号，如 14pt。

三级及以下标题：正常，字号继续递减，如 12pt（加粗）或 11pt。

三、表格与图表

字体：表格内的文字可以比正文略小，一般为 10pt 或 11pt，以节省空间并保持表格整洁。

图表标题：与二级或三级标题保持一致的字体和字号，确保整体风格统一。

四、附录

字体选择与大小：与正文保持一致，即 12pt，确保阅读连贯性。

特殊文件：如果附录中包含扫描件或其他外部文档，尽量保持原文件的清晰度，必要时可添加注释说明。

五、注意事项

字体一致性：整个文档应保持字体风格的一致性，避免过多字体混用造成视觉混乱。

行间距与段落：正文行距推荐设置为 1.5 倍行距或双倍行距，段落首行缩进或使用空行分隔，增加可读性。

页眉与页脚：可选用小号字体（如 9pt 或 10pt），用于页码、文档标题或作者信息，保持页面整洁且不占用过多空间。

六、整体排版

文档采用 A4 纸张，页边距上下各 2.5cm，左右各 3cm，保持页面整洁，便于打印和阅读。每个章节起始页留有章节标题页，增强文档的条理性。

合理的字体选择和排版，会使整本策划书既专业又美观，从而更好地展示项目价值和吸引力，有助于向投资者和合作伙伴清晰传达项目愿景与实施计划。

项目实施

分析休闲农业和乡村旅游项目策划书的格式，编制项目策划书框架。

项目拓展

请同学们根据自己家乡休闲农业和乡村旅游资源，撰写休闲农业和乡村旅游项目策划书。

参考文献

［1］陈昌平. 数学教育比较与研究［M］. 上海：华东师范大学出版社，1995.

［2］珍妮特·沃斯. 学习的革命［M］. 上海：上海三联书店，1998.

［3］钟启泉. 基础教育课程改革纲要［M］. 上海：华东师范大学出版社，2001.

［4］何克抗，李文光. 教育技术学［M］. 北京：北京师范大学出版社，2002.

［5］高林，鲍洁. 点击核心——高等职业教育专业设置与课程开发导引［M］. 北京：高等教育出版社，2004.

［6］凯文·保罗. 美国学习法［M］. 北京：九州出版社，2004.

［7］代蕊华. 课堂设计与教学策略［M］. 北京：北京师范大学出版社，2005.

［8］姜大源. 职业教育学新论［M］. 北京：教育科学出版社，2007.

［9］郭焕成，郑健雄，任国柱. 休闲农业理论研究与案例实践［M］. 北京：中国建筑工业出版社，2010.

［10］史亚军. 休闲农业巧经营［M］. 北京：中国农业出版社，2011.

［11］严贤春. 休闲农业［M］. 北京：中国农业出版社，2011.

［12］史严军，秦远好. 休闲农业概论［M］. 北京：中国农业出版社，2012.

［13］侯元凯，刘庆雨等. 休闲农业怎么做：资源与构建［M］. 北京：中国农业出版社，2012.

［14］吴必虎，黄潇婷. 旅游学概论（第2版）［M］. 北京：中国人民大学出版社，2013.

［15］陈红武，邹志荣. 休闲农业概论［M］. 北京：科学出版社，2014.

［16］耿宝江. 休闲农业开发与管理［M］. 成都：西南财经大学出版社，2015.

［17］尤飞. 特色休闲农业经典规划案例赏析［M］. 北京：中国农业科学技术出版社，2015.

［18］黄凯. 休闲农业和乡村旅游［M］. 北京：中国财富出版社，2016.

［19］侯元凯. 休闲农业怎么做［M］. 武汉：华中科技大学出版社，2017.

［20］唐德荣. 休闲农业和乡村旅游实务［M］. 北京：中国农业出版社，2018.

［21］王瑾，赖晓璐，周腰华. 休闲农业经营之道［M］. 北京：中国科学技术出版社，2019.

［22］刘莉，韩景豹，吴鸿斌．休闲农业致富 28 例［M］．北京：中国农业出版社，2019.

［23］李倩兰，单再成．休闲农业家庭农场开发与经营管理［M］．北京：中国农业出版社，2019.

［24］谈再红．休闲农业概论［M］．北京：中国农业出版社，2019.

［25］张传伟，史桂林．休闲农业创意［M］．北京：中国农业出版社，2019.

［26］李鑫，唐春根．休闲农业体验活动设计与组织［M］．北京：中国农业出版社，2019.

［27］高萍．休闲农业营销［M］．北京：中国农业出版社，2019.

［28］王秀红．休闲农业服务［M］．北京：中国农业出版社，2019.

［29］黄荣怀．关于协作学习的结构化模型研究．北京师范大学博士论文，2000.5.

［30］余胜泉，杨晓娟，何克抗．基于建构主义的教学设计模式［J］．电化教育研究，2000（12）：7 – 13.

［31］杨开城．协作式教学设计过程模式研究［J］．现代教育技术，2002（4）：15 – 19.

［32］杨开城．基于活动的教学设计理论中学习内容分析和活动设计方法的探究［J］．中国电化教育，2003（8）：20 – 24.

［33］杨开城．建构主义的辩证唯物主义解析暨意义建构心理机制的探讨［J］．电化教育研究，2004（2）：15 – 20.

［34］何克抗．关于建构主义的教育思想与哲学基础——对建构主义的反思［J］．基础教育参考，2004（10）：4 – 7.